Lk 7 1603 (pur)

Cambrai
1841

Bouly de Lesdain, Eugène

Histoire de Cambrai et du Cambrésis

Lk⁷ 1603

(Cet ouvrage a été publié à la suite des ann. 1861-1869 de l'annuaire hist., stat. de l'arrond. de Cambrai 8°. L. 21.
+ A. 5.
(Mq. titre et table.)

1847

L

~~SUITE~~

~~de l'~~ Histoire de Cambrai

et du Cambresis,

PAR M. E. BOULY.

HISTOIRE DE CAMBRAI

ET

DU CAMBRESIS.

Introduction.

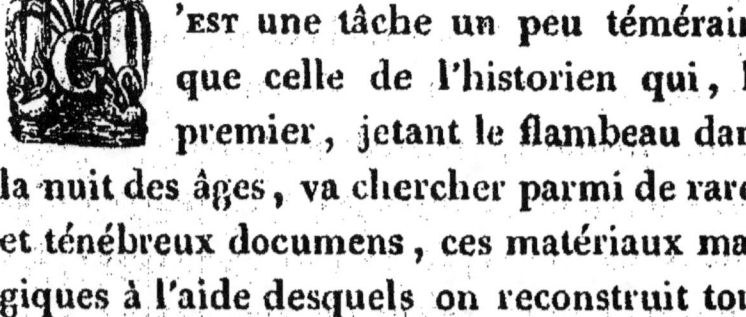'EST une tâche un peu téméraire que celle de l'historien qui, le premier, jetant le flambeau dans la nuit des âges, va chercher parmi de rares et ténébreux documens, ces matériaux magiques à l'aide desquels on reconstruit tout le passé d'un pays et d'un peuple. Ainsi fait le voyageur qui, à la pâle clarté de l'astre

nocturne, parcourt les ruines éparses d'un vieux temple, s'efforçant de relever dans son imagination les colonnes, les statues, les portiques gisant à ses pieds sous la mousse et le lichen.

Des calculs du voyageur, des recherches de l'historien, surgissent de gigantesques tableaux. Mais qui dira les doutes de l'aventureux auteur, qui dira les écueils répandus sous ses pas, qui dira les erreurs dont son œuvre peut être entachée? On sent tout ce qu'il y a d'indécis et de douteux dans de pareilles élucubrations, et en présence de souvenirs évoqués si laborieusement, on se demande s'ils ont plus de consistance que ces capricieux fantômes qu'enfante durant le sommeil notre esprit égaré. Il faut donc que l'écrivain qui entreprend la première rédaction ou la correction d'une histoire, possède à un haut degré la conscience de sa force, les ressources d'un talent sûr et éprouvé, les capacités qui garantissent le mérite de son ouvrage, de plus le renom qui lui assure la confiance du lecteur.

Alors il a quelques chances de succès, alors les phases historiques qui n'ont pu se dérober à son coup d'œil d'aigle, se déroulent sous sa plume, lucides et brillantes ; les routes obscures et tortueuses s'éclairent et s'aplanissent ; et si parfois une erreur se glisse dans son œuvre admirée, le public du moins ne s'en prend qu'à l'imperfectibilité de l'homme, non à la négligence de l'écrivain.

Telle n'est pas la position de celui qui écrit cette histoire ; humble et timide auteur, il n'a pas à fouiller les antiques archives des âges oubliés, il n'a pas même la prétention de refaire ce qui a été fait ; ce rôle est réservé à plus savant que lui. Ces papiers séculaires, ces titres poudreux qui dorment, dans les chartriers, du sommeil de l'oubli, et d'où, il faut l'avouer, pourrait jaillir la lumière, resteront pour lui lettres closes. Les bornes de ses connaissances et les obstacles qui défendent l'accès de ces dépôts rendus inutiles, jettent devant lui une barrière infranchissable. Simple analyste, il n'a d'autre but que d'épargner à ses lecteurs de longues et ennuyeuses études dans les histoires et mémoriaux existans.

Deux historiens de Cambrai ont paru déjà ; l'un a fait l'histoire de la noblesse et a malheureusement sacrifié plus à l'orgueil des grandes familles qu'à sa conscience ; l'autre a écrit l'histoire ecclésiastique et s'est peu occupé de l'histoire civile, de celle du peuple. C'est qu'en effet, aux époques où ils vivaient, la noblesse et le clergé étaient les principaux corps de l'état.

Depuis lors une troisième et formidable puissance s'est élevée dans laquelle se sont fondues les deux autres. Aujourd'hui tout est peuple : ce mot s'est agrandi, anobli ; il s'étend comme un voile immense sur toutes les classes de la société, et le peuple originairement si imposant, disparu par la suite sous la féodalité et le monachisme dégénérés en abus, a repris sa première importance, sa première acception. Ainsi les eaux de l'Océan, dispersées momentanément en brillantes ou noires nuées, finissent par retomber dans le lit commun où elles s'agitent depuis la création.

C'est donc l'histoire *populaire* de Cambrai que l'on écrit ici, non pas dans le sens abusif que l'on a donné à ce mot, mais d'après ce principe qui ne fait préférence ni des partis ni des castes, et qui les comprend tous nécessairement.

Et, nous le répétons ; cette histoire ne se présente pas avec les pompes prétentieuses d'une innovation ; l'auteur n'offre dans son livre que les faits déjà consignés dans d'autres ouvrages, mais dégagés des discours diffus qui obstruent les uns ; des partialités reconnues qui déparent les autres ; affranchis des erreurs notoires signalées par l'évidence ; rectifiés ou complétés par les anciens et précieux manuscrits qui sont encore nombreux dans la ville.

Du reste, loin de ce livre l'étalage d'érudition qui ne sied qu'aux hautes capacités, comme la couronne ne va qu'au front des rois. Obscur enfant de Cambrai, l'auteur offre à son pays un tribut, sans valeur peut-être, mais où du moins l'on reconnaîtra l'œuvre consciencieuse d'un homme qui enthousiaste des souvenirs de la patrie, écrivain impartial puisqu'il est désintéressé, aura atteint son but s'il rend plus facile, plus agréable la lecture de l'histoire de nos devanciers.

Chapitre Ier.

Temps anciens de Cambrai. — Premiers princes. — Religion. — Premier comte du Cambresis.

ouvent la hutte d'un pâtre sur un rocher ou sur le bord d'un fleuve a fixé par hasard l'attention d'une famille nomade et solitaire, qui a fini par construire dans le même lieu son obscur toit de chaume. Bientôt le voyageur errant s'est arrêté dans la cabane et séduit lui-même par l'aspect de ces sites agrestes ou la fécondité du sol, a élevé auprès de ses hôtes une nouvelle habitation. Plus tard la petite tribu s'est augmentée, et durant des temps plus ou moins longs, a existé, paisible et ignorée, jusqu'à ce qu'un évènement imprévu ait révélé ou

fait remarquer sa présence. Alors un conquérant, un homme puissant, un peuple peut-être s'est emparé de la modeste bourgade et après l'avoir agrandie, fortifiée, illustrée, lui a fait prendre sa place dans l'histoire qui transmet aux siècles suivans le récit de ses jours de célébrité, de ses gloires et de ses désastres.

Mais quelle est l'époque, où seule, dans les brumes du soir, la hutte du pâtre dormait ignorante des grandes destinées qui lui étaient réservées? Mais quels étaient les hommes qui, les premiers, trouvèrent en ce lieu un asile et des tombeaux? nul ne le sait, jamais nul ne le saura!

Tel est le sort de beaucoup de cités illustres, tel est celui de la ville de Cambrai. Vainement l'esprit de recherche s'est exercé sur ce sujet; vainement, substituant à la réalité leurs rêves plus ou moins spécieux, les historiens ont cru trouver la clef du mystère; l'homme que n'égarent pas les séductions de l'amour propre personnel ou national, doit reconnaître l'obscurité qui règne sur les premiers temps de cette cité. Ce n'est guère que vers le commencement du cinquième siècle, que triomphant des brouillards qui enveloppent son matin, le grand jour brille à nos yeux pour éclairer des destinées tantôt glorieuses, tantôt fatales, dont le souvenir fait battre le cœur ou arrache des larmes amères à l'enfant du pays.

A une époque où le merveilleux présidait aux œuvres des hommes, où ce qui était douteux tombait nécessairement dans le domaine du fantasque, où chacun expliquait par les jeux bizarres de l'imagination ce qui paraissait obscur à la saine raison, des écrivains ont donné d'étranges origines au vieux peuple de Cambrai, à ses murailles crénelées. Rapporter ici ces diverses rêveries serait une superfluité que ne nous permet pas le plan que nous nous sommes tracé. Mieux vaut, nous semble-t-il, imiter la prudente réserve de Balderic qui déclare ignorer et le nom du fondateur, et l'époque de la fondation de Cambrai.

Il paraît certain que le Cambresis a fait

autrefois partie du pays des Nerviens (1). Quant au nom qu'il porte et qui dérive de celui de la ville, sans s'arrêter au souvenir d'un duc des Cambres nommé *Cambro*, qui selon des autorités fort douteuses aurait légué son nom à la ville, il n'est pas déraisonnable de lui chercher une étymologie dans le mot latin *Camera*, ou le mot gaulois *Cambres* (2) qui signifie chambre, carrière. Tout le monde sait que d'immenses carrières dans lesquelles nos premiers pères se retranchaient contre les invasions des barba-

---

(1) Il serait difficile de fixer les premières limites de ce pays qui ont dû changer souvent par suite des conquêtes ou des revers de ceux qui y régnaient. Il était borné au nord par la Flandre, au midi par la Picardie, à l'Est par le Hainault, à l'ouest par l'Artois.

On trouve une carte détaillée du Cambresis dans le précieux atlas de F. de Wit, elle est à très peu près semblable à la carte si connue de P. Olivier, publiée en 1774, et vendue chez S. Berthoud.

(2) Le dictionnaire rouchi-français contient encore le mot *Cambe*, chambre.

res, existent encore sous Cambrai, comme une ville souterraine ensevelie sous une nouvelle ville.

Il fut un temps où Cambrai, modeste bourgade jetée sur une des voies romaines qui conduisaient à Bavay, n'avait d'autre importance que celle d'une hôtellerie servant de gîte soit aux voyageurs, soit aux armées qui se rendaient dans cette dernière ville. Alors Bavay était une place forte où les vainqueurs du monde entretenaient un quartier-général; plus tard, cette ville qu'un ancien auteur appelle *très vaste* et *très célèbre*, fut détruite, et Cambrai, la fille des brumes de l'escaut, fut élevée par Jules-César au rang illustre des cités romaines.

Carpentier nous apprend qu'un capitole voisin du château de Selles, un amphithéâtre, des bains, des aquéducs et de merveilleux souterrains ornèrent successivement la fille adoptive de Rome. Aux incrédules qui pour preuve de ces magnificences demanderaient des vestiges, fussent-ils ensevelis sous le gazon, on ne pourrait montrer que des ruines de souterrains dont l'existence est incontestable. Souvent dans nos campagnes le laboureur, en creusant la terre, retrouve des portions de voûtes dont on ignore aujourd'hui les issues. Des traditions rapportent qu'une de ces voies souterraines conduisait de Cambrai au milieu des bois de Vaucelles.

Cambrai eut un sort fort orageux vers la fin du quatrième siècle et au commencement du cinquième. Prise et reprise par les barbares et les Romains; tantôt esclave, tantôt reine, elle préludait dans ces jours de tourmente aux capricieuses destinées qui devaient plus tard en faire une cité espagnole, pour la livrer ensuite aux armes de Louis XIV.

Les Romains en étaient maîtres vers l'an 416, lorsque Clodion, fatigué de la vie errante du guerrier, et voulant asseoir son trône sur un terrain moins mouvant que celui des camps, vint l'enlever à l'aide d'une formidable armée. D'anciens historiens, que l'on peut heureusement soupçonner d'exagération, prétendent que cinquante trois mille hommes périrent dans ce siége mémorable.

Que devint alors cette conquête du roi chevelu ? Ceci est une question résolue différemment par les deux historiens de Cambrai Carpentier et Dupont. L'un dit qu'après y avoir établi le siége de son empire et l'avoir occupé pendant plusieurs années, il mourut et y fut inhumé en l'an 448 ; l'autre dit au contraire que peu de temps après sa conquête il en fut chassé par Aëtius, général romain qui la remit une fois encore au pouvoir de la maîtresse du monde.

Cette dernière version concorde mieux avec les documens historiques qui concernent le règne de Clodion.

Ce que Carpentier dit longuement des règnes de Mérovée et de Childeric, de l'invasion et de la défaite d'Attila, des luttes de Childeric contre les princes rebelles, n'est évidemment qu'une ingénieuse digression à l'aide de laquelle il cherche à rattacher le nom de Cambrai à ces gigantesques évènemens. L'obscurité qui règne sur l'histoire de cette époque ne permet pas de distinguer les particularités relatives à la cité qui nous occupe.

Le même auteur établit avec trop de confiance peut-être une suite de rois de Cambrai, qu'il fait régner dans le pays. Que quelques chefs ambitieux se soient décorés de ce titre, cela n'est pas invraisemblable, mais le Cambresis n'ayant jamais été un royaume, le titre de roi de Cambrai n'a pu être alors qu'une vaniteuse illusion.

Clovis s'était fait chrétien, et d'autres chefs francs, mécontens de la conversion du Sycambre étaient restés indépendans. Regnacaire, l'un d'entre eux, s'était à son tour emparé de Cambrai où il avait trouvé un séjour agréable et sûr. Il y vivait en prince, en prince détesté comme le sont presque tous les conquérans, lorsque Clovis tourmenté de voir sa puissance balancée par les forces de ses dissidens, prit la résolution d'en finir avec eux. Il y réussit par ruse et par cruauté, et Regnacaire, entre autres, attiré par lui dans une insidieuse entrevue, périt sous la hache royale, prouesse peu digne de la majesté du monarque, mais qui s'explique par la barbarie des temps où il vivait.

Devenu, par droit de conquête, maître des domaines des chefs dont il avait hâté le trépas, Clovis protégea dans Cambrai le rétablissement de la religion chrétienne qui, au dire de Balderic, y était en honneur avant la venue de Clodion (1). St-Vaast fut chargé de cette importante mission par St-Remy qui avait sur le roi converti une influence utilisée naturellement au profit d'une religion dont il était le ministre.

A sa voix persuasive, les peuples se convertirent, et les églises détruites par les barbares, furent relevées avec zèle. St-Vaast eut pour successeurs Dominic, Védulfe,

---

(1) In quâ Romani habitantes, jam christianæ religionis culturam exibebant.
Chron de Balderic. Chap. III.

St-Gery. Les évêques Dominic et Védulfe n'ont laissé que des noms pour constater leur passage ; quant à St-Géry, il brilla par sa parole sacrée. Ses prédications furent couronnées de succès et sorti de sa bouche, le souffle du christianisme alla renverser les idoles et les bosquets sacriléges qui existaient encore au sommet de la ville.

Des autels voués au culte d'Odin y recevaient des sacrifices horribles ; Cambrai devenue chrétienne, secoua la tête et fit tomber de son front ce diadème sanglant ; alors le capuchon du moine couvrit sa tête mystique jusqu'à ce qu'une couronne guerrière ornée de tours et de crénaux lui vînt imprimer la majesté royale, lorsque noble héroïne, armée d'une pique, appuyée sur l'urne féconde de l'Escaut, foulant aux pieds des chaînes brisées (1), elle se présenta à l'histoire, réclamant une place brillante dans ses brillantes annales.

---

(1) C'est ainsi que les iconographes personnifient la ville de Cambrai.

Sur l'éminence, appelée jadis le Mont-des-Bœufs, où est aujourd'hui la citadelle, Géry éleva un monastère dédié à saint Médard (1). Il y fut inhumé et dans l'église qu'il avait fait bâtir, son tombeau fut orné d'un travail en or du plus grand prix. Plus tard, perfectionnée par de nouvelles constructions, cette église prit le nom même de St-Géry. On rapporte qu'une nuit, un voleur s'étant introduit dans le temple pour y dérober les richesses déposées sur le tombeau, saint Géry apparut miraculeusement au sacristain, pendant son sommeil, le conduisit à l'aide d'une lumière surnaturelle au lieu du larcin, et ne cessa d'éclairer le voleur qui cherchait en vain à se dérober dans l'ombre, jusqu'à ce qu'il fut pris et jeté à la porte.

Cette anecdote est le sujet d'un tableau qui orna long-temps l'église de St-Géry et qui est aujourd'hui relégué, trop négligé peut-être, dans quelqu'endroit obscur de l'Hôtel-de-Ville.

---

(1) En 594, Carpentier, t. 1, p. 480.

A St-Géry succédèrent Berthoald, Ablebert, St-Aubert, sous l'inspiration duquel Dagobert pour le rachat de ses péchés donna la terre d'Onnaing à l'église de Cambrai (1). Ce n'est pas le cas ici de s'étendre sur ce qu'était l'église de Notre-Dame dans ses premiers temps, l'ouvrage remarquable de M. Leglay, donne à ce sujet des détails qui interdisent toute dissertation nouvelle.

Saint Aubert était né au village d'Haucourt en Cambresis où quelques-uns prétendent que Frédégonde a également reçu le jour. Il fut enterré dans l'église de St-Pierre, laquelle s'appelle aujourd'hui indistinctement de St-Aubert ou de St-Géry. Alors ce temple était hors de la ville, c'est-à-dire que l'enceinte de la cité ne s'étendait pas jusqu'au lieu où il est situé, ce ne fut que plus tard, en 882, que l'évêque Dodilon recula les murs de la ville bien au-delà de ces limites.

Il y a dans la vie de l'homme le plus agité

---

(1) Chron. de Balderic, liv. 1, chap. XVII.

par les vicissitudes du sort, des périodes de repos durant lesquelles le bien et le mal semblent sommeiller pour lui. Il en est de même de l'existence des peuples. Ici se rencontre pour l'histoire qui nous occupe une de ces lacunes que les historiens s'efforcent de combler par des faits indifférens destinés plutôt à lier les temps entre eux qu'à éclairer le lecteur. L'écrivain ecclésiastique remplit ces vides avec des miracles, mais les miracles dont nous n'avons pas l'impiété de mettre en doute l'existence, ont été, il faut le dire, considérablement multipliés par l'imagination crédule de nos pères; il est prudent de se montrer fort sobres de ces citations.

Nous nous contenterons donc dans cette circonstance et dans d'autres qui pourraient se présenter, d'indiquer les jalons qui tracent le chemin, et nous réserverons les détails pour les évènemens certains et les époques où le doute ne plane plus sur l'histoire.

Que dire des évènemens politiques de cette époque? Cambrai n'y joue aucun rôle, et il nous semble superflu d'occuper le lecteur de l'histoire de France que tout le monde sait ou doit savoir. Certes on ne peut révoquer en doute que le Cambresis n'eut beaucoup à souffrir des sanglans démêlés qui existaient en ces temps anciens, entre les ambitieux guerriers qui se disputaient le pouvoir et le pays; mais ces désastres n'étant, nulle part que nous sâchions, signalés d'une manière détaillée, il semble plus sage de franchir l'espace dépourvu d'intérêt, pour arriver de suite à des faits plus certains et plus importans.

Il n'est cependant pas hors de propos de mentionner en passant, et par analyse des anciens auteurs :

Chilperic qui fit à Cambrai de longs séjours.

Clotaire qui enrichit les monastères.

Dagobert dont il vient d'être question.

Pépin, maire du palais, qui fit aux églises de Cambrai de magnifiques hommages en échange desquels il demanda plus d'une fois à ses murs un rempart contre les aggressions de ses rivaux.

Charles-Martel qui, vainqueur de Childeric sur les rives de l'Escaut, se rendit maître de Cambrai.

Pépin-le-Bref, fils de Charles-Martel, que les églises de Notre-Dame, de St-Géry, de St-Aubert, révérèrent long-temps comme leur bienfaiteur.

Enfin Charles-Magne, ce grand type monarchique, ce héros de l'histoire sur le front duquel on voit briller dans toute leur splendeur l'astre des rois, les feux du génie et de l'amour, l'auréole radieuse de la gloire et de l'immortalité.

La main de ce monarque géant s'étendit sur ses immenses domaines; Cambrai eut une grande part dans les faveurs royales. Ses immunités et ses franchises lui furent confirmées; ses murailles se fortifièrent de tours et de crénaux, ses églises s'enrichirent de luxueuses dotations, une assemblée y fut tenue par le roi lui-même (1). Un gouver-

---

(1) Carpentier, t. 1, p. 58.

neur nommé Eude y fut établi pour le maintien de l'ordre et la prospérité de la province.

On sait quels furent les malheurs de Louis-le-Débonnaire, on connaît les haines du clergé contre lui, et l'ingratitude de ses fils. L'historien Carpentier fait jouer à Thyéri (ou Théodoric) évêque de Cambrai, un rôle de protecteur puissant au profit du monarque, mais ceci est encore de l'histoire de France.

Après Louis-le-Débonnaire, on voit Cambrai désigné par Lothaire comme point de réunion de toutes les forces martiales dont il voulait disposer contre ses frères.

Les querelles de princes avaient tellement endommagé les affaires du pays, les nobles dont les familles et les biens étaient inévitablement attachés au sort de leurs armes, avaient tellement souffert de ces démêlés, qu'ils se crurent en droit de lever des indemnités sur les biens du clergé. Delà dans le Cambresis des petites guerres partielles et continuelles entre les puissans du pays, guerres qui devaient agir par ricochet jusque sur le peuple qui sans doute en souffrait beaucoup. Aussi ne se laissait-il pas faire sans secouer rudement le joug dont il ne pouvait se délivrer entièrement.

Balderic et Carpentier placent ici la merveilleuse aventure d'un chevalier de Cambresis dont les méfaits furent punis d'une manière toute fantastique. Comme la tâche de l'historien ne consiste pas seulement à signaler des évènemens, mais encore à peindre les mœurs, il n'est pas hors de propos de mettre sous les yeux du lecteur cette naïve chronique des vieux jours. C'est aux légendes d'un pays autant qu'à ses coutumes et ses lois qu'il faut demander la science de ses mœurs. On va laisser parler Balderic si savamment traduit par MM. Faverot et Petit.

« Il y avait (1) un homme d'armes naturellement enclin à la rapine, qui dans ses

---

(1) Balderic, liv. 1, chap. XLVI, trad. de MM. Faverot et Petit.

fréquentes incursions sur le territoire d'Arras, avait coutume de ravager les possessions de Notre-Dame. Interpellé plus d'une fois à ce sujet par l'évêque, il n'en continua pas moins à exercer ses brigandages, et le prélat jugea convenable de frapper sa fureur de la verge de son autorité apostolique. Cité par trois fois différentes, il refuse de comparaître, alors l'évêque l'excommunie. Pour mettre le comble à son crime, non seulement il ne voulut point reconnaître sa faute, mais sans faire aucun cas de l'excommunication lancée contre lui par le prélat, il y répondit par des paroles pleines de jactance, et menaça de redoubler de tyrannie. Mais tout-à-coup au milieu de ses blasphèmes et de ses fureurs ses intestins se crèvent et il expire ainsi frappé de la main de Dieu. On l'enterra loin de la ville sur les bords de la voie publique où il se trouvait ainsi séparé de la sépulture des fidèles qu'il n'avait pas mérité de partager. Par un effet manifeste de la vengeance divine le lieu où il avait été enseveli, s'embrasa intérieurement dans un espace de trois coudées, à tel point que la terre s'entrouvrait pour livrer passage à la flamme. Ce prodige excita l'admiration et l'effroi, et ce qu'il y eut de plus étonnant, c'est que pendant trois ans, ni la rosée, ni la pluie ne mouillèrent ce lieu où l'on ne voyait pas le moindre vestige de verdure. Au bout de ce temps, une nuit que l'homme de **Dieu** était ravi en extase, il vit ce malheureux livré à un supplice surprenant et effroyable, quand il fut revenu de cette extase, touché de son sort déplorable, il prit avec lui quelque personnes de son choix et se rendit au lieu de la sépulture. Après lui avoir fait part de son dessein, bien qu'il n'eût aucune autorité pour cela, il proposa à un serf qui avait été attaché au service de cet homme de se dévouer pour son maître et d'acquitter la pénitence imposée au défunt, lui promettant en retour la liberté. Dans la suite la terre se couvrit de gazon. »

Carpentier fort ami du merveilleux; mêle à ces détails déjà assez extraordinaires des démons et des esprits familiers qui, changeant de forme à leur caprice ou à celui du malfaiteur, se montraient tantôt dans des corps verdâtres de grenouilles, tantôt armés des cornes redoutables du taureau. Puis après avoir bien effrayé son lecteur, il ne veut plus voir dans cette horrible histoire qu'un apologue ingénieux, ce qui est sans contredit la manière la plus raisonnable de prendre la chose.

Charles-le-Chauve, après la mort de son père, demeura maître d'un pouvoir incessamment contesté, il eut à soutenir des luttes continuelles contre les Bretons, les Aquitains et les Normands. Dans ces graves conjonctures, il tint plusieurs assemblées, entre autres une à Cambrai, qui dès l'année 870 avait été comprise dans son domaine.

Carpentier dit que c'est dans cette assemblée que chaque province de la Gaule-Belgique reçut un chef particulier sous le titre de comte, afin d'assurer et de régulariser la défense du territoire contre l'ennemi.

Ainsi furent créés les comtes de Cambrai qui figurent dès lors dans l'histoire d'une manière officielle. Si plutôt d'ambitieux seigneurs revêtirent ce titre, il est à croire qu'ils n'y avaient aucun droit légitime.

Du reste, les historiens sont en désaccord sur le nom du premier comte de Cambrai qu'ils appellent Majon, Matfroid, Indelger, Isaac ou Sigard; tant sont incertains, pour ces temps encore, tous les faits qui ne se rattachent point directement aux intérêts généraux du royaume.

Chapitre II.

Invasion des Normands. — Mode d'élection des évêques. — Agrandissement de Cambrai. — Préceptes d'immunité en faveur de l'église de Cambrai. — Rodolphe, Isaac et Fulbert. — Nouvelle incursion de barbares. — Siége de Cambrai. — Béranger. — Établissement probable d'une commune.

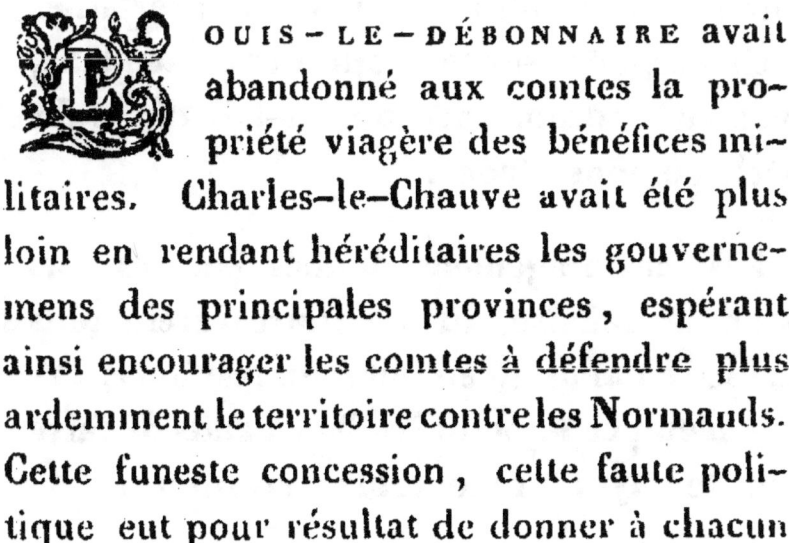Louis-le-Débonnaire avait abandonné aux comtes la propriété viagère des bénéfices militaires. Charles-le-Chauve avait été plus loin en rendant héréditaires les gouvernemens des principales provinces, espérant ainsi encourager les comtes à défendre plus ardemment le territoire contre les Normands. Cette funeste concession, cette faute politique eut pour résultat de donner à chacun

de ces petits rois des vanités, des prétentions et des forces qui firent trembler les descendans de Charles-le-Chauve, et furent tournées trop souvent contre eux-mêmes.

Louis-le-Bègue ne régna que deux ans. Il mourut en 879, laissant deux fils : Louis III et Carloman, entre lesquels ses domaines furent partagés. Le Cambresis échut à Louis qui ne le posséda jamais que d'une manière fictive, car les deux frères demeurèrent toujours soumis à la tutelle de Bozon dont Carloman avait épousé la fille.

On sait que ce Bozon, beau-frère de Charles-le-Chauve, était l'intriguant par excellence de ces temps où les couronnes, comme aujourd'hui, flottaient incertaines et chancelantes sur les fronts des prétendans, avec une inconstance tout-à-fait digne du siècle où nous vivons.

Les encouragemens donnés par les rois pour la défense du territoire furent plus fertiles en abus qu'en heureux résultats; car cela n'empêcha point les Normands de faire dans le pays de redoutables irruptions.

La valeur des comtes de Flandre n'en préserva pas le Cambresis ; et en 881, ces barbares venus du Nord, trouvèrent Cambrai sur leur passage, la mirent deux fois à feu et à sang. Le temple de St-Géry qui venait d'être rebâti (1), fut pillé et réduit en cendres. Il fut relevé dans la suite par Reigner comte de Hainault.

Les règnes de Louis-le-Bègue et de son fils n'ont d'ailleurs rien de remarquable pour l'histoire de Cambrai.

Cependant l'abbé Dupont fournit des documens de cette époque auxquels on ne saurait attacher trop d'importance, parce qu'ils donnent la mesure des droits et des devoirs respectifs du clergé, de la noblesse et du peuple. Ce sont deux lettres dont il est à regretter qu'il n'ait pas rapporté la date et signalé l'authenticité. Elles sont écrites par Hincmar, archevêque de Rheims à Hene-

---

(1) C'était en 863 qu'on avait commencé sa réédification.

dulphe de Laon, à propos de l'élection d'un nouvel évêque de Cambrai, après la mort de Jean.

« Vous vous rendrez, dit-il, au plutôt à
» cette église, et vous exhorterez publique-
» ment le peuple d'élire sans passion, et
» d'un commun consentement, un évêque
» qui puisse être trouvé digne d'un si grand
» ministère, et en qui il n'y aura aucune
» irrégularité. Je vous envoie le formulaire
» de l'élection, que vous ferez lire publi-
» quement, afin que personne ne prétende
» cause d'ignorance. L'élection ne doit pas
» être faite seulement par le clergé de la
» ville. Tous les monastères du diocèse et
» tous les curés de la campagne doivent y
» envoyer des députés porteurs de leurs
» suffrages unanimes. *Les laïcs nobles et les*
» *citoyens y seront aussi présens*, CAR TOUS
» DOIVENT ÉLIRE CELUI A QUI TOUS DOIVENT
» OBÉIR. S'ils s'accordent à choisir une
» personne capable, faites leur faire un
» décret qui sera souscrit de chacun, et
» quand je leur manderai, ils m'enverront
» l'élu avec le décret d'élection et des dé-

» putés en assez grand nombre pour lui
» rendre témoignage au nom de tous. »

L'autre lettre est celle que Hincmar écrivait en même temps au clergé et au peuple de Cambrai. La voici :

« Votre père et votre pasteur Jean, étant
» décédé, il est nécessaire qu'après avoir
» fait des jeûnes et des processions, vous
» vous assembliez pour vous choisir un
» pasteur selon les règles de l'église. L'é-
» lection étant faite, vous en ferez un dé-
» cret en présence de l'évêque visiteur, que
» vous signerez tous. »

Ces lettres dont les termes reposent sur les principes de liberté si énergiquement invoqués de nos jours, prouvent qu'alors les droits de tous, voire ceux du peuple, étaient protégés et modérés par un sage équilibre; et cette phrase : *tous doivent élire celui à qui tous doivent obéir*, est la plus parfaite, la plus large application de la théorie des libertés, en même temps qu'elle est une admirable consécration du principe d'élection.

C'est à Louis-le-Débonnaire qu'est due cette liberté d'élire, laquelle, suivant le président Henault, était nulle sous la première race de nos rois (1).

Vers la fin du neuvième siècle, l'évêque Dodilon fit pendre à la ville de Cambrai une extension considérable que déjà nous avons mentionnée. Alors l'enceinte de la cité ne s'étendait pas jusqu'à l'église actuelle de St-Géry qui était hors des murs. L'évêque recula considérablement cette enceinte. On doute néanmoins qu'il l'ait dès ce moment reportée jusqu'à la porte de Cantimpré qui tire son nom d'une abbaye détruite depuis, pour étendre les fortifications de cette porte (2).

Il n'est pas invraisemblable qu'il ait placé

___

(1) Dupont, t. 1, p. 32.

(2) Alors la communauté se retira au prieuré de Bellinghe en Hainault, dépendant de l'abbaye, et l'abbé résida tantôt dans le refuge à Cambrai, tantôt dans le susdit prieuré de Bellinghe. — *Délices des Pays-Bas.*

alors les limites de la ville sur le premier bras de l'Escaut dans lequel se baignent encore de vieilles murailles qui, faisant dans la ville un énorme circuit, enveloppaient jadis la métropole, le palais archiépiscopal, l'abbaye et l'église de St-Aubert, ainsi que plusieurs de leurs dépendances. Cette vaste enceinte s'appelait *le Château*. On ignore du reste l'origine du château et ce qui vient d'être dit relativement aux limites posées par Dodilon, n'est qu'une simple conjecture.

L'évêque Dodilon obtint de l'empereur Arnould, successeur de Charles-le-Gros, à l'empire et à la souveraineté du Cambresis, une charte datée de Worms en 894, qui confirme toutes les immunités dont jouissait alors l'église de Cambrai. Bien que le but de cet ouvrage ne soit point l'histoire religieuse du pays, nous n'hésiterons pas à donner ici cette charte qui est d'ailleurs un document très intéressant.

Balderic la rapporte au chapitre LXII du 1er liv. de sa chronique.

PRÉCEPTE D'IMMUNITÉ EN FAVEUR DE L'ÉGLISE DE CAMBRAI. (1).

« Au nom du Sauveur, de Notre-Seigneur Jésus-Christ, Arnould, par la grace de Dieu, roi. Guidé par notre amour pour le culte divin, nous favorisons les demandes justes et raisonnables des serviteurs de Dieu ; et, ce faisant, nous avons la confiance que la grace d'en haut ne nous manquera pas. C'est pourquoi savoir faisons à tous nos fidèles sujets, présens et à venir, que le vénérable Dodilon, évêque de Cambrai, a mis sous nos yeux les priviléges concédés par nos prédécesseurs de glorieuse mémoire, à savoir le roi Pépin, les empereurs Charlemagne et Hludowig, dans lesquels il est mentionné que les rois nos prédécesseurs, ci-dessus désignés, par amour pour Dieu, et pour assurer le repos des frères qui y résident, ont toujours accordé protection entière à cette église, et défendu les immunités d'icelle, laquelle est consacrée en

---

(1) Trad. de MM. Faverot et Petit.

l'honneur de Marie, la sainte mère de Dieu, toujours vierge. Pour corroborer cette charte, l'évêque, désigné plus haut, a demandé que par amour pour Dieu, et par respect pour la sainte vierge Marie, mère de Dieu, nous voulussions bien sanctionner de notre autorité les décrets de ces mêmes rois. Nous avons acquiescé volontiers à cette demande par l'intervention de notre vénérable évêque Salomon, et l'avons pleinement accordée, en la confirmant par ce précepte d'immunité. Nous avons donc ordonné et ordonnons qu'aucun juge public, qu'aucun homme appartenant à la justice, ne se transporte dans les églises, les lieux, les terres et les autres biens de ladite église, qu'elle tient et possède dûment et légalement dans les provinces et les territoires soumis à notre empire, ou qu'elle pourra recevoir par la suite de la piété des fidèles, soit pour y entendre des causes, pour lever des taxes et des impôts, pour exiger des logemens, soit pour enlever des otages, soit pour arrêter les hommes libres ou les serfs de ladite église, demeurant sur son territoire ; que personne, maintenant ou à l'avenir, n'ose se transporter dans les dits lieux pour réclamer des redevances ou toute autre prestation illicite, soit pour exiger les choses ci-dessus mentionnées. Mais qu'il soit permis audit prélat et à ses successeurs, de posséder paisiblement, sous la protection de notre privilége, les biens de ladite église, avec les cellules et leur avoir, ainsi que les hommes qui lui sont légalement soumis; d'obéir fidèlement à notre autorité, et de prier en toute liberté avec le clergé et le peuple qui lui est soumis, pour notre stabilité, pour la stabilité et la conservation de tout l'empire que Dieu nous a donné. Tout ce que notre fisc en retirait, nous l'avons concédé à perpétuité à ladite église pour son luminaire. En outre, nous avons décidé qu'aucun duc, comte, lieutenant, ou toute autre personne appartenant au pouvoir judiciaire, ne pourrait enfreindre notre défense ni celle de nos prédécesseurs. Celui qui n'en tiendra aucun compte, sera passible de notre justice; et de plus, il sera condamné à payer 600 sous, dont les deux tiers seront versés dans le trésor de l'église, et l'autre tiers appartiendra au fisc royal, afin que nul n'ose désormais se rendre coupable d'un tel crime. Ce que nous confirmons de notre autorité, afin que tout ce qui a été octroyé et confirmé à ladite église, par nos prédécesseurs de glorieuse mémoire, soit inviolablement conservé par la suite. Et, pour que ce précepte d'immunité soit notoire et authentique aux yeux de nos fidèles et à ceux des fidèles de la sainte Eglise de Dieu, nous y avons placé notre seing et fait apposer notre sceau. Signature d'Arnould roi invincible. Moi, Winchingus, chancelier, remplissant les fonctions de l'archi-chancelier Théotmar, j'ai contresigné cet acte. Donné le 8 des ides de juin, l'an 894 de l'incarnation du Seigneur. Indiction 12e. L'an 7e de notre seigneur Arnould, prince très pieux. Fait à Wormatia, au nom de Dieu.

Ainsi soit-il.

Arnould était fils naturel de Carloman. Il laissa un fils en bas-âge qui, sous la tutelle de Louis IV lui succéda, et après la mort duquel (en 912) Charles-le-Simple se trouva héritier naturel du royaume de Lorraine et devint ainsi souverain de Cambrai. Mais ce prince qui se soutenait si difficilement sur son trône, n'était point de force à faire triompher ses prétentions à une couronne étrangère. L'empire d'Occident lui échappa donc et sortit de la maison des Pépins.

Balderic rapporte en ses chap. LXVI et LXVII, deux diplômes du roi Charles-le-Simple, accordant à l'église de Cambrai des concessions, les unes à l'instigation de l'évêque Etienne successeur de Dodilon; les autres à la requête de riches et puissans seigneurs.

Il est utile de noter en passant que ses largesses royales ne se faisaient pas au détriment et contre le vœu des laïcs; le diplôme rapporté par Balderic au chap. LXVII, constate que c'est au contraire aux humbles supplications des comtes Haganon et Rodulphe que le roi accorde à l'église de Notre-Dame une abbaye appelée Maroilles, et ses terres adjacentes; que c'est à la prière du comte Séchard, qu'il attribue à la même église l'abbaye de St-Crespin en Hainaut et toutes ses dépendances, laquelle était tenue en bénéfice par le comte Séchard lui-même.

Mais si certains comtes mus par des motifs de dévotion, se montraient généreux envers l'église de Cambrai, d'autres quelques fois lui livraient rude guerre. A cette époque vivait un seigneur fort turbulant nommé Arnould, Rudolf ou Rodolphe, homme ambitieux, voulant à quelque prix que ce fût acquérir renom et fortune; qui par intrigue et par force s'était emparé du gouvernement de Cambrai, d'une foule de biens d'église, et du titre de comte de Cambrai.

A l'injustice il avait ajouté la dérision; au titre de comte il avait, selon Carpentier, joint à son profit celui d'*advoué* et même d'*abbé* de Cambrai. Cette usurpation n'était en effet qu'une amère ironie, car les attributions de l'advoué, lesquelles n'étaient dévolues qu'à de nobles et puissans seigneurs, consistaient principalement en une protection loyale et efficace des biens placés dans le ressort de leur pouvoir. Or, Rodolphe avait au contraire abusé de sa position pour usurper les propriétés des monastères, et bien d'autres sans doute, au mépris des devoirs imposés à la charge d'advoué qui n'avait en rien un caractère de vénalité.

La protection du fort pour le faible a quelque chose de sublime qui satisfait l'ame et dont le prestige disparaît si l'on paie ce service. Les auteurs de nos premières institutions l'avaient compris, aussi voit-on que souvent les redevances dues à l'advoué n'étaient qu'un simple hommage, une reconnaissance du bienfait, plutôt que le prix dont on l'achetait.

Les uns étaient payés par *les dévotes prières des religieux, et la récompense éternelle de la part de Dieu;* les autres par *un denier, une poule et un septier d'avoine servi par chaque maison.* Les protecteurs aujourd'hui coûtent plus cher que cela.

Rodolphe égaré par l'ambition ne borna pas ses désirs à la possession du comté de

Cambrai, il porta les armes sur le domaine d'Herbert comte de Vermandois qui le battit près de St-Quentin, lui donna la mort, et vint se venger sur les Cambresiens du trouble apporté chez lui par l'entreprenant Rodolphe.

Rodolphe laissa, dit-on, un fils qui hérita de ses titres et de son ambition, mais non de ses capacités. Son nom n'est mentionné que d'une manière indécise ; on croit qu'il s'appela Bauduin. Il fut le prédécesseur du comte Isaac, fameux par ses démêlés avec l'évêque Fulbert.

En effet le bon Fulbert avait succédé à Etienne ; il devait cet honneur au crédit et à l'influence du duc Gislebert. Une volonté royale avait investi Isaac du fief de la grande et belle abbaye de St-Géry avec ses dépendances, avait partagé entre lui et l'évêque le *château* et les impôts publics, de plus lui avait attribué le droit de battre monnaie.

Il était difficile que ce partage d'honneurs et d'intérêts plus matériels n'amenât point de contestation entre les possesseurs. Isaac avait peu d'égard pour les évêques ; de violens démélés, dont le résultat avait été l'incendie d'un château, s'étaient originairement élevés entre lui et l'évêque Etienne. Cette malheureuse affaire qui lui avait coûté une réparation solennelle dans le synode de Trosly, et cent livres d'argent (1), ne lui avait point servi de leçon. Il se rappelait sans doute cet évènement avec plus d'amertume que de remords, aussi se montra-t-il peu disposé en faveur du successeur d'Etienne. D'un autre côté l'évêque Fulbert soutenait ses droits ; de sorte que ces querelles d'hommes supérieurs, lesquelles se passaient du reste avec la retenue que comportaient leur rang et leur position, descendaient par ricochet dans les classes plus infimes de leurs serviteurs ou partisans, et se traduisaient définitivement en altercations bruyantes et même en sanglantes collisions dans les tavernes ou lieux publics de la cité.

Le comte Isaac tira parti de cette circons-

---

(1) Chron. de Baldéric, liv. I, chap. LXV.

tance, et finit par enjoindre à l'évêque de quitter la ville avec les siens. Il ne voulait pas, disait-il, que le repos des bourgeois fût troublé plus long-temps ; et l'évêque devait effectuer sa retraite dans la journée même.

Fulbert pris au dépourvu ne se sentait point de force à riposter immédiatement à un pareil ordre ; il eut recours à la ruse, et obtint de la pitié du comte l'autorisation d'attendre la nuit, pour déguerpir sans témoins, et éviter par là les railleries du peuple toujours peu indulgent pour les vaincus.

Cependant les amis de l'évêque, convoqués secrètement, jurent de le défendre et de prendre en son nom une terrible revanche. En effet, par leurs soins, une espèce d'armée s'improvise dans l'ombre, et le lendemain, dès la pointe du jour, cette armée porte au comte l'ordre réciproque de déguerpir. Vainement le comte essaie de résister ; les gens de l'évêque sont nombreux ; leurs manières sont pressantes, et quelques instans après le prélat triomphant demeure seul maître de la ville qu'il devait quitter en fugitif.

Mais tout n'était pas dit entre les rivaux, et quelques jours après, le comte Isaac, à la tête de forces redoutables, rentra en vainqueur dans la ville. La résistance, s'il y en eut, ne fut pas de longue durée; le comte s'était pourvu de façon à ne point compromettre son entreprise. Il paraît néanmoins qu'il ne fut pas assez fort pour chasser l'évêque, car les historiens nous apprennent qu'il continua de vivre en luttes incessantes avec lui, jusqu'à ce que Othon fût venu terminer le différent.

Othon, roi de Germanie (1), appelé par Louis IV, son beau-frère, pour l'aider à affermir sa couronne que Hugues et Guillaume de Normandie voulaient lui arracher, retournait dans ses états et vint pour quel-

---

(1) C'est à tort que Carpentier lui donne le titre d'empereur, qu'il n'a reçu que long-temps après.

ques jours à Cambrai. Il y fut reçu par l'évêque avec tant d'égards et de dévouement, que ce dernier n'eut point de peine à obtenir justice contre l'entreprenant Isaac.

Le roi (1), après avoir pris avis de son conseil, et suivant la loi publique, dépouilla le comte de l'abbaye de St-Géry et de toutes ses dépendances, sujet des dissensions, ainsi que de l'abbaye de Maroilles, et en fit largesse à l'église de Notre-Dame.

Un diplôme rapporté par Balderic confirma cette utile donation. Nous croyons devoir reproduire ici ce diplôme, car tout ce qui peut servir à la connaissance des mœurs et des coutumes de l'ancien peuple

---

(1) La suzeraineté de Cambrai avait passé du roi de France au roi de Germanie, dans ces jours de troubles politiques où les hauts barons français, révoltés contre le fils de Charles-le-Simple, conférèrent une partie du royaume et notamment la Lorraine, dont le Cambresis faisait partie, à Henri de Germanie. Othon, fils d'Henry, avait succédé à son père.

du pays doit être, nous semble-t-il, scrupuleusement exploité par l'historien ; et ce diplôme renferme plusieurs dispositions qui ont trait aux usages du temps.

« Au nom (1) de la sainte et indivisible Trinité. Otton, par la grâce de Dieu, roi. Sachent tous les fidèles présens et à venir que, par amour pour Dieu et pour Marie, sainte et chaste Vierge, mère du Seigneur J.-C., notre Dieu, pour le salut de notre ame, par l'intervention de nos fidèles ; à savoir, de l'archevêque Frédéric, et de notre cher frère Brunon, et du duc Conrad, du duc Herman et d'autres fidèles, nous concédons du jour et de l'heure présente au siége de la sainte église Notre-Dame, que dirige, par la volonté de Dieu, le vénérable évêque Fulbert, l'abbaye de St-Géry en entier, avec tous ses biens, toutes ses possessions attenantes et éloignées, laquelle jusqu'à ce jour a toujours été justement et légalement soumise à notre

---

(1) Chron. de Balderic, liv. I, chap. LXXII. trad. de MM. Faverot et Petit.

juridiction : nous lui abandonnons également toutes les charges et tous les impôts qui reviennent à ladite abbaye. Qu'aucun comte, qu'aucun officier public ne puisse y assembler le mallum, y imposer des amendes soit en matière civile, soit en matière criminelle, ni former aucune opposition ; mais que tous ces biens restent dorénavant dépendans de l'évêque qui, par succession et avec la permission de Dieu, dirigera ladite église, tout aussi bien qu'ils ont relevé de notre autorité jusqu'à ce jour. Et, pour que le présent diplôme obtienne à jamais, par la suite des temps, force et vigueur, au nom de Dieu, nous l'avons confirmé de notre propre seing, et nous y avons fait apposer notre sceau. Signature du seigneur Otton, roi invincible. Moi, Brunon, chancelier, remplissant les fonctions de l'archi-chancelier Rotbert, j'ai contre-signé. Donné le 2 des calendes de mai, l'an 947 de l'incarnation du Seigneur. Indiction 6. L'an 13e du règne d'Otton, roi pieux. Fait heureusement, avec l'aide du Seigneur, au palais d'Aix-la-Chapelle.

Ainsi soit-il.

Cette disposition : qu'aucun comte, aucun officier public ne puisse y assembler le mallum, exige ici une explication. Le mallum (ou mallus), était une sorte d'assemblée d'état, où les comtes ou leurs délégués discutaient et jugeaient les affaires du pays : il était défendu d'y venir armé. Ces assemblées qui avaient lieu deux fois l'an, au printemps et à l'automne, ne pouvaient se tenir dans les églises ni aux environs, prohibition singulière, quant aux environs du temple et dont on ne s'explique le motif que par la crainte des troubles que pouvaient occasionner les affaires politiques. Des assemblées moins importantes, qu'on appelait Malli-Minores, avaient lieu pour le service ordinaire de la justice. Elles se tenaient en plein air, soit dans la cour d'un château, soit à l'ombre d'un chêne séculaire; et la naïve bonne foi de nos pères remplaçait alors ce prestige, cette magie théâtrale dont les cours de justice sont aujourd'hui forcées de s'armer contre des mœurs blasées, des consciences qui ne sont plus sensibles qu'à l'étonnement ou à la crainte.

Il y a lieu de croire que le comte Isaac se tint cette fois pour battu, on ne voit pas qu'il ait cherché à ressaisir ces droits, dont, pour avoir été trop avide, il venait de perdre même sa part légitime.

Il paraît qu'au contraire le prélat, fort de la protection royale, ne se laissa plus intimider par le comte. On voit dans Balderic que peu de temps après, Isaac ayant donné en mariage sa fille à l'un de ses parens, le comte Amulric (ou Amaury), seigneur puissant et illustre; Fulbert sépara les époux pour cause de parenté. Les menaces et les prières furent vaines auprès de lui; il persista dans sa décision avec une énergie qui prouve qu'il craignait peu le comte de Cambrai.

Du reste Isaac ne vécut plus long-temps, et laissa pour héritier un fils nommé Arnould.

De ce temps et sous l'épiscopat de Fulbert, le Cambresis eut fort à souffrir, non seulement de guerroyeuses entreprises provoquées par l'esprit ambitieux des comtes de Hainault et de Cambresis, mais encore par une nouvelle invasion de barbares. Les Hongrois, en 953, poussés par ce génie sauvage et impérieux qui du fond de leurs pays incultes, les avait lancés contre les peuples civilisés, arrivèrent sous les murs de Cambrai. Horde, furieuse et affamée, mettant tout à feu et à sang, pillant sur son passage les châteaux et les monastères ; égorgeant, assassinant sans motif, sans intérêt ; ne craignant ni le ciel ni les hommes, ne connaissant point d'obstacles, tant était rude le choc de leurs armes, tant était formidable cette trombe humaine amenée sur nos climats par les tempêtes de l'Orient.

L'évêque Fulbert, prévenu de leur approche, avait fait prendre toutes les mesures possibles de défense, et on se trouva prêt à résister quand ils arrivèrent en vue de nos murailles. Les postes avancés avaient dû abandonner les faubourgs et se retirer dans l'enceinte des remparts. Trois jours de pillage et de dévastation avaient environné la ville d'un horrible cordon de ruines fumantes, de sanglans débris. Ce hideux spectacle était là comme un utile enseignement pour les bourgeois qui se défendaient; le sort qui les attendait en cas de défaite était écrit devant eux. Aussi les murailles étaient-elles couvertes de soldats courageux et déterminés. Les flots de l'armée étrangère venaient se briser contre la cité, comme sur un rocher inébranlable d'où s'élançaient mille dards qui les frappaient de mort.

Enfin fatigués de leurs inutiles efforts, les assiégeans vont chercher quelques jours de repos dans les prairies arrosées par l'Escaut, et y établissent leur camp. Mais le courage des soldats de Cambrai n'était pas épuisé, ils avaient à venger les ravages des faubourgs et leur tour était venu de prendre l'initiative de l'attaque. Une poignée de braves, sous la conduite d'un homme intrépide nommé Odon, s'élance hors de la ville, tombe à l'improviste sur les derrières de l'ennemi, s'empare du neveu du chef barbare, et revient exposer sur les remparts, comme un épouvantable trophée la tête du jeune chef fichée au bout d'une pique.

A la nouvelle de cette audacieuse bravade,

Bulgion, le roi Hongrois, exaspère son armée, un long cri de vengeance et de mort vient frapper les échos de la ville, et plus terrible, plus formidable se reprend le siége de la cité.

Mais une couronne de fer, d'armures et de javelots protége son front martial; les coups de l'ennemi tombent sans résultat et sa rage impuissante ne soutient plus un courage ébranlé par tant de vains efforts. Celui des bourgeois au contraire s'accroît de leur succès et des encouragemens de Fulbert qui du temple vole aux remparts, excitant la ferveur des prêtres qui prient et la valeur des soldats qui combattent.

Force fut donc aux ennemis de battre en retraite, mais cet instinct destructeur qui les poussait même à leur insu, n'était point satisfait. A l'incendie qu'ils n'avaient pu allumer de leurs propres mains, ils donnèrent les ailes de leur flèches; des feux errans lancés par leurs armes, vinrent tomber menaçans sur l'église de Notre-Dame (1). La

---

(1) Cette circonstance que des flèches enflammées

flamme allait dévorer le temple sacré ; déjà la consternation et l'effroi se répandaient dans la ville, lorsqu'un homme, un clerc de l'église paraît sur le toit où, suspendu par des cordes, il semble planer comme un de ces génies tutélaires que la foi naïve de nos aïeux plaçait sur les créneaux des antiques castels.

Là, bravant les traits de l'ennemi, avec une témérité favorisée du ciel, il éteint les projectiles incendiaires et donne à la fin de ce siége mémorable, le spectacle d'un cambresien triomphant seul d'une horde nombreuse de barbares. Cet homme se nommait Sérald.

La brutale et lâche vengeance qu'ils n'avaient pu exercer sur un monument intérieur, ils l'assouvirent sur le temple de St-Géry, qui était hors de la ville. Vainement les bourgeois cherchèrent-ils à porter secours à ce malheureux monastère ; tout y

---

arrivaient sur l'église, prouve que les murailles n'alloient point alors jusqu'à la porte de Cantimpré.

fut égorgé et brûlé, après quoi la trombe d'hommes dévastateurs disparut et alla porter ailleurs ses fureurs et ses ravages.

Fulbert mourut bientôt après cette funeste époque, et fut remplacé par Béranger enfant grossier de la Germanie, prélat arrogant, d'autant plus sottement fier de sa naissance qu'il la déshonorait par ses mœurs et ses actions. Aussi intolérant que les cambresiens étaient indépendans et rebelles, il vit bientôt naître entre lui et le peuple une de ces antipathies que rien ne peut détruire, une de ces désharmonies qui hurlent toujours et fort.

Un jour que Béranger était allé en Germanie, visiter l'empereur et ses amis, une pensée d'affranchissement saisit soudainement les bourgeois : ils prirent la résolution de lui fermer les portes de la ville et le déclarèrent déchu de tous ses droits.

Sans prétendre fixer ici la date de l'établissement d'une commune (environ l'an 956 ou 957), il est peut-être très important de remarquer cette tentative d'affranchissement dans Cambrai. C'est la première qui soit constatée d'une manière bien authentique (1), il est même étonnant que Carpentier n'en fasse mention en aucune manière.

Quoiqu'il en soit, la première chose à faire, de la part des bourgeois, après la déchéance de l'évêque, était la constitution du nouveau mode d'administration ; il est vraisemblable qu'il en fut question dans l'assemblée même qui proscrivait le prélat. Et si l'on considère que du jour de cette assemblée jusqu'à celui où ce dernier rentra en possession de ses droits, il a dû s'écouler un assez long laps de temps, on ne trouvera pas déraisonnable sans doute de penser qu'il ait pu y avoir, sinon une commune, du moins quelque chose de provisoire qui en était le prélude.

Mais en effet, cet état d'affranchissement ne dura pas, car l'évêque ayant appris les évènemens qui l'avaient frappé, eut recours à la protection de l'empereur son parent,

---

(1) Balderic, liv. 1, chap. LXXX.

et revint accompagné de telle sorte que les bourgeois jugèrent prudent de l'inviter d'eux-mêmes à rentrer dans la ville.

Le cruel et vindicatif prélat revint après avoir licencié son cortége d'alliés; il rentra sans trop de récriminations, mais mûrissant dans son cœur un projet perfide de vengeance qu'il ne tarda pas à réaliser. Il fit sourdement assembler des soldats auxiliaires, puis un jour attaqua subitement les bourgeois dans les rues et sur les places publiques. Quoi de plus hideux que le rôle de ce personnage qui, revêtu d'un caractère sacré, suscite ainsi une boucherie d'hommes dans la ville confiée à ses soins! Les soldats, ou plutôt les bourreaux de l'évêque, frappent et tuent tous ceux qu'ils rencontrent. Les bourgeois effrayés, se réfugient en foule dans le temple de St-Géry, et c'est là dans le sanctuaire sacré, sur les marches de l'autel que les féroces soldats exercent leurs plus horribles cruautés: coupant les pieds ou les mains, crevant les yeux ou imposant des fers rouges aux infortunés qui croyaient trouver un refuge dans le temple du Dieu dont Béranger était le ministre.

Loin de rougir des excès commis en son nom, l'évêque-bourreau fit remplir une voiture des piques enlevées aux morts, et les envoya comme une preuve joyeuse de ses prouesses à quelques amis qui habitaient sa terre de Béthencourt.

Heureusement cet homme dépravé termina bientôt sa carrière, laissant pour témoins de son passage des souvenirs révoltans et une mémoire exécrée.

Chapitre III.

Quelques évêques. — Troubles dans le pays. — Rothard. — Erluin. — Fondation du Câteau. — Comté dévolu aux évêques.

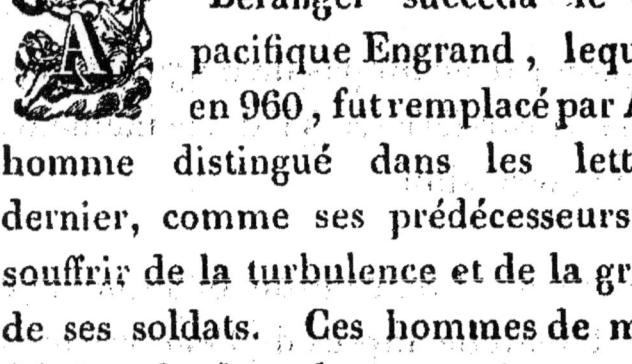 Béranger succéda le doux et pacifique Engrand, lequel mort en 960, fut remplacé par Ansberg, homme distingué dans les lettres. Ce dernier, comme ses prédécesseurs, eut à souffrir de la turbulence et de la grossièreté de ses soldats. Ces hommes de mœurs et d'habitudes brutales appuyaient souvent sur le besoin qu'on avait d'eux des exigences outrées qui dégénéraient en rapines et en séditions. Ansberg ne trouva de contrepoids à ces désordres que dans l'intervention de quelque puissant seigneur. En conséquence, à force de bienfaits, il se rendit

favorable Arnould, comte du Cambresis, qui mit les soudards à la raison, et fit respecter l'évêque comme il devait l'être. Ansberg mourut après cinq ans d'épiscopat.

Alors les principaux citoyens de Cambrai, jugeant qu'il était utile d'avoir à la tête de leur église un homme de capacités reconnues, jetèrent les yeux sur Wibold qui était issu d'une des premières familles du pays. Ils s'adressèrent en conséquence à l'empereur Othon Ier, et obtinrent de lui la nomination de Wibold (1).

Son épiscopat ne fut pas de longue durée, il termina sa carrière dans l'année même de sa prise de possession.

Les bourgeois firent à cette occasion une nouvelle démarche auprès de l'empereur et demandèrent la nomination d'un moine de Solesmes nommé Rotbert. Mais le prince craignant qu'une nouvelle concession ne dégénérât en abus, et que les bourgeois ne

---

(1) Chron. de Balderic, liv. I, chap. LXXXIX.

finissent par regarder comme un droit la faculté qu'ils avaient prise de présenter leur candidat à la nomination impériale, refusa ce moine qui du reste était, si l'on en croit Balderic, peu propre aux fonctions qu'il briguait. Il n'avait obtenu cette démarche des bourgeois qu'en achetant à prix d'or leur suffrage accordé spontanément au savant et modeste Wibold.

Le successeur de ce dernier fut Tetdon. Tetdon n'ignorait pas la turbulence et les mœurs relachées des cambresiens, aussi refusa-t-il d'abord la dignité épiscopale, mais l'empereur insista et l'évêque finit par céder. Il eut en effet par la suite à se repentir plus d'une fois d'avoir accepté ces périlleuses fonctions.

Les seigneurs du pays étaient généralement peu scrupuleux, et avaient une propension extraordinaire à l'usurpation et à la rapine. Un certain Jean, par exemple, *châtelain* et *majordome* (1) de Cambrai, exerça envers

---

(1) On verra au chap. suivant l'explication de ces mots.

l'évêque des actes d'une impudence inouie. L'évêque avait fait rassembler d'abondans matériaux pour agrandir l'église de Notre-Dame. Sur les entrefaites, des affaires importantes l'appelèrent à la cour, il s'absenta; mais à son retour, les matériaux étaient transformés en une magnifique maison dont le châtelain Jean s'était fait propriétaire.

Un pareil vol ne pouvait demeurer impuni; l'évêque cherchait les moyens de tirer vengeance de cette odieuse conduite, lorsqu'un certain Watier ou Gautier (1), homme puissant par des fonctions militaires qu'il exerçait à Lens, lui fit proposer sa protection, moyennant d'énormes revenus que l'évêque accorderait à son fils. Le marché fut conclu, et Jean mis à la raison pour quelque temps. Mais Watier ne fut pas plus traitable que Jean, et abreuva le prélat d'humiliations. Jean de son côté, irrité, ne

---

(1) Watier et Gautier sont des noms ayant même origine; une différence seule de prononciation les ont séparés en apparence.

devint que plus turbulent, et le malheureux Tetdon, balloté entre ces deux puissances ennemies, n'obtint un peu de repos que par l'abandon presque total de tous ses revenus et bénéfices.

Tetdon aurait sans doute réclamé et obtenu de l'empereur un secours efficace contre ces nobles-pillards, si ce dernier ne se fût lui-même trouvé dans des circonstances fort difficiles. Othon-le-Grand était mort, son jeune fils Othon II lui avait succédé. Comptant sur l'inexpérience du jeune monarque, des comtes rebelles et bannis, Reinier et Lambert, étaient rentrés dans leur patrie, pour reconquérir les armes à la main et à l'aide de leurs partisans, les domaines de leurs pères. Le parti de ces rebelles était nombreux et l'empereur luttait péniblement contre eux.

A ces embarras se joignaient contre le prince d'importantes questions politiques. Lothaire roi de France, avouait hautement le projet de s'emparer de la Lorraine (dont le Cambresis faisait partie) et qui relevait de l'empereur de Germanie. Ce dernier trouva un moyen de conjurer l'orage qui grondait déjà bruyamment. Ce fut d'offrir le duché de Lorraine au frère du roi, Charles qui accepta cette offre et se fit conséquemment vassal de l'empereur.

Othon trouvait dans cet acte de politique le double avantage d'opposer au roi un frère puissant et de détourner ainsi sur Lothaire l'humeur inquiète et martiale de Charles, dont souvent il avait eu à souffrir lui-même.

Ce fut pendant ces débats si graves que l'évêque Tetdon fut tourmenté par ses vassaux, tantôt trompé par eux, tantôt ouvertement dépouillé sans pouvoir attendre le moindre secours du protecteur naturel du pays.

Arnould, comte du Cambresis, se vit aussi privé à la même époque de sa terre de Gouy, près du Castelêt, par Otton de Vermandois, qui y fortifia un château d'où il vint plus d'une fois jeter l'alarme dans Cambrai. Il faut noter que ce rebelle, qui s'appelait Otton, n'avait avec l'empereur rien de commun que le nom. Il était fils d'Albert, comte de Vermandois.

L'empereur était encore occupé de guerres lointaines, lorsque le malheureux évêque Tetdon mourut de chagrin dans la ville de Cologne où il s'était réfugié. Battu alors par la tempête, le siége épiscopal demeura vacant durant quelque temps. Aux luttes intestines amenées par cette vacance, se joignaient les menées sourdes d'une invasion de Lothaire sur le territoire. Les puissans du pays redoutaient cette expédition du roi de France. Parmi eux, Arnould, comte de Cambrai, était un des plus alarmés, car il s'était constamment montré fidèle à l'empereur Othon. Il devait craindre pour lui et pour son pays les rancunes violentes de Lothaire; les cambresiens de leur côté, privés de leur prélat, entrevoyaient dans cette complication d'évènemens des dangers imminens. Ce fut donc d'un commun accord que Arnould prit alors l'initiative d'une démarche auprès du nouveau duc de Lorraine, Charles, pour obtenir de lui qu'il vint mettre garnison dans Cambrai pour la protéger contre les armes de son frère.

Charles se rendit volontiers à cette invitation ; et ne voyant en cela qu'une occasion favorable de pillage, qu'il ne fallait pas laisser échapper, arriva dans la malheureuse cité qu'il était chargé de protéger, avec un corps nombreux de troupes. Bientôt, profitant de la vacance du siége, il lui prit envie de remplacer l'évêque dans l'exercice de tous ses droits civils, et il s'empara des revenus de l'évêché, du trésor de l'église; vendit les prébendes et se rendit coupable d'une foule de dilapidations, jusqu'au retour de l'empereur dans ses états, lequel lui fit suivre une voie plus sage, et donna la mitre épiscopale à Rothard, qui devint l'un des évêques les plus remarquables de Cambrai.

Carpentier mentionne à cette époque, et malheureusement d'une manière trop vague, la création de douze pairs du Cambresis et autres officiers héréditaires de l'évêché, en faveur de Rothard.

L'esprit insurrectionnel des bourgeois;

la rapacité, l'orgueil de certains seigneurs ; les haines intestines, les incursions de l'étranger, les circonstances politiques, tout avait concouru à faire de Cambrai une cité de désordre, d'anarchie, de pillage et de malheur. Dans ce cahos dangereux, il fallait apporter l'ordre et le repos : telle fut la tâche difficile que Rothard s'imposa. Adroit, prudent, ferme et généreux, il était évidemment l'homme de la circonstance ; aussi vu d'abord de fort mauvais œil, finit-il par conquérir l'estime de tous. Son châtelain Watier, homme intraitable, fut le seul qui demeura en hostilité avec lui (1).

Une circonstance qui contribua considérablement à relever Rothard dans l'esprit des Cambresiens, fut celle-ci : Otton de Vermandois, ce comte sans honneur, dont il a déjà été question, qui exerçait en grand le métier de larron, et qui s'était fortifié en un château dans la terre de Gouy, enlevée à

---

(1) Chron. de Balderic, liv. 1er, chap. CII.

Arnould comte de Cambrai ; continuait ses excursions criminelles et venait jusque dans le voisinage de Cambrai, lever des impôts illicites et piller les propriétés. Mais comme les courses à faire avec son butin lui paraissaient un peu longues, vu la distance de Cambrai à Gouy qui est de quatre lieues, il imagina d'élever dans le pays une forteresse en guise d'entrepôt du fruit de ses rapines. En conséquence, dans un lieu nommé *Vinci*, dont le nom rappelle déjà des souvenirs de guerre, non loin de la petite ville de Crèvecœur (1), il jeta les fondemens d'un château flanqué de tours et défendu par de grandes fortifications. Ce travail se poursuivait avec une activité incroyable, mais l'évêque Rothard, informé de cette criminelle entreprise, se hâta de son côté de demander du secours aux comtes Godefroi et Arnould. Ce dernier surtout qui avait tant à se plaindre du comte Otton, envoya

---

(1) On sait que le beau village de Crèvecœur est une ancienne ville dont on retrouve encore des vestiges de fortifications.

à l'évêque force gens d'armes, qui, joints aux bourgeois et aux paysans exaspérés, marchèrent sur Vinci pour y attaquer les travailleurs d'Otton. Le prélat voulut commander lui-même l'expédition, et troquant pour un jour la mitre contre le casque, alla à la tête de son armée, détruire et raser la forteresse qui s'élevait déjà menaçante et majestueuse.

Cet exploit qui lui donna une grande réputation de valeur, lui concilia tout à fait l'esprit du peuple et des grands.

Il ne sera pas question ici des différens qui s'élevèrent entre Rothard et un abbé de St-Vaast, d'Arras, nommé Fulrad. Les questions purement ecclésiastiques ne sont point du ressort de cette histoire.

L'empereur Othon II était mort, et son jeune fils, enlevé par le duc Henry de Bavière, délivré ensuite par ses seigneurs fidèles, finit par retrouver la couronne de son père. Rothard qui avait déjà doté son église des villages de Villers-Pol et de Fontaine, lequel sans doute prit de là le surnom qu'il porte encore aujourd'hui (*Fontaine-Notre-Dame*), obtint du jeune prince la confirmation des immunités dont les précédens empereurs avaient enrichi l'église de Cambrai (1). Othon alla plus loin : il fit don à Rothard d'une forêt tout entière dont la position topographique est soigneusement indiquée dans l'acte de donation rapporté par Balderic, en son chapitre CVIII du liv. 1er de sa chronique.

Rothard mourut en 995, et fut inhumé dans l'église de Notre-Dame, dont il avait fait achever les constructions commencées par Engrand.

Son ami Godelin, prévot de Cambrai (2),

---

(1) Chron. de Balderic, liv. 1er, chap. CVII.

(2) C'est à tort que dans une note à propos de Godelin, l'abbé Dupont avance qu'il est le premier prévôt de l'église de Cambrai dont l'histoire ait conservé le nom; c'est à tort également que Carpentier dit que les prévôts furent créés par les évêques *après que ces derniers eurent obtenu le comté en* 1007. Dans les notes savantes dont M. Le Glay a enrichi son édition de Balderic, est

fit élever sur sa tombe un magnifique monument.

La mitre épiscopale passa alors sur le front d'Erluin, homme de cour et lettré qui était archidiacre de l'église de Liége. A son arrivée dans la ville, il trouva tous les biens de Rothard pillés par différens seigneurs et principalement par le félon et redoutable Watier (1), qui, semblable au vautour, l'oiseau dégoûtant des funérailles, était encore bien généreux quand il attendait la mort de ses victimes pour se gorger de leurs dépouilles. Dans les calamités publiques,

---

rapporté un passage des mémoires du seigneur de Quéant, Claude Despretz, conçu en ces termes : *Sacratur Cameraci ab Alberone, archiep. Remensi, Rotardus ab Henniaco, can. præpositus Cameracensis.* Ces mots *præpositus Cameracensis* ne laissent aucun doute sur la question. Il est évident qu'à l'époque de son élection au siége épiscopal, Rothard était prévôt de Cambrai. Or, Rothard était mort en 995, ce qui prouve qu'il y avait des prévôts de Cambrai avant 1007.

(1) Chron. de Baldéric, liv. 1er, chap. CX.

son nom reparaissait comme un signe malfaisant, présage de malheur. Les armes de la terre ne pouvaient rien contre le redoutable châtelain, Erluin se décida à invoquer les foudres du ciel. Le pape Grégoire V accorda à ses prières une sentence d'excommunication contre les spoliateurs. Devant cette imposante menace, les usurpateurs se retirèrent, et l'évêque voyant la paix rétablie, au moins momentanément à l'intérieur, s'occupa de mettre le pays à l'abri des attaques extérieures.

Des soldats pillards du Laonnois et du Vermandois inquiétaient incessamment les confins du Cambresis du côté de l'Est. Pour mettre fin à ces dangers, Erluin racheta le village de Perronne-sur-la-Selle, qui autrefois lui avait appartenu, mais dont il s'était on ne sait comment trouvé dépossédé ; et par privilége impérial y éleva un château-fort qui porte aujourd'hui le nom peu défiguré du *Câteau* (1). L'empereur

---

(1) Le Câteau est bâti sur l'emplacement occupé jadis par deux villages : Perronne et Vendelgies.

approuva tellement la construction de cette forteresse, qu'il autorisa l'évêque à y établir un marché, à y battre monnaie, à percevoir les droits de *tonlicu* (c'est-à-dire droits sur les marchandises mises en vente), les amendes, etc. Le Câteau devint donc comme un poste avancé, protecteur du pays, et le défendit en effet très efficacement contre les entreprises du dehors.

Cependant Beauduin, comte de Flandre, était entré en guerre contre Arnould, comte de Valenciennes et de Cambrai. Et comme Erluin était uni à ce dernier par des liens d'amitié et d'intérêt, le comte flamand n'hésita pas à faire dans le Cambresis de désastreuses incursions. La mort de l'empereur Othon III était venue enhardir encore l'ennemi d'Arnould, lequel ennemi s'empara de Valenciennes et en chassa le comte légitime.

Henry, fils de Henry, duc de Bavière, avait succédé à Othon (en 1002). Il ne put tolérer ces actes iniques de conquête et d'usurpation, et vint essayer de mettre

Beauduin à la raison. Mais le redoutable Flamand résista et força le roi à la retraite (1). Alors devinrent plus effrayantes que jamais ses menaces contre l'évêque de Cambrai qui avait pris parti pour Arnould. Erluin jugea prudent de fuir, et se retira auprès du roi Henry jusqu'à ce que l'année suivante, les choses s'étant arrangées entre le roi et le comte Beauduin, l'évêque pût revenir sans crainte dans sa ville épiscopale.

A la mort d'Arnould, une grave question politique préoccupa l'empereur suzerain. Il attribuait, non sans raison, une partie des dissentions intestines qui avaient troublé le repos du pays à la lutte naturelle des pouvoirs du comte et de l'évêque. Cette puissance civile en présence de la puissance ecclésiastique, ces droits et ces devoirs souvent mal compris, souvent contestés, occasionnaient des inimitiés, des luttes qu'il fallait éviter. Une idée de conciliation

---

(1) Henry n'était encore que roi, à cette époque. Il fut couronné empereur de Germanie en 1014.

frappa! alors l'empereur, et il jugea que le seul moyen d'harmoniser ces pouvoirs contradictoires était de les réunir dans la même main. En conséquence, il transféra le comté de Cambresis en l'an 1007 à l'évêque Erluin, et à ses successeurs à toujours. C'est depuis cette époque, remarquable dans notre histoire politique, que les évêques ont porté le titre de comtes de Cambrai.

Carpentier affirme du reste que cette translation de titre se fit sans nulle réclamation de la part des ayans-droit.

« Nous ne sommes asseurés, dit-il, si nostre Arnould laissa des enfans, mais nous remarquons seulement que les illustres maisons de Cambrai, de Crèvecœur, d'Oisy, etc., renoncèrent formellement aux prétentions qu'elles pouvaient avoir sur ledit comté, et en présence de l'empereur prestèrent serment de fidélité audit évêque. »

Les derniers jours de l'évêque Erluin, *comte de Cambrai*, furent empoisonnés par les intrigues et les vengeances du moine

Fulrad, par les atrocités surtout du châtelain Watier, qui finit par braver les foudres de Rome, et qui, sur son lit de mort, n'eut d'autre pensée que de faire jurer haine et vengeance contre l'évêque, par son fils et ses soldats. Ils tinrent parole jusqu'à ce que la mort vint terminer la carrière du malheureux Erluin. Son dernier soupir fut troublé par les cris des soldats de Watier qui pillaient l'évêché, et le prélat rendit l'ame en ajournant le brigand devant le Dieu vengeur de tous les crimes.

La haine et les fureurs du nouveau châtelain poursuivirent le cercueil de l'évêque, et durant la cérémonie funéraire qui se faisait dans l'église cathédrale, poussé par une incroyable audace, cet homme féroce arrive l'épée à la main, à la tête de ses gens, jette l'effroi dans la nef, disperse le clergé et remplace par des imprécations et des blasphêmes les prières dernières que le chrétien doit même à son ennemi.

Le châtelain exaspéré par ses succès impies ne connaît plus de bornes, son épée sanglante s'étend sur toute la ville, et c'est dans les angoisses et l'effroi qu'il inspire, que le peuple sans défense attend un nouvel évêque.

Le titre de châtelain, signifiait *protecteur :* Watier était châtelain.

Chapitre IV.

Mœurs. — Coutumes. — Charges et titres. — Premiers édifices.

uand le voyageur curieux a gravi, dans les pays pittoresques qu'il parcourt, une montagne, une riante colline, il s'arrête un moment et jetant derrière lui un coup d'œil sur ces vastes vallées, sur ces humbles hameaux, ces fleuves bleus, ces bosquets ombragés qu'il a traversés, il embrasse de son regard tout l'ensemble de cette grande nature, et alors seulement il peut se faire une idée de l'aspect général de la contrée. Alors seulement il apprécie son caractère mélancolique ou terrible, gai, heurté ou paisible, selon que les brumes, les rochers, les eaux

bruyantes ou dormeuses, le ciel pur ou nébuleux, la végétation malade ou fertile dominent dans ce gigantesque tableau. Comme le voyageur, le chroniqueur qui s'arrête à quelque grande période et jette sur l'histoire un coup d'œil rétrospectif, aperçoit alors la couleur générale des époques qu'il a traversées, et peut facilement se former une idée des mœurs, des coutumes et du caractère des hommes qui ont fait les évènemens ou en ont été les jouets.

Arrivés donc à une importante époque politique, celle du comté dévolu aux évêques, faisons halte un moment et considérons l'aspect moral des choses dont nous ne connaissons que le côté dramatique.

Nos pères, à cette époque, avaient l'humeur fort turbulente, le ciel lourd et brumeux du Nord qui semble aujourd'hui peser sur les esprits flamands, n'avaient, paraît-il, aucune influence sur eux. Le bruit, la bière, les tavernes et l'amour étaient leurs élémens. Les anciens historiens parlent de la dépravation de leurs mœurs. On comprend aisément que les Romains n'avaient pas été sans laisser sous ce rapport trace de leur passage. Les Cambresiens aimaient les fêtes tumultueuses, et plus encore, peut-être, le désordre. Ils se mêlaient volontiers aux querelles des hauts seigneurs qui se disputaient des droits et des pouvoirs. Quelquefois même ils guerroyaient pour leur propre compte contre les chefs puissans dont ils souffraient impatiemment les rigueurs et les exactions. Le caractère sacerdotal ou monastique qui dans ces temps avait sur les peuples une influence voisine de la fascination, n'imposait aux bourgeois de Cambrai aucune réserve, aucune retenue, et leur indépendance triomphait du respect aveugle; aussi s'insurgèrent-ils plus d'une fois contre leurs évêques.

Une habitude, un besoin de rapine se rencontrait dans le caractère du pays. Les plus puissans se faisaient larrons, et le peuple autorisé, excité même par l'exemple, n'avait pas plus de scrupule que ses chefs. Loin de nous cependant l'idée de généraliser cette allégation au point d'en faire une marque distinctive des mœurs de nos devanciers. Mais il faut avouer que cela se reproduisait plus souvent que par exception, ou bien il faut dire que les exceptions n'étaient pas rares. Evidemment ces hommes récemment sortis de leurs sauvages carrières se ressentaient encore des grossières habitudes de leur existence vagabonde. Les anciens historiens parlent de leur férocité, et en effet l'on en trouve tant d'exemples sous la couronne ducale comme sous le casque, sous la mître même comme sous le sayon du peuple, que toute répugnance que l'on ait à faire un pareil aveu, on ne peut nier qu'il y ait eu beaucoup de férocité dans le caractère des Cambresiens.

Les nombreuses forêts qui couvraient alors le pays, entretenaient chez eux un goût prononcé pour la chasse. On voit par les diplômes et les chartes qui accordent des droits exclusifs de chasse que déjà on attachait beaucoup d'importance à cet exercice devenu depuis un privilége. L'outarde peuplait alors les campagnes du Cambresis et de blanches tribus de cygnes sauvages habitaient les bords marécageux de l'Escaut.

Quoiqu'il en soit, la population de Cambrai était loin de ressembler à une horde barbare. Des lois, des coutumes réglaient les droits et les devoirs de chacun. Des bases larges, justes et généreuses servaient de fondement à cette constitution encore dans son enfance. Le peuple n'était point passif dans les affaires du pays; l'élection lui donnait droit de concourir à la nomination des évêques; il intervenait même, en ce sens, dans les affaires ecclésiastiques. L'évêque était donc l'élu du pays; or, l'évêque et l'église de Notre-Dame qui étaient, pour ainsi dire, le grand mythe populaire, avaient reçu des immunités des rois suzerains, lesquelles immunités étaient, suivant l'usage, confirmées par chaque successeur, au moyen de chartes ou diplômes, bien que chacun d'eux stipulât ordinairement pour ses successeurs comme pour lui.

Ainsi, certaines terres étaient franches,

les comtes n'y pouvaient établir ni mallum (1), ni tribunaux, ni taxe, ni impôts; n'avaient droit d'y prendre aucun logement, d'y enlever aucun ôtage, d'y arrêter nul homme libre ou serf de l'église (2). L'évêque avait en outre droit de battre monnaie.

Tout cela, il est vrai, ne profitait pas au peuple d'une manière immédiate, mais on conçoit aisément quels heureux résultats en découlaient pour lui. Les comtes, tout intéressés qu'ils étaient à la défense du territoire, avaient peu de soucis de la protection des personnes. Tantôt d'orgueilleuses entreprises, tantôt de légitimes défenses épuisaient leurs ressources, et sur le peuple en définitive retombaient les charges qu'ils s'imposaient à tort ou à raison. Le pouvoir et la nécessité ont d'impitoyables exigeances. C'était donc un bienfait inestimable que ce contre-poids donné à la puissance

---

(1) On a vu plus haut ce qu'était le mallum.
(2) Chron. de Balderic, liv. 1er, chap. LXXVI.

des comtes dans les immunités de l'église. Ces terres franches, ces libertés sur lesquelles s'étendait la main tutélaire d'un monarque, pouvaient servir d'asile et d'abri au peuple opprimé. Et comme le peuple prenait part à l'élection de l'évêque, il avait une grande influence sur le choix de ce protecteur dont il relevait sous le double rapport religieux et civil. Et cette part qu'avaient les citoyens dans la nomination de l'évêque, n'était point une chimère, car Balderic nous apprend que c'est sur la demande d'une députation des principaux citoyens de Cambrai, que l'empereur proclama la nomination de l'évêque Wibold (1).

Mais cette balance de pouvoirs devait nécessairement amener des conflits de prétentions. Delà ces luttes presque continuelles dont le peuple souffrait encore. Aussi ce fut une heureuse innovation que cet acte qui dévolut le comté aux évêques d'une

---

(1) Chron. de Balderic, liv. 1er, chap. LXXXIX.

manière définitive; innovation d'autant plus heureuse que le pouvoir des évêques n'était point devenu pour cela un pouvoir sans contrôle, sans modération, et que d'ailleurs il n'était pas héréditaire comme celui des comtes; ce qui du moins en cas d'abus laissait pour le successeur les chances d'un meilleur choix.

Les principaux dignitaires du pays étaient originairement l'évêque sous le rapport spirituel et le comte sous le rapport civil.

On comprend qu'en ces temps où, malgré leurs déboires, leurs humiliations et souvent leurs défaites, les évêques étaient les chefs les plus apparens de la ville, on doive jalonner l'histoire du pays sur leurs règnes, comme on fait de celle des royaumes sur les règnes des monarques. Dans la nuit des temps surtout, les chefs civils restent encore complètement dans l'ombre, quand les prélats percent déjà les douteuses vapeurs qui dorment sur nos mystérieuses origines. Les évêques offrent donc des dates d'avènemens et de morts auxquelles se rattachent facilement les évènemens historiques. Voilà pourquoi l'auteur de cette histoire populaire fait néanmoins dominer l'évêque dans les tableaux qu'il trace, comme, pour ainsi dire, le titre courant des chapitres dans un livre didactique ; afin de rattacher à une sorte d'unité, ces faits si nombreux qui resteraient sans cela épars, et, souvent sans corrélation entre eux.

L'évêque était dans l'usage d'entretenir dans son palais un certain nombre de soudards dont il avait besoin pour sa garde, mais qui souvent, débordés sous tous les rapports, lui devenaient plutôt une charge dégoûtante qu'un appui.

Les comtes étaient, comme nous venons de le dire, les chefs civils. D'abord regardés comme les lieutenans du suzerain, ils finirent par émanciper tellement leurs pouvoirs, qu'ils agissaient, pour ainsi dire, eux-mêmes en rois, bâtissant des châteaux et des forteresses, battant monnaie, levant des impôts et déclarant des guerres sans autorisation de leurs souverains et parfois même en haine d'eux.

En deuxième ligne des dignitaires on trouvait :

Les advoués, hommes puissans, chargés de protéger les biens temporels des églises, de poursuivre même par la guerre, les méfaits dont on pouvait se rendre coupable envers elles. Les comtes ne dédaignaient pas de prendre ces charges honorifiques. En général, chaque église, chaque monastère avait un ou même plusieurs advoués.

Les châtelains ou vicomtes, qui étaient les chefs des armes et de la justice, qui avaient la haute surveillance des prisons, levaient les tailles et les subsides pour la défense de leurs villes et le paiement de la milice ; qui juraient de protéger les bourgeois, leurs femmes et leurs enfans ; de les défendre en temps de guerre et de maintenir leurs lois et leurs franchises.

Les vidames dont les fonctions consistaient

à protéger les intérêts privés et matériels des évêques, afin de les laisser entièrement à l'administration spirituelle.

Ainsi, si l'on analyse brièvement ces charges toutes honorables, on trouvera :

L'évêque, prince spirituel.

Le comte, prince temporel.

Les advoués, protecteurs de l'église.

Les châtelains, protecteurs du peuple.

Les vidames, protecteurs de l'évêque.

Il y avait encore les majordomes, dont les fonctions s'assimilent assez à celles du châtelain.

Les vidames furent abolis en 1150, par suite de l'arrogance et des abus de pouvoirs du vidame Foulque de Levin.

Il y avait en sous ordre plusieurs officiers administrateurs dont le principal était le prévôt, lequel était chargé « de faire observer les lois et coutumes, d'appaiser les querelles et tumultes, d'appréhender les voleurs, les paillards et les personnes de mauvaise vie, de les garder en prison, de les condamner à mort et de les faire exécuter sitôt après leur sentence prononcée. Il était en outre obligé de veiller sur les maîtres des métiers, sur les poids et mesures, sur la bonté, l'égalité, la valeur et perfection des monnaies (qui se battaient alors à Cambrai), sur les fautes, abus et malversations commis à ce sujet; sur la propreté des rues, sur les liberté et franchise des foires » (1). Bref il était chargé de tout ce qui concernait le bien être des citoyens.

Cette charge ne s'accordait qu'à des hommes d'une naissance, d'un mérite et d'une probité reconnus. Carpentier en donne une longue liste, incomplète du reste, quant au commencement.

Pour en finir avec ce qui concerne l'administration ancienne du pays, il faut dire

---

(1) Carpentier, t. I, p. 254.

quelques mots du sénat ou magistrat qui est cependant postérieur à l'époque où l'on est ici arrivé, 1007.

Carpentier parle d'un *sénat* ou *magistrat*, composé de quatre-vingt jurés choisis parmi les familles patrices de la ville, et qui s'assemblait journellement dans la *maison du jugement*, (l'Hôtel-de-Ville.) Ils étaient obligés d'entretenir à leurs frais un cheval de selle et un varlet *pour être plus prompts et habiles à l'exécution de la justice.* Plus tard, ainsi qu'on le verra dans la suite de cette histoire, sous l'épiscopat de Godefroy de Fontaines, vers l'an 1227, et par la volonté du roi Henry, successeur de Frédéric, empereur d'Allemagne, le magistrat fut réduit à deux prévôts et quatorze échevins amovibles à la volonté des évêques.

Maintenant si, pélerins des vieux jours, curieux des souvenirs de la patrie, nous visitons l'antique cité de Cambrai au 10e et 11e siècles, nous trouvons une ville de médiocre grandeur, attachée au penchant d'une colline, entourée de fortes murailles flanquées de tourelles, percées de quelques portes dont les noms échappent à l'historien. A l'Est, hors de l'enceinte de la cité, au sommet du Mont-des-Bœufs, s'élève l'église de St-Géry, remplacée depuis par la Citadelle. Plus bas, du flanc de la colline s'élancent légères et majestueuses, les flèches de Notre-Dame et de St-Pierre (plus tard St-Aubert), remplacées depuis par d'autres flèches non moins élégantes et non moins hardies. En d'autres endroits de la ville, nous rencontrons les modestes églises de Ste-Croix et de St-Vaast, depuis, St-Géry (1).

Le Grand-Marché, aujourd'hui la place d'Armes, n'est séparé de la place au Bois que par une marre d'eau que l'on appelle *le fllot de l'Cayère*, du mot cayère (chaise); parceque là, sur le bord de ce flot, s'élève

---

(1) Il ne faut pas confondre cette première église de St-Vaast où les chanoines de St-Géry vinrent s'établir lors de l'érection de la Citadelle, avec la plus moderne église de St-Vaast, qui ne fut bâtie qu'au commencement du 17e siècle.

la chaise d'infamie, ce pilier surmonté d'une *cayère*, où l'on fait asseoir les criminels exposés aux yeux du public indigné.

Sur le bord du flot de l'Cayère est établi le Marché-au-Poisson. A l'endroit occupé aujourd'hui par les boucheries et les chaînes de la place au Bois est le Pré-d'Amour où vont la nuit s'ébattre les soudards et les ribaudes.

A peu de distance de la ville, des eaux vertes de l'Escaut, s'élève noire et redoutable, une vieille forteresse romaine aux tours sombres et menaçantes, aux souterrains mystérieux, à l'aspect effrayant et rêveur : c'est le château de Selles, qui plus tard se liera à la ville par de nouvelles murailles, et protégera de son ombre, des moulins mus par les chutes de l'Escaut.

Puis c'est le *Château*, dont nous avons déjà parlé, cette enceinte monastique dans une enceinte civile, cette ville religieuse dans la cité populaire. Puis c'est, dans le faubourg, l'abbaye de Cantimpré ; ce sont des ponts jetés sur les divers bras de l'Escaut, pour lier à la campagne la ville qui ne s'étend pas encore au-delà de ces cours d'eau au-dessus desquels elle a passé depuis.

A cette époque, point encore de cet élégant Hôtel-de-Ville, remplacé depuis par une plus régulière mais moins pittoresque façade. Point de cette jolie église de St-Sépulcre et de cette foule de plus modestes, mais également poétiques monumens élevés, les uns, par la main des religieux, les autres, par la main du peuple. En revanche, on retrouve sans doute les vestiges des aquéducs, des bains et de l'amphithéâtre que Carpentier affirme avoir été construits par les Romains dans notre antique cité.

Des souterrains, des carrières nombreuses servent encore d'asile à beaucoup de citoyens.

Aux environs de Cambrai sont quelques castels fortifiés, autour desquels déjà se groupent d'humbles chaumières qui, sans force et sans moyens de défense, demandent aide et protection à ces nobles et puissans manoirs.

Dans la ville comme dans la campagne sont çà et là plantées de petites croix, signes de dévotion qui, s'harmonisant à l'ombre lointaine des crénaux et des tourelles, annoncent à l'étranger un mélange de mœurs religieuses et guerrières.

En résumé, l'aspect du pays, quoique chargé des brumes septentrionales, a quelque chose de gai et de vivant, et Cambrai avec ses comtes, ses brillans seigneurs, avec ses moines à la robe de burre, avec ses soudards cuirassés de fer et ses bourgeois au vêtement varié et bigarré, offre un tableau richement coloré, pittoresque par les contrastes, gracieux et agréable par l'effet général.

Chapitre V.

Gérard I. — Calamités publiques. — Cimetière et Chapelle de St-Sépulcre. — Liébert. — Gérard II. — Une commune. — Troubles. — Fortifications de la ville, le château. — Hôpital de St-Julien. — Gaucher et ses compétiteurs, luttes scandaleuses, intervention des bourgeois. — Une nouvelle commune. — Cambrai viagèrement donnée au comte de Flandre. — Suppression de la commune.

ERLUIN fut remplacé par Gérard de Florines, élevé à l'épiscopat par l'élection populaire et ecclésiastique. Ce bon évêque signala son passage par des bienfaits et l'érection de beaux monumens. Il entreprit alors et acheva en sept ans la reconstruction de l'antique Cathédrale de Cambrai, laquelle, un siècle après, devait périr par les flammes. On montre encore au village de Lesdain d'anciennes carrières où l'on prétend que furent prises les pierres qui servirent à cet édifice. Gérard vit terminer la carrière impie du fils de Watier, qui finit par être assommé par le peuple qu'il avait tant vexé.

Mais il eut de longues luttes à soutenir contre les descendans d'Arnould, luttes qui se prolongèrent et qu'il légua à ses successeurs avec le titre de comte de Cambrai. Le lecteur n'a point perdu de vue qu'à la mort d'Arnould, l'empereur suzerain réunit sur la tête de l'évêque la couronne du comte à la mitre du prélat ; que cette translation de pouvoir fut approuvée par les ayants-droit, qu'il semblerait par conséquent que toute réclamation ultérieure eût dû être interdite. Il n'en fut pas ainsi ; les descendans revinrent sur l'approbation donnée à l'acte de transfert et firent entendre de violentes réclamations. Les châtelains, les advoués, les vidames et d'autres grands seigneurs du pays, qui se prétendaient de la famille d'Arnould, contestèrent aux évêques ce droit acquis, et se firent appuyer dans leurs revendications par des princes voisins (1). Les adroits

---

(1) Carpentier, t. 1, p. 100.

comtes de Vermandois, qui avaient toujours quelque chose à gagner dans les troubles du Cambresis, se plaisaient à exciter et à entretenir ces querelles de succession.

L'épiscopat de Gérard fut signalé par des malheurs publics. Vers l'an 1031, une épouvantable famine désola le pays. La mortalité qui en résulta fut telle que les cimetières de la ville ne suffirent plus. La terre de ces charniers, devenue un mélange palpitant de vers et de pourriture, se refusait à recevoir de nouvelles victimes ; dans cette occurence, il fallut chercher hors de la ville un asile pour les morts. Gérard en bénit un où il fit élever une petite chapelle dédiée au souvenir du St-Sépulcre. C'est sur l'emplacement même de ce cimetière, que s'éleva plus tard la riche abbaye de St-Sépulcre, dont l'élégante chapelle est devenue la Cathédrale de Cambrai.

L'on comprend, d'après ce qui vient d'être dit, que l'emplacement de notre Cathédrale moderne n'était pas alors enfermé dans la cité. S'il faut s'arrêter à certaines suppositions qui ne paraissent pas dénuées de fondement, les dernières maisons de la ville ne seraient venues alors que jusqu'à la rue de St-Georges.

Cambrai, bien que plus petite qu'aujourd'hui, n'en était pas moins une ville plus illustre que de nos jours. On admirait sa structure gracieuse ainsi que sa position pittoresque. Il n'est pas, sans doute, hors de propos de reproduire ici la description qu'en fait un naïf et vieil écrivain (1) qui, dans son enthousiasme religieux, laisse échapper le nom de Jérusalem.

« Comme Jérusalem, dit-il, voit à l'orient le mont des oliviers, ainsi Cambrai voit à l'orient le mont St-Géry; et comme au jour des rameaux, le prêtre, le prince et le peuple montent en procession à la Montagne des Olives, y reçoivent des rameaux et viennent dans la vallée de Josaphat, où on lit l'Evangile, après quoi l'on fait un sermon au peuple; ainsi précisément le même jour, toute la ville : évêque, chapitre et peuple vont au Mont St-Géry, où l'on distribue des rameaux bénis, puis on descend vers

---

(1) Gramaye, dont nous avons traduit ce passage pense qu'il est l'œuvre d'un écrivain qui vivait en 1118

l'abbaye du St-Sépulcre comme dans la vallée de Josaphat, où le peuple entend aussi l'Evangile et la parole de Dieu. Enfin, au bord du Mont des Oliviers est la maison de St-Lazare, de même au pied du Mont St-Géry voit-on une maladrerie dédiée à Saint Lazare. »

La procession dont parle ce vieux chroniqueur ne fut pas long-temps en usage.

A cette époque la ville était peu fortifiée, même pour le temps, car elle n'avait, outre quelques murailles d'enceinte, que des palissades pour toute défense (1). Le chatelain Watier avait bien formé le projet de la faire fortifier, et s'était pour cela adressé à Baudouin IV, comte de Flandre, qui s'y serait prêté ; mais l'évêque entrevit dans ces fortifications des mesures plus menaçantes que protectrices pour la ville, et s'y opposa avec une telle énergie que le projet n'eut pas d'exécution.

Gérard était un homme lettré et fit faire sous ses yeux plusieurs ouvrages historiques, au nombre desquels figure au premier rang la chronique de Baldéric.

---

(1) Dupont, 2ᵉ partie, p. 10.

Dupont fixe l'époque de sa mort à l'année 1051.

La mort de Gérard fut l'occasion de nouveaux troubles ; en effet, Liébert, ayant été nommé évêque, s'était rendu à Cologne pour obtenir de l'Empereur Henry III la confirmation de son élection ; mais à son retour à Cambrai, il trouva les portes closes. Un intrigant puissant, nommé Jean, advoué d'Arras, et qui avait épousé la veuve de Watier, s'était mis en mesure de lui faire résistance : il voulait par là obtenir de l'évêque la charge de châtelain qui était vacante. C'était la condition qu'il mettait à la rentrée du prélat.

Cette querelle d'intrigue, d'ailleurs, était une affaire toute personnelle, et le peuple Cambresien n'y avait pris aucune part ; il n'aimait pas assez les Watier ni leurs adhérens pour les aider à obtenir un pouvoir qui avait toujours été exercé à son détriment. Mais il était impossible que tout cela n'apportât pas dans la ville l'inquiétude et le trouble.

Liébert, qui avait de bonnes raisons pour ne pas accorder ce qu'on lui demandait de si brutale manière, se retira au Cateau, et appela à son secours le comte de Flandre (alors Baudouin V) qui chassa l'intrigant de Cambrai et y installa l'évêque, aux grandes acclamations du peuple.

La charge de châtelain fut donnée à Hugues d'Oisy, jeune seigneur, qui y avait des droits naturels ; mais sous la tutelle d'Ansel, son parent, vu le jeune âge du titulaire.

Les choses se passèrent bien tant que dura la minorité du jeune châtelain, mais il ne fut pas plutôt maître de l'administration de sa charge, qu'il se mit en guerre avec le prélat, et poussa les hostilités jusqu'à s'en faire excommunier. Enfin, l'amour vint mettre momentanément un terme à ces guerres intestines, l'impie jeune homme eut besoin de l'absolution du prélat pour conclure un mariage de haute importance. Or, pour obtenir ce dont, au fond du cœur, il se souciait fort peu, il renonça à tous les revenus qu'il tirait de la ville, et renouvela serment de fidélité. Le mariage se conclut. Alors, ce déloyal seigneur, devançant de plusieurs siècles les théories modernes et surtout l'application nouvelle du serment en matière politique, poussa plus loin que jamais, l'audace de l'insulte envers le prélat. Il le surprit dans un village où il était en tournée pastorale, l'enleva nuitamment et l'emmena prisonnier dans son château d'Oisy. La comtesse de Flandre, instruite de ce qui se passait, ne tarda pas à délivrer l'évêque, qui, usant alors de toutes ses forces guerrières, détruisit de fond en comble le château qui lui avait servi de prison, et força Hugues d'Oisy à s'éloigner du pays.

Tout semblait alors promettre du repos au Cambresis, il n'en fut pas ainsi. Robert-le-Frison, devenu comte de Flandre, par l'usurpation qu'il avait faite du comté sur son neveu, fils de la comtesse, se mit à ravager les environs de Cambrai. Les supplications, les menaces de Liébert furent vaines; l'homme qui n'avait pas respecté les droits sacrés de son parent, ne devait pas avoir plus d'égard pour le peuple. Il finit par prendre la ville qu'il rendit par accord; néanmoins, bientôt repentant de cette juste concession, il recommença ses ravages dans le Cambresis, jusqu'à ce que l'empereur l'en eût chassé; mais au moment où on le croyait enfin dompté, il revint une troisième fois à la charge, plus furieux que jamais. Il parvint encore à s'emparer du château de

Selles, d'où il se disposait à jeter l'incendie sur la ville; nos bourgeois auraient encore eu des maux affreux à souffrir, si un événement providentiel ne les en eût préservés. Les soldats du comte, exaltés par leur succès récent contre le château de Selles, se livrent durant la nuit, à l'orgie et à de honteux ébats; bientôt l'on pense au partage du butin; animés par le vin, par le bruit et les propos de guerre, ils contestent, ils crient, ils s'emparent violemment des dépouilles; puis on se heurte, on se frappe; ce que l'on n'obtient pas par les cris, on l'enlève par les armes; la cohue devient une boucherie, une horrible mêlée, et Robert effrayé, impuissant contre un pareil carnage, croit voir le bras de Dieu qui venge les Cambresiens des ravages des Flamands : soudainement converti, il devient à l'avenir le protecteur le plus dévoué de la cité et du pays de Cambrai.

L'abbé Dupont attribue à une excommunication, l'effet que Carpentier explique par cette boucherie de frères d'armes. Quoiqu'il en fût, le Cambrésis jouit alors d'une heureuse sécurité qui lui permit de réparer les ravages qu'il avait soufferts...

L'évêque Liébert mourut en 1076. Il fut inhumé dans l'église de St-Sépulcre, dont, il avait fondé le monastère, en respectant toute fois et laissant debout la petite chapelle élevée par Gérard, laquelle subsista jusqu'à ce que Gauthier, premier abbé de St-Sépulcre, la rebatit en mémoire de Saint-Nicolas. Il est probable qu'elle existait au lieu même où, il y a 50 ans, s'élevait encore l'église de St-Nicolas, dont il reste de nos jours quelques vestiges.

Après Liébert, ce fut Gérard II, son neveu, dont l'épiscopat fait époque dans l'histoire de notre cité, moins, il faut le dire, par les actes du prélat que par les événemens du moment.

Gérard, riche de l'expérience de son prédécesseur, comprit que tant qu'il ne se serait pas fait un partisan de Hugues le châtelain, il ne pouvait y avoir pour lui ni paix ni repos ; il se l'attacha donc par un accomodement réglant une répartition nouvelle de leurs droits, ce que pour le moment le redoutable châtelain daigna agréer.

Rien ne semblait alors menacer la sécurité du prélat ; il en profita pour faire un voyage à la cour de l'empereur ; mais cette absence lui porta malheur. Déjà fermentaient dans le cœur des peuples et surtout dans celui des Cambresiens, ces germes d'émancipation qui depuis long-tems s'étaient manifestés plus ou moins énergiquement. La bourgeoisie prenait une importance qu'elle n'appréciait que trop bien : l'enfant avait grandi et secouait ses lisières. Le départ de l'évêque-comte exalta tout à coup les idées d'affranchissement ; le mouvement fut instantanné et les bourgeois de Cambrai jurèrent entre eux l'établissement et la conservation d'une *commune*.

Quelles furent alors les termes exprès de cette institution communale ? c'est ce que l'on ignore ; la seule chose certaine est qu'elle était basée sur le principe qui régit depuis les communes, à savoir le gouvernement des bourgeois et la distribution de la justice par eux-mêmes.

Gérard II ne fut pas plutôt instruit de cette atteinte portée à sa puissance, atteinte qui n'aboutissait à rien moins qu'à le priver de sa souveraineté, qu'il revint sur ses pas avec une foule de cavaliers du Hainaut disposés à le rétablir dans ses droits. A la nouvelle de ce retour, les bourgeois fermèrent les portes de la ville, et signifièrent à l'évêque qu'ils ne recevraient que lui et sa maison. L'évêque avait alors à choisir entre ces deux partis : ou déclarer une guerre ouverte, ou capituler avec la commune ; il prit le dernier, et déclara que, réflexion faite, il n'entendait pas revenir en ennemi ; que quant à la question politique, il désirait la vider amiablement.

Sur cette déclaration modérée, les portes s'ouvrirent et l'évêque entra avec tout son monde. Mais l'issue toute pacifique du voyage ne satisfit pas les hommes de guerre qui n'avaient suivi Gérard qu'alléchés par l'espoir d'une bataille et d'un butin. Ils prirent sur eux de vider la querelle les armes à la main ; ils attaquèrent donc les bourgeois, les poursuivirent, les pillèrent et les mirent dans le cas de demander merci. L'occasion était belle pour l'évêque, il en profita, et s'interposa à condition que les bourgeois renonçassent à leur commune.

Quoiqu'il paraisse que l'évêque ait été véritablement étranger à la lutte contre les bourgeois, il n'en resta pas moins un levain amer dans certains cœurs contre lui. Un nommé Wibert surtout, ne pouvant pardonner à l'évêque la mort de son frère tué dans cette escarmouche, s'était ménagé des intelligences avec les ennemis de Gérard à qui il devait livrer la ville. Le complot fut découvert à tems pour être déjoué. Certainement plus d'un conjuré agissait dans cette affaire, mais le secret fut si bien gardé, que Wibert seul fut compromis ; il paya de sa tête son projet de trahison.

Tout n'était pas dit pour Gérard ; l'esprit turbulent de ces temps où, semblables à des enfans qui grandissent, les peuples se débattent contre un besoin de mouvement continuel, cèdent à leurs frivoles penchans, se laissent guider par l'inconstance et l'amour du bouleversement, cet esprit qui dénote une génération en travail, régnait puissamment dans le Cambresis.

A peine l'évêque en eut-il fini avec la bourgeoisie, que le châtelain Hugues, peu satisfait des réserves que s'était faites Gérard dans le traité passé entre eux, se mit en campagne, s'empara des biens de l'évêché qui étaient situés dans l'Artois, et vint ravager les environs de Cambrai, au point de forcer les habitans des campagnes à quitter leurs demeures.

Dans cette conjoncture, l'évêque crut devoir employer un moyen décisif, il s'adressa au comte de Flandre qui, sur la promesse de toucher deux cents marcs d'argent, vint à la tête d'une bonne armée, travailler le châtelain de telle façon qu'il fut contraint de se sauver en Angleterre, où il vécut misérablement, sans espoir de revoir la patrie tant que l'évêque existerait.

Eclairé par tous ces troubles, Gérard sentit la nécessité de fortifier la ville contre de trop fréquentes et de trop faciles aggressions. Il l'entoura alors de fossés profonds et de fortes murailles flanquées de tours. Cela suffisait contre l'ennemi du dehors, mais l'expérience de Gérard et de ses prédécesseurs lui avait appris qu'il était presqu'aussi utile de se mettre à l'abri des entreprises des bourgeois. Pour cela, il détermina d'une manière efficace l'enceinte et la défense du *château*. Les motifs que nous attribuons à cette défense du château, sont probablement les mêmes qui antérieurement l'avaient déjà fait mettre pour ainsi dire sur la défensive. Du reste nous ne connaissons aucun auteur qui s'en explique; cependant, si l'on considère ce qui en reste dans les jardins élevés de l'ancien palais archiépiscopal et de l'ancienne abbaye de St-Aubert, on comprendra qu'il a fallu des travaux immenses pour élever ces masses gigantesques de murailles et de terres.

Nous ne terminerons pas le récit des événemens contemporains de Gérard II, sans rendre un hommage bien mérité à la piété charitable de ces anciens évêques qui, s'ils étaient riches, employaient du moins leurs trésors au soulagement de la misère. Ainsi, l'hôpital St-Julien ne pouvant contenir qu'un petit nombre de malades, fut par lui rebâti plus spacieusement ; et comme pour continuer au delà du tombeau ces secours qu'il voulait donner aux pauvres de la cité, il fit construire au milieu de l'hôpital une grande chapelle au profit des trépassés.

Il ne sera pas question ici d'une foule de fondations religieuses qui ne sont que du ressort de l'histoire ecclésiastique ; mais en signalant l'époque de sa mort, qui arriva le 31 juillet 1092, on fera remarquer qu'il fut le dernier évêque *de Cambrai et d'Arras*. Après Gérard, le clergé d'Artois obtint un évêque particulier.

Nous sommes arrivés à un point de notre histoire complètement embrouillé par Carpentier, et dont il se tire en franchissant plus d'un siècle, ce qui ne l'empêche pas de commettre de graves erreurs de dates. C'est donc l'abbé Dupont que nous allons suivre durant cette période. Les événemens sont présentés par lui avec beaucoup de lucidité, il est hors de doute qu'il ait puisé ses renseignemens à des sources authentiques.

La lutte scandaleuse qui s'éleva après la mort de Gérard II, entre les compétiteurs de l'évêché, remplit une page déplorable dans l'histoire ecclésiastique. Nous serions heureux de n'avoir point à en parler ici; mais les intérêts et les actes du peuple interviennent dans ces débats d'une manière trop directe pour que nous hésitions un instant à entrer en matière.

Gérard étant mort, le clergé de Cambrai employa un an en vaines discordes; enfin le peuple impatienté de tant de retard, s'assembla et élut Manasses; le clergé alors sentit la nécessité de prendre un parti et son choix se fixa sur le prévôt de la Cathédrale nommé Masselin. Le peuple ne se rallia pas à l'élection du clergé et persista dans la sienne; il lui fallait Manasses et pour l'obtenir il menaça de mettre à mort quiconque ne voudrait pas le reconnaître. Masselin n'osa accepter la mitre, et Manasses se rendit auprès de l'empereur pour obtenir confirmation de son élection. Il partit chargé de beaux présens enlevés par le peuple au trésor de l'église; mais ces moyens de séduction demeurèrent inutiles auprès de l'empereur, que l'on soupçonna avoir été circonvenu par le clergé. Les bourgeois firent alors une grave inquisition dont le résultat fut l'expulsion de tous les membres du clergé, qui ne voulurent pas jurer qu'ils étaient étrangers à la décision du prince.

Alors l'église de Cambrai se trouvant dépourvue de chef, tomba aux mains de l'intrigue. Foulque-de-Levin, vidame, dont les fonctions étaient de protéger l'évêque, trouva commode, durant la vacance du siège, de s'emparer du palais et des revenus de l'évêché. Des seigneurs opulens élevèrent des châteaux à Rumilly et à Gouy en Arouaise, et au mépris de leurs sermens de fidélité à l'église de Cambrai, firent hommage de leurs terres au comte de Flandre.

C'est à l'occasion et à la faveur de ces troubles,

que les habitans d'Arras demandèrent et obtinrent un évêque particulier.

Cependant on comprenait de plus en plus la nécessité d'un évêque à Cambrai. Enfin l'on s'entendit, et les suffrages se réunirent sur Gaucher, archidiacre de l'église. L'empereur n'hésita pas à confirmer cette élection qu'il désirait, et, suivant la coutume, conféra au nouvel évêque la seigneurie de Cambrai.

Le prélat jugea alors qu'il était urgent de régler ses affaires de comte avant celles d'évêque, et pensa à délivrer le pays des petits tyrans qui avaient profité des troubles pour élever leur puissance. Il se forma une armée soldée avec laquelle il alla mettre à la raison les redoutables châtelains. Il s'empara successivement des châteaux de Gouy, de Rumilly et de Sauchy, lequel était un repaire de voleurs; et rétablit ainsi la tranquillité dans le pays.

L'ordre une fois rappelé dans les affaires civiles, il songea à l'investiture épiscopale. L'archevêque de Rheims qui devait la lui conférer, n'osa le faire sans le consentement du pape, à cause des prétentions de Manasses qui avait été choisi d'abord par le peuple. Gaucher fit avec succès le voyage de Rome et fut sacré à son retour.

Il pouvait alors jouir paisiblement de ce siège si long-temps chancelant, mais l'ambition lui fut funeste. Il s'avisa d'élever une contestation à l'occasion de l'évêché d'Arras, qu'il voulait réunir comme par le passé au siége de Cambrai. Il s'agita et discuta vigoureusement à ce sujet; il finit par indisposer le pape, et en dernière analyse, tout cela aboutit à faire reviser sa propre élection, à la faire casser, et à lui faire regretter sous le poids d'une excommunication, les honneurs dont il aurait dû se contenter et qui furent repassés à Manasses.

Cette nouvelle administration semblait de nature à plaire beaucoup au peuple, qui lui-même s'était révolté d'abord pour l'obtenir. Il n'en fut pas ainsi. Les hommes d'alors ne se piquaient pas plus de logique que ceux d'aujourd'hui. Le peuple avait voulu Manasses quand on n'en voulait pas; Manasses était advenu, il n'en voulait plus. Il conseilla donc à Gaucher de faire résistance et de continuer ses fonctions, mais le vidame Foulque-de-Lévin et d'autres seigneurs, présumant qu'ils feraient de meilleures affaires avec Manasses, préparèrent à ce dernier un parti puissant à Avesnes, où tous ses partisans allèrent lui jurer fidélité. Gaucher ne prit guère souci de ces démonstrations hostiles, et continua à exercer dans Cambrai et dans le pays, ses pouvoirs de chef. Il s'attachait surtout le peuple par de fréquentes excursions contre les châteaux qui le tyrannisaient. Ainsi prit-il successivement le castel d'Oisy, bien qu'il appartint à l'un de ses parens, puis ceux de Busignies, de Bousies, et d'autres. Il s'empara également des prébendes des chanoines qui avaient déserté sa cause, ce qui les ramena merveilleusement à lui. Il en reçut de nouveau serment de fidélité.

Serment de fidélité ! qu'est-ce que cela?... Depuis les temps anciens jusqu'à nos jours, que de félonies, que de foi-menties ! quel hideux trafic de consciences et d'intérêts ! Un an après, les chanoines se révoltèrent, et le peuple, cet enfant capricieux qui brise le lendemain son idole de la veille, le peuple qui avait élu Manasses, qui l'avait répudié pour Gaucher, le peuple répudia

Gaucher pour Manasses. Les partisans de Gaucher eurent leur tour de souffrances et de vexations; cela dura trois mois, après quoi l'évêque expulsé rentra dans Cambrai avec plusieurs princes de la cour de l'empereur. Alors nouveaux hommages, nouveaux sermens !

Que dire ici ? En vérité l'historien ne sait plus comment présenter, d'une manière qui ne soit pas puérile, cette espèce de partie de barres jouée sérieusement par deux évêques sur les marches d'un trône ecclésiastique, foulant aux pieds la dignité, les devoirs, les droits de leur état.

Quoiqu'il en soit, il faut dire que Gaucher fut encore menacé de déguerpir avec tous ses partisans ; mais un secours de 500 cavaliers que lui avait fourni l'empereur suzerain Henri IV (1), le délivra momentanément de ce danger.

Le comte de Flandre, Robert (2), s'était mêlé

---

(1) Il avait succédé à son père Henri III en 1056 et eût pour successeur Henri V, son fils, qui le détrôna en 1106.

(2) Robert de Jérusalem, fils de Robert le Frison, auquel il avait succédé en 1093.

de ces affaires, au profit de Manasses, il avait ravagé le pays et inspiré une telle frayeur aux bourgeois, qu'ils délibérèrent un moment s'ils ne se soumettraient pas à sa domination. Mais leur pensée favorite fut de nouveau jetée en avant ; on parla d'établir une commune ; cet avis prévalut et Gaucher, jugeant que dans les circonstances difficiles où il se trouvait, cette position était encore un avantage, consentit à l'établissement du nouveau mode administratif.

La conduite du comte de Flandre lui avait attiré la colère de l'empereur ; ce prince en effet, ayant formé le dessein de se venger de Robert, vint l'attaquer avec une nombreuse armée. Il fut bientôt maître des châteaux de Marcoing, d'Inchy, de Paluel, de Bouchain et de l'Ecluse, qui interceptaient les communications et coupaient les vivres à la ville de Cambrai.

L'empereur qui se proposait d'aller châtier le comte jusque chez lui, en fut empêché par les pluies de l'arrière saison. Il retourna donc en Allemagne avec l'intention de reprendre la campagne l'année suivante. En cette occurrence, il commit une imprudence qui faillit coûter cher aux bourgeois de Cambrai : ce fut de ne laisser aucune troupe dans la ville. Il était évident que le comte de Flandre profiterait de l'occasion pour assouvir sa vengeance. En effet, les troupes allemandes ne furent pas plutôt rentrées dans leurs quartiers d'hiver, que les Flamands firent une irruption nocturne et allumèrent l'incendie dans nos murs. Heureusement ils furent, on ne sait à quelle occasion, saisis d'une panique, ils s'esquivèrent, et les bourgeois purent éteindre le feu.

Cependant les Cambresiens, inquiets sur l'avenir, parvinrent à obtenir de Robert une suspension d'armes jusqu'au retour de l'empereur. Robert qui ne croyait pas à ce retour, accorda pour la forme ce qu'on lui demandait, prenant soin de fixer la reprise des hostilités au 8 septembre suivant; mais il s'était trompé dans ses prévisions, il apprit peu après que l'empereur marchait vers la Flandre à grandes journées. Pour éviter des désastres, il alla au devant du suzerain et se soumit aux conditions que ce dernier voulut imposer. La reconnaissance de Gaucher en qualité d'évêque de Cambrai fut une des clauses du traité de paix.

Cela n'empêcha pas le parti hostile à Gaucher de grossir dans la ville, au point que l'évêque dut fuir encore. Immédiatement l'on rappela les membres exilés du clergé, on supplia l'archevêque métropolitain de venir lever l'interdit dont était frappée l'église de Cambrai. Cette cérémonie eut lieu en 1103.

Gaucher fut excommunié de nouveau, et pour lui ôter tout moyen de retour, le parti triomphant élut pour défenseur de la ville, Godefroi, fils d'Ansel, dont il a déjà été question. On lui attribua la jouissance des biens de l'évêché. Hugues d'Oisy, qui avait été chassé du pays sous Gérard II, revint prendre possession de sa châtellenie, dont il fit hommage à Godefroi.

Godefroi, pour justifier aux yeux des bourgeois sa nomination au protectorat de la ville, alla assiéger Gaucher dans le château d'Estrun qu'il démantela, puis au Câteau où le fugitif était parvenu à se réfugier. Mais là les choses changèrent de face ; l'empereur et le comte de Flandre avaient froncé le sourcil ; Godefroi eut peur et ramena triomphalement dans Cambrai celui qu'il venait de traquer comme une bête fauve.

Sur ces entrefaites, Manasses en désespoir de cause, avait accepté l'évêché de Soissons. Cette circonstance semblait devoir mettre fin aux troubles qui agitaient notre église, mais l'archevêque de Rheims qui était oncle de Manasses et qui n'avait pu se défendre d'un grand mécontentement contre Gaucher, ne consentit pas à son rétablissement. L'esprit de famille, des instructions du pape, tout tendait à le rendre inexorable. Le clergé de Cambrai tenta cependant un dernier effort, il envoya à l'archevêque de nouveaux députés qui le haranguèrent en ces termes :

« Biaux doulx pères, pour l'amour de Jésus-Christ ne nous contraingnies pas a eslire autre évesques : car li nostre est preudons, sages et discrés ; si nous aime que boins pères, soubstient, nourist, et par nous il vous prie merchi ; et se vous ne li faictes pardon, il nous samble que c'est injure, car la loi divine dit : qui merchi prie, merchi doit avoir (1). »

---

(1) Ces paroles que nous empruntons à l'abbé Dupont, sont, dit-il, extraites d'un manuscrit, traduction faite vers la fin du XIII siècle, d'un ouvrage intitulé : Gesta pontificalia.

Pour toute réponse, l'archevêque leur dit qu'il était bien aise de les tenir à Rheims pour les forcer à procéder, avant leur départ, à l'élection d'un nouvel évêque ; ce qui fut fait. Trois jours après, Odon, abbé de St-Martin de Tournai, fut sacré par l'archevêque.

Cette nomination nouvelle était le dernier coup porté aux espérances de Gaucher, la partie était perdue pour lui ; il se retira à Liége dont l'évêque était dévoué à l'empereur. L'empereur de son côté, ne jugeant pas à propos de lutter davantage au profit de Gaucher, se contenta de donner au comte de Flandre le domaine de la ville de Cambrai, pour en jouir viagèrement. Il laissa l'évêque Odon s'installer au palais épiscopal, mais sans les revenus de l'évêché, ce qui força le prélat à vivre des offrandes volontaires de ses diocésains.

Cet état de choses dura peu. Le prince Henri, fils de l'empereur Henri IV, ayant usurpé sur son père le trône impérial, excité d'ailleurs par Gaucher qui était un homme fort adroit, vint dans le pays pour châtier le comte de Flandre d'avoir osé obtenir de l'empereur le bénéfice du comté de Cambrai. Mais le comte fit si bonne résistance, que le jeune empereur se contenta de lui demander hommage et promesse de service, en échange de quoi il lui donna lui-même la châtellenie de Cambrai et la ville du Câteau, jusqu'à ce qu'il y eût un évêque paisible possesseur de l'évêché.

Nous ferons remarquer en passant que de pareilles conditions ne témoignent pas d'une politique bien adroite de la part du prince. Elles plaçaient les intérêts du comte de Flandre en opposition avec la paix de l'évêché. Le comte, l'homme le plus influent peut-être du pays, était intéressé à jeter le trouble dans l'élection de l'évêque, et l'on sait, du reste, combien cela était facile.

Revenons à Odon. A la première nouvelle de l'approche d'Henri V, il avait pris la fuite avec la partie du clergé et du peuple qui lui était le plus attachée : il s'était retiré à Inchy où il remplit long-tems ses fonctions épiscopales.

Cependant le peuple de Cambrai était dans la consternation. L'empereur, irrité de l'émancipation bourgeoise et de l'accueil qu'on avait fait à un évêque non investi par lui, voulait se venger doublement, et annonçait l'intention d'agir avec une extrême rigueur. Cette commune, qu'ils avaient établie et jurée, ces lois nouvelles qui en étaient la conséquence et qu'ils s'étaient données, leur esprit de liberté, leurs luttes continuelles en faveur des franchises, tout cela avait placé les bourgeois dans une position fort hostile aux yeux du prince.

Heureusement pour eux, Gaucher n'était pas tout-à-fait étranger à l'établissement de la commune. On se rappelle qu'il avait alors trouvé quelqu'avantage à y prêter la main; sa conscience le fit donc intervenir comme médiateur. Il usa de son influence auprès de l'empereur, il parvint à le fléchir, et ce dernier se contenta de casser la charte de la commune et de leur faire jurer qu'ils n'en établiraient plus à l'avenir.

Ils en firent le serment, ils firent de plus serment de fidélité..... ils firent des *sermens politiques!*

Mais l'empereur qui connaissait les bourgeois de Cambrai, exigea des ôtages. On lui livra des enfans des principales familles de la cité; lesquels il confia à divers princes de sa suite.

Alors n'ayant plus rien à faire en Flandre, il retourna en Allemagne où Gaucher le suivit. Les chanoines, que la crainte du prince avait éloignés, revinrent à Cambrai, mais les bourgeois se refusèrent à recevoir Odon, jusqu'à ce qu'étant parvenu à se faire reconnaître par l'empereur, il se présenta accompagné de plusieurs seigneurs de la cour. Cette fois les portes lui furent ouvertes, les honneurs lui furent rendus; mais ce triomphe n'eut pour lui que la durée d'un rêve, car le pape ayant révoqué le privilége des investitures qui lui avait été arraché de force, ne tarda pas à déposer tous les prélats à qui Henri V les avait données.

On jeta de nouveau les yeux sur Gaucher, qui fatigué des grandeurs et trouvant que le jeu n'en valait rien, refusa et se détermina à finir ses jours dans la solitude.

Chapitre VI.

Burchard et Hugues d'Oisy. — Maufilâtre. — Origine du droit de gave. — Wirembaud dote l'Hôpital de St-Julien, et rachète un péage à la porte de Selles. — Liétard. — Nouveaux excès de Maufilâtre. — Guerre aux châteaux. — Fléaux : famine, incendie. — Intrigues du comte de Flandre au sujet de la souveraineté de Cambrai. — Querelles de seigneurs. — Plaisante émeute. — Le château de Thun, détruit et réédifié. — Robert, Allard, Roger de Wavrin. — Privilèges populaires.

Le refus de Gaucher amena Burchard sur le siège épiscopal. Celui-ci ayant donné les premiers soins au rétablissement de la discipline dans le clergé, s'appliqua ensuite à poursuivre le recouvrement des biens de l'évêché, qui se trouvaient pour la plus part entre les mains des différens seigneurs du pays. Ces opérations épineuses se firent avec assez de succès; il n'y eût que la châtellenie de Cambrai et le Câteau qu'on lui disputa sérieusement. Le lecteur se rappelle que l'empereur Henri les avait donnés au comte Robert de Flandre : celui-ci avait cédé la châtellenie à Hugues d'Oisy (1). Hugues en avait fait hommage à Robert et l'avait renouvelé à Baudouin (2) son fils et successeur.

Baudouin, bien que l'empereur n'eût donné le Câteau et la châtellenie à son père que, jusqu'à ce qu'il y eût un évêque paisible possesseur de l'évêché, ne s'en refusa pas moins à la restitution et encourut l'excommunication de l'évêque; chaque jour cette excommunication se publiait au son de la cloche. Le comte ne s'en inquiétait guères, mais ce que ne purent faire les foudres ecclésiastiques, un coup de mousquet le fit quelque tems après. Baudouin blessé mortellement en Normandie, restitua les biens pour obtenir l'absolution, et se voir rouvrir les voies du paradis.

Charles de Danemarck, son cousin, lui suc-

---

(1) Hugues d'Oisy, fils de celui qui avait tant tourmenté les évêques Liébert et Gérard.
(2) Baudouin à la Hache.

céda, et comme celui-là se portait très bien, il ne voulut pas exécuter les promesses du défunt. Burchard, avant d'avoir recours aux moyens extrêmes, employa auprès de lui l'intervention de quelques amis, dont l'éloquence appuyée de deux cents marcs d'argent, obtint la délivrance du Câteau, moyennant la promesse d'y recevoir le comte toutes les fois qu'il s'y présenterait. Quant à la châtellenie, Hugues se refusa formellement à la restituer, et bravant les censures du prélat, il se disposa à la plus vigoureuse résistance. A cet effet, il fit fortifier le château de Crévecœur dont il était seigneur, il y introduisit une nombreuse garnison au moyen de laquelle il ravagea les environs de Cambrai, et s'empara de tous les vivres qu'on y portait.

Burchard ne se laissa pas long-temps vexer de la sorte, et après avoir été s'emparer du château d'Oisy qui ne fit qu'une faible résistance, il porta la désolation sur les terres du châtelain et vint dans sa forteresse de Crévecœur lui faire signer, les armes à la main, un traité de paix en vertu duquel le châtelain fit hommage, jura fidélité et s'engagea à remettre le château de Crévecœur dans son état primitif sans le pouvoir jamais fortifier que sous le bon plaisir du prélat et celui des bourgeois.

On voit par cette dernière clause que bien que la commune n'existât pas alors, les bourgeois avaient une influence indépendante de l'évêque, et que leurs droits entraient pour une part dans la balance des affaires politiques.

Burchard n'avait pas domté son plus redoutable ennemi. Gérard de St-Aubert dit Maufilâtre, se mit à parcourir le Cambresis en véritable bandit. L'esprit aventureux, les habitudes guerroyeuses des seigneurs du temps, leur rendaient l'oisiveté insupportable; des maximes grossières basées sur la loi du plus fort, la cupidité, l'isolement dans leurs vieux et forts châteaux en faisaient des espèces d'oiseaux de proie vivant seuls et pour eux seuls. Ils regardaient comme de bonne et loyale prise ce qu'ils enlevaient en vrais pillards; enfin l'éloignement de l'empereur suzerain et par suite l'impunité semblaient légitimer ces brigandages. Aussi de temps à autre les voyait-on abaisser leurs ponts-levis et sortir à la tête de leurs redoutables soudards, armés en guerre comme pour une expédition lointaine; ils tombaient comme une volée de vautours sur quelques terres voisines, fourrageaient, pillaient, volaient, assommaient et revenaient fiers de leurs prouesses comme d'un pèlerinage en terre sainte.

Burchard, effrayé des rapines de Maufilâtre, sentant, du reste, la nécessité de se soustraire aux brigandages de tous ces seigneurs à pont-levis, prit la résolution de donner aux églises de Cambrai un puissant et efficace protecteur ; il s'adressa au comte de Flandre (1) qui, du consentement de l'empereur, accepta en effet le titre de protecteur des églises de Cambrai (1122).

Cette mesure politique était également favorable au pays qui en ressentit les bienfaits, et au comte dont le rôle s'agrandissait. En échange de sa protection, on accorda au comte le droit de *gave* ou *gavène*, ce qui signifie en flamand *don*, *présent* (2).

---

(1) Le comte de Flandre était alors Charles-le-Bon

(2) C'est l'origine du droit de gave que les comtes de Flandre, les ducs de Bourgogne et les rois d'Espagne, comme possesseurs du comté d'Alost et de la Flandre impériale, ont si long-temps perçu sur certains biens des églises de Cambrai. . . . . Il y avait

S'il y avait des larrons dans le pays, il s'y trouvait aussi des hommes généreux, faisant le bien sans exiger de retour et pour la satisfaction de leur conscience. Ainsi Dupont, à l'époque où nous sommes arrivés, signale la générosité d'un citoyen nommé Wirembaud, homme riche qui, par amour de l'humanité, se retira dans l'hôpital de St-Julien pour y soigner les malades, ayant doté cet hospice d'une partie de ses biens et ayant employé l'autre partie à racheter un droit onéreux de péage qui s'exigeait à la porte de Selles, même des plus pauvres voyageurs. Il alla plus loin, car pour éviter le rétablissement d'autres péages que l'on pourrait exiger pour réparations des ponts, il laissa également une rente destinée à l'entretien perpétuel de cette porte.

Burchard était mort (1131); Liétard l'avait remplacé. Ce Liétard, homme sordide et débauché, n'avait été placé sur le siège épiscopal qu'à la recommandation pressante de l'empereur

---

dans Cambrai un gavenier qui prêtait serment à l'église de cette ville, et son lieutenant, préposés à la recette de ce droit.

Dupont, 3ᵉ partie, p. 74.

Lothaire (1). Ne voulant pas mener un train de seigneur, il avait répudié le palais épiscopal et s'était logé d'abord chez un chanoine, puis à l'abbaye de St-Aubert, défendant à ses officiers de l'y venir servir.

L'opinion publique lui devint très défavorable, ce qui encouragea les inclinations guerrières de Maufilâtre. Le mauvais chevalier rassembla une foule de cavaliers et de gens de pied, s'en fit une armée qu'il grossit encore d'un corps de troupes du comte de Hainault, et recommençant ses terribles excursions, répandit de nouveau l'alarme dans tout le pays. Il arriva de la sorte devant le Câteau qu'il prit, livra au pillage et mit à feu et à sang. Cent personnes environ périrent dans l'incendie, cinq églises furent détruites; il commit d'autres désastres. Simon, fils de Hugues d'Oisy, quoique beau-frère de Maufilâtre, ne crut pas pouvoir laisser ce bandit en possession de tous les biens dont il s'était emparé; il le combattit et le força à demander la paix. Les bourgeois de Cambrai n'y étaient pas trop dis-

---

(1) Lothaire avait succédé à Henri son père en 1125, il eut pour successeur Conrad III en 1137.

posés d'abord ; mais Hugues père de Simon leur vengeur, demanda grâce pour Maufilâtre qui était son gendre ; il fit entrevoir aux bourgeois que Maufilâtre n'était pas si coupable qu'il le paraissait, vu que l'évêque avait provoqué ces excès en lui refusant dédaigneusement une trêve et une entrevue qu'il avait demandées. Les bourgeois se laissèrent émouvoir, mais Liétard s'opposa de toutes ses forces à la paix, déclarant qu'il ne leverait l'excommunication dont il avait frappé le chef et l'armée, que quand tous les dégats de la guerre seraient réparés, les églises détruites réédifiées ; que quand il aurait en outre payé dix mille marcs d'argent et une amende, à l'occasion des personnes qui avaient péri dans les flammes.

Les bourgeois montrèrent du mécontentement de ces exigences, mais l'évêque persista et ne se montra plus traitable que quand on lui eut promis que tous ceux qui avaient pris part au désastre du Câteau, paieraient des amendes plus ou moins fortes et de plus subiraient quelque pénitence. La paix fut conclue, les conditions furent promises sous serment ; mais bientôt le génie de la politique souffla sur le serment, il n'en resta plus rien, et Liétard eut à peine le temps de s'apercevoir de la félonie, car il eut des affaires bien plus sérieuses à traiter. Accusé de cupidité et de débauche, convaincu d'avoir trafiqué des emplois ecclésiastiques, il finit par être honteusement déposé par le pape. Il eut pour successeur Nicolas de Chièvres, prévôt de l'église de Cambrai, lequel fut accueilli avec enthousiasme par le peuple et le chapitre.

Le premier soin du nouveau prélat fut de rappeler à Maufilâtre les conditions de la paix qu'on lui avait accordée, et qu'il avait oubliées. Le déloyal seigneur refusait et refusa encore de restituer la ville du Câteau et les autres biens de l'évêché qu'il détenait. Les bourgeois pris au piège, ne conservaient plus d'intérêt à Maufilâtre et étaient tout disposés à aider l'évêque, à le mettre à la raison. Ce que l'on eut eu peut-être bien de la peine à obtenir par la force, on le fit par la ruse. Un soir que le beau-frère de Simon d'Oisy revenait de visiter son allié, il fut enlevé près de Thun-Lévêque par des hommes apostés pour cela, et amené prisonnier à Cambrai, d'où il ne sortit qu'après avoir fait serment de fidélité et donné des ôtages pour garantir la restitution des prises. On poussa les précautions plus loin encore qu'à exiger des ôtages, on mit garnison dans son château de St-Aubert.

Tout semblait pacifié, lorsque Maufilâtre reparut subitement devant le Câteau, disposé à s'en emparer de nouveau, ce qu'il eût fait probablement, malgré les défenses dont on avait récemment fortifié cette place, s'il n'eût été mis à mort par les assiégés qui parvinrent à l'enlever dans une sortie, et à le ramener dans la ville.

Les amis de Maufilâtre irrités de cet assassinat, obtinrent de l'évêque, l'exil de ceux qui l'avaient commis. Ses enfans étant tous en bas âge, Nicolas donna la garde du château de St-Aubert à leur oncle et tuteur Simon d'Oisy, ce qui fut la cause d'une nouvelle guerre.

Les Cambresiens ne voyaient pas sans inquiétude tant de châteaux fortifiés dans les environs de la ville.... Les uns étaient pour eux des repaires de brigands, les autres des citadelles qui menaçaient leurs libertés, tous du moins des forteresses suspectes qui portaient ombrage à leur esprit d'émancipation. Les mesures prises par Nicolas à l'occasion du fort de St-Aubert, ne leur plurent donc pas ; ils désiraient que l'on rasât ce château, mais l'évêque n'y voulut consentir.

Désespérant d'obtenir satisfaction, ils prirent la résolution de se mettre eux-mêmes plus à l'aise et ayant fait un pacte avec le comte de Hainaut (1), qui mit un corps de troupe à leur disposition, ils commencèrent leurs opérations militaires.

Le siège du château de St-Aubert fut la première chose à laquelle ils songèrent, mais Simon d'Oisy le défendit si vaillamment, qu'ils furent contraints de renoncer à leur projet. Ils se vengèrent de cet échec en pillant et démolissant le riche hôtel que ce seigneur possédait dans Cambrai. Cela se fit avec de tels signes d'exaspé-

---

(1) Ces détails que nous trouvons dans l'histoire de Dupont, sont puisés par lui dans un vieil auteur nommé Lambert Waterlo. Il était chanoine régulier de l'abbaye de St-Aubert, où il entra en 1148. Il écrivit l'histoire de ce qui se passa de plus remarquable depuis l'an 1108 jusqu'en 1170. Ces espèces de journaux tenus par les contemporains des événemens historiques, sont, selon nous, les meilleures sources où l'on puisse s'adresser.

ration, que l'évêque jugea qu'il était prudent de fuir, et se retira à Oisy.

Les bourgeois poursuivirent alors leur œuvre de destruction et firent dans les environs une rafle terrible des châteaux et des manoirs fortifiés. Ils arrivèrent ainsi devant celui de Crévecœur qui aurait eu le même sort que les autres, si Simon n'eût eu recours à Thiery, comte de Flandre. Une troupe d'hommes de guerre, envoyée en toute hâte par ce dernier, força les assiégeans à s'éloigner après leur avoir fait subir des pertes énormes. Les bourgeois dans cette escarmouche, perdirent mille hommes, et laissèrent trois cents prisonniers ; le nombre des blessés fut encore plus considérable, ce qui était une défaite irréparable dans l'occurence. Ils furent donc obligés d'accepter les conditions de l'évêque, en vertu desquelles le château de St-Aubert resta dans son état ordinaire de défense et les bourgeois donnèrent une satisfaction en équilibre avec les excès qu'ils avaient commis.

Le Cambresis était alors dans une ère de malheurs.

Quelques années après ces tumultes populaires, d'autres fléaux vinrent affliger le pays. En 1144, une famine résultant des pluies qui firent manquer les récoltes, força le peuple à chercher au loin une vie misérable qu'il n'aurait pu même conserver dans ses foyers. L'année suivante, un immense incendie enveloppa dans ses flammes une partie de la ville, dans laquelle étaient comprises l'église de St-Sépulcre et quelques autres. Trois ans après, tout le *château* fut dévoré à son tour par le funeste élément ; le beau vaisseau de Notre-Dame, la riche abbaye de St-Aubert, le somptueux palais des prélats, tout cela devint en quelques heures un gigantesque et épouvantable brasier.

Ces incendies immenses étaient assez fréquens dans les temps anciens, probablement à cause du genre de construction où il entrait beaucoup de bois, et faute surtout des moyens répressifs dont on est pourvu de nos jours. L'histoire constate de pareils sinistres en 1020 et en 1123 qui ont anéanti de très vastes quartiers de la cité. Alors pour conjurer le fléau, la piété crédule de nos pères recourait à des prières : on s'adressait aux saints patrons de la ville, on portait solennellement la châsse de St-Géry sur les points incendiés ; les secours humains n'étaient regardés que comme des moyens accessoires. Aujourd'hui on sonne le tocsin, un corps de pompiers arrive et tout est dit.

La souveraineté de Cambrai avait des prérogatives si importantes, qu'elle était un objet de convoitise pour tout chef ambitieux qui y pouvait aspirer. Un jour, en 1152, l'évêque-comte apprit que le comte de Flandre faisait des démarches auprès de l'empereur pour obtenir le Cambresis ; Nicolas se hâta d'aller combattre de pareilles prétentions, mais il arriva trop tard; il ne manquait au comte que les lettres impériales qui devaient le faire reconnaître à Cambrai. Cependant le prélat dépossédé, ne se tint pas pour battu, et à force de démarches et d'appuis ecclésiastiques, parvint à faire révoquer le décret du suzerain.

Le comte de Flandre se serait volontiers vengé immédiatement de l'affront qu'il venait de recevoir, cependant l'empereur s'étant interposé dans la querelle, cette grande affaire fut ajournée à la Pentecôte suivante. Mais bientôt une misérable querelle, qui s'éleva dans le palais épiscopal à la suite d'un repas, mit le pays en feu. Simon d'Oisy, châtelain de Cambrai, Giles son neveu, Jean de Marcoing, son cousin, avec deux de ses fils, assistaient à ce repas. Or, Simon était depuis quelque temps fort offusqué par les fortifications dont son cousin avait muni le château de Marcoing. Il demanda à Jean de Marcoing par quelle autorité il en avait agi ainsi. Par l'autorité de l'évêque, reprit Jean. Simon n'était que châtelain de Cambrai, et cette réponse faite devant l'évêque souverain, aurait dû lui suffire. Il s'en froissa au contraire, et répondit avec aigreur. Les fils de Jean qui étaient au banquet, ne purent laisser injurier leur père sans relever le gant; la dispute s'anima au point qu'on en fût venu aux mains si l'évêque n'eût fait usage de son autorité. Mais la rupture était consommée entre les parens, et rien ne put dissuader Simon du projet immédiatement conçu de reconnaître le comte de Flandre pour son souverain. Il alla donc trouver le comte et en lui faisant hommage, lui fit entrevoir la possibilité de s'emparer du comté Cambrésien. Cette affaire était épineuse : le comte assembla son conseil dont la majorité fut favorable au projet. En conséquence, il fut adopté, et un corps de troupes sous le commandement d'Helgot de Bantignies se mit aussitôt en campagne. Les hommes de guerre marchèrent d'abord sur le château de Thun, qu'ils surprirent et pillèrent; ce château appartenait à l'évêque, on voulait sans doute donner à cette expédition une couleur de personnalité qui irriterait moins les populations.

A la nouvelle de ce coup de main, l'évêque mit la ville en état de défense; toutes les portes furent fermées à l'exception de celle du Mâle et de celle du château de Selles; un appel fut fait à tous les vassaux en état de porter les armes. Ceux-ci accoururent en foule, et bientôt impatientés d'attendre l'ennemi dans les murs, allèrent à l'insu de l'évêque, braver le comte de Flandre jusque dans son camp. Mais à la vue des premières troupes flamandes, ils reprirent en toute hâte le chemin de la ville; les Flamands les gagnèrent de vitesse et les forcèrent au combat. L'engagement devint sérieux, et dura depuis trois heures de l'après-midi jusqu'au soir; on était alors dans le mois d'août. Enfin, le parti de l'évêque rentra en ville non sans laisser des morts et des prisonniers. Le lendemain les notables de la ville firent une démarche auprès du comte pour obtenir la paix qu'il était venu troubler; celui-ci qui avait intérêt à ne pas exaspérer les bourgeois, ne crut pas pouvoir les renvoyer avec un refus positif; il leur accorda huit jours de trêve et s'éloigna de Thun en faisant néanmoins des ravages.

A l'expiration de la trêve, le prélat fort irrité contre Simon d'Oisy qui avait excité cette guerre, alla à la tête des vassaux et des troupes de la ville saccager et incendier le château de Noyelles-sur-l'Escaut, qui appartenait à Simon. La fumée de l'incendie fut aperçue du guet d'Oisy, le châtelain de Cambrai se mit aussitôt en route, alla trouver le comte de Flandre, et vint avec lui surprendre l'évêque et son monde. La déroute des Cambresiens fut complète, cent hommes restèrent sur la place; l'évêque lui-même fut blessé et fait prisonnier; mais on le relâcha immédiatement par égard pour sa dignité. Jean de Marcoing fut également fait prisonnier avec un de ses fils et trois cents autres combattans. Dans cette occurrence, Simon d'Oisy commit un acte de lâcheté qui peut s'expliquer par la brutalité de l'époque, mais qui de nos jours serait flétri comme infâme ; à la vue de son cousin le seigneur Jean, il le frappa et le blessa dangereusement à la tête, même il ne dépendit pas de lui qu'il n'expirât sous ses coups.

Nicolas prévoyant que l'issue de ces explications à main armée ne lui serait pas favorable, eut recours à de nouvelles combinaisons politiques. Il offrit au comte de Flandre la châtellenie de Cambrai pour lui et ses successeurs à toujours. Cette proposition était d'autant plus adroite de la part du seigneur de Cambrai, qu'en se donnant pour allié le plus puissant personnage du pays, il punissait Simon, son ennemi, en le privant de la châtellenie, et divisait d'intérêt, par conséquent d'amitié, ces deux hommes de guerre qui venaient de s'unir contre lui.

Le comte flamand s'empressa d'accepter cette offre, au grand ébahissement de Simon, qui se repentit d'avoir préparé à ses emportemens un pareil résultat.

Mais le remuant seigneur d'Oisy ne s'en tint pas à cette leçon. Battu d'un côté, il tourna de l'autre ses taquineries; il s'en prit au comte de

Flandre lui-même. Philippe, que son père Thiéry de Flandre venait d'associer au comté (1157) lui riposta de rude façon, et le pauvre Simon fut alors bienheureux de l'intervention de Nicolas, qui, oubliant les torts de cet ennemi, obtint pour lui la paix aux conditions suivantes : à savoir que le comte de Flandre recevrait, en fief de l'évêque, la seigneurie d'Oisy et la châtellenie de Cambrai, qu'il donnerait ensuite à Simon pour les relever immédiatement de lui.

Cet arrangement se conclut au mois de janvier 1160 et rappela enfin pour quelques années le repos dans le pays.

L'année suivante, il y eut à Cambrai une assemblée à laquelle assistèrent Sanson, archevêque de Rheims, Gautier de Laon, Baudouin de Noyon, Thiéry comte de Flandre, avec ses deux fils, le comte de Soissons et d'autres seigneurs. Les actes de cette assemblée ne sont plus connus. On sait seulement qu'on ôta le *gave* à Gilles de St-Aubert. Les comtes de Flandre jurèrent toujours depuis lors de ne donner la recette du gave ni de la *bailler en fief* à aucun seigneur.

Les chroniqueurs rapportent à cette époque la date d'une émeute, qui, par sa plaisante conclusion, semble jetée dans notre histoire comme la parodie de ces drames sérieux et sanglans si souvent joués par nos pères ; dans cette circonstance, les bourgeois de Cambrai dépouillent un moment le manteau tragique pour se revêtir du costume grotesque des niais de mélodrame.

Un beau jour donc de l'année 1165, il y avait foule nombreuse sur les bords du flot de l'Cayère (1), cette large marre d'eau qui séparait alors le grand marché du Pré-d'Amour, et sur l'emplacement de laquelle un juif bâtit plus tard un groupe de belles maisons. La foule était grondeuse, on maugréait ; on maudissait l'évêque et le clergé : ils étaient accusés d'impiété, d'incrédulité, on parlait de les chasser de la ville ; car ils étaient bien coupables ; mais avant tout on voulait des preuves ; cette fois par extraordinaire, le bon peuple raisonnait sa colère ; or, ces preuves on les cherchait au fond du flot. Il s'agissait d'y trouver des os de saints, dont le séjour dans cette

---

(1) Nous avons dit déjà que le Flot de l'Cayère était ainsi nommé de la chaise d'infamie où l'on exposait les criminels, et qui était élevée sur le bord de la marre.

10

onde fétide lui avait donné des propriétés miraculeuses. Des bonnes femmes l'affirmaient, et sur la foi des béguines, bien des malades avaient bu de cette eau dégoutante mais merveilleuse pour recouvrer la santé. Le clergé, plus éclairé que le populaire, avait défendu ces singuliers remèdes, de là l'insurrection; cet interdit était un sacrilége et d'ailleurs, l'eau fut-elle malsaine, le peuple voulait avoir le droit de s'empoisonner à son aise.

On travailla deux jours au curage de cette marre dont chacun avait pieusement mis de l'eau en bouteille; enfin, les travailleurs trouvèrent les précieuses reliques, c'en était fait de Nicolas et de son clergé, si, par malheur pour la foi robuste des béguines et du bon peuple, les os de saints ne se fussent trouvés être des os de chiens et de chevaux.

Ainsi détrompée, la foule se retira silencieuse et déconcertée, en disant : les abbés ont raison, mais les béguines sont de bien saintes filles.

Le successeur de Nicolas fut Pierre, troisième fils de Thiéry comte de Flandre. Ce jeune homme qui n'avait guères de vocation pour l'état ecclésiastique, puisque quelques années après il quitta le poste élevé qu'il occupait pour la carrière des armes et le mariage; ce jeune homme, disons-nous, fut, après quelque contestation, choisi par le peuple et le clergé dans des vues politiques. On comprenait que le souverain de Cambrai étant fils du comte de Flandre, cette parenté assurait le repos du pays pour long-tems, et le pays commençait à redouter les fatigues de la guerre.

Les calculs qui avaient dirigé les bourgeois, n'empêchèrent point qu'une grave querelle ne s'élevât entre eux et le nouvel évêque, à l'occasion du château de Thun. Nicolas avait élevé cette forteresse à grands frais, pour s'en faire une place-forte contre les colères éventuelles de la bourgeoisie; celle-ci avait laissé faire l'évêque parce que probablement elle ne se sentait pas la plus forte, mais à la mort de Nicolas, des bandes populaires avaient pris leur volée, s'étaient abattues sur le château, l'avaient pillé et puis livré à la fureur des flammes.

Le successeur du prélat, à qui revenait de droit cet héritage détruit, assembla le peuple pour savoir de lui l'autorité qui l'avait guidé dans cet acte de destruction. Le peuple répondit que Nicolas à son lit de mort, ayant reconnu qu'il avait, en élevant ce château redoutable, outrepassé ses pouvoirs et violé les droits du pays, en avait autorisé le démantèlement. Pierre ne se contenta pas de cette allégation, il exigea des preuves; les bourgeois demandèrent quelques jours pour les fournir, et profitant de ce délai, députèrent quelques-uns d'entre eux vers l'empereur suzerain pour le prier d'assoupir l'affaire. L'empereur ne voulut point intervenir, et laissa l'évêque, qui avait la force en main, se faire justice en forçant les bourgeois à lui payer six cents livres de la monnaie courante, pour la reconstruction du château.

Les bourgeois se tinrent pour dit qu'il n'y avait pas de lutte possible contre le fils du comte de Flandre; ils demeurèrent donc en repos. Les seigneurs du pays en firent autant, et les arts et l'industrie gagnèrent en développement ce que les hommes d'armes perdirent à sommeiller.

Pierre, ainsi qu'il a été dit plus haut, abandonna la carrière sacrée (1173) et laissa le siège à

Robert, qui fut assassiné par les gens du comte d'Avesnes en passant par Condé pour se rendre à Cambrai. Les talens, la renommée, les mérites de Robert lui avait attiré des jalousies qui allèrent jusqu'à faire d'un comte d'Avesnes, le lâche assassin d'un homme de Dieu.

A Robert succédèrent Allard, et après lui Roger de Wavrin. Ce dernier évêque eut de grandes querelles avec les bourgeois de Cambrai, à l'occasion d'un nouvel essai d'émancipation qu'ils firent de son temps. L'établissement d'une commune était, comme on sait, leur rêve continuel. Ils y revenaient toutes les fois que le mécontentement ou le dégoût les gagnait. Il est aisé de comprendre que, placés déjà par leur éloignement du suzerain qui était l'empereur d'Allemagne, dans des conditions favorables à l'indépendance, occupant un rang élevé parmi les populations par l'industrie qu'ils exerçaient, l'une des plus belles qui aient jamais enrichi un peuple (1), disposés enfin par leur caractère à l'innovation et à l'affranchissement, nos vieux bourgeois aient été des plus at-

---

(1) L'art de tisser le lin.

teints de cette fièvre de liberté qui gagnait déjà les classes infimes de la société.

L'affaire fut déférée à l'empereur (alors Frédéric Ier) qui, comprenant l'atteinte que devait porter à sa puissance l'établissement de la commune, la cassa en la déclarant contraire aux droits impériaux et à la dignité épiscopale. Il confirma en même temps toutes les concessions faites à l'évêque, parmi lesquelles une des plus importantes était le pouvoir d'établir des prévôts et échevins pour rendre la justice lorsque le prélat ne le voudrait pas faire en personne.

Roger, fort de l'arrêt du prince, eut le tort d'agir avec les bourgeois sans aucun ménagement; mais ceux-ci qui n'étaient pas d'humeur à souffrir sans se plaindre un joug que leurs ancêtres avaient si souvent secoué, firent de nouvelles tentatives auprès de l'empereur. On s'y prit adroitement, les députés eurent soin d'éviter dans les pourparlers le mot *commune*, qui effarouchait le suzerain, et à force de prudence, de finesse et d'argent, parvinrent à obtenir si non une charte de commune, du moins des priviléges et des franchises qui diminuaient de beaucoup la puissance des évêques. Cela se passait en 1184.

Roger fut présent à la concession et manqua de crédit ou d'énergie pour y mettre obstacle. Six ans après, rebuté sans doute par les tracasseries qu'on lui suscitait, il entreprit le voyage de la terre sainte où il mourut (1).

Jean son neveu lui succéda ; aucun événement populaire ne signale son passage. Nicolas de Rhœux, Hugues de Douay (appelé aussi Hugues d'Oisy) et Pierre de Corbeil qui le suivirent, ne firent également que des actes ecclésiastiques dont nous n'avons pas à nous occuper ici.

Enfin arriva Jean de Béthune, homme d'une énergie remarquable, qualité qui du reste trouva sa balance dans l'énergie populaire.

---

(1) Dupont prévient ici son lecteur qu'en cet endroit finit le manuscrit latin dont il a été parlé plus haut, et qu'il va chercher ses documens dans un manuscrit de M. Preudhomme, secrétaire de Louis de Berlaimont, où rien, dit-il, n'est avancé que sur des titres authentiques.

Nous nous faisons un devoir de signaler cette nouvelle source à laquelle sont puisés les élémens de notre histoire, nous réservant néanmoins de contrôler par tous les moyens qui sont en notre pouvoir, ces renseignemens peut-être empreints d'un peu de partialité.

Chapitre VII.

Jean de Béthune. — Révocation des privilèges bourgeois. — Supression du beffroi. — Mouvemens populaires. — Godefroi de Fontaine. — Nouveaux troubles et excès populaires. — Expiation de ces troubles. — Gui; il fixe les droits de la vidamie. — Nicolas de Fontaine. — Conflits de pouvoirs civils et ecclésiastiques. — Enguerand de Créqui. — Une nouvelle commune ; ses conséquences. — Guillaume de Hainaut. — Les Francs-Fiévés. — Discussions à propos d'impôts. — Le comte de Hainaut et le chapître.

Jean de Béthune, qui, à l'honneur du choix dont il venait d'être l'objet, joignait tout le prestige d'un nom illustre, était doublement puissant auprès de l'empereur ; aussi en obtint-il facilement la révocation des droits qu'avait accordés aux bourgeois l'empereur Frédéric. Les Cambrésiens se virent donc replacés dans l'état où ils étaient avant ces concessions impériales qui les avaient à demi émancipés ; une amende de deux cents livres d'or contre quiconque ne reconnaîtrait pas cette révocation, fut la sanction des nouvelles prérogatives obtenues par l'évêque.

Néanmoins, les bourgeois ne se laissèrent pas intimider ; l'exaspération au contraire, fut bientôt au comble, et l'évêque dut fuir avec son clergé jusqu'à ce que l'empereur intervenant, l'eût réintégré sur son siège, joignant aux restrictions déjà imposées aux bourgeois la défense d'avoir un beffroi. Le beffroi était une chose utile dans cette ville, fille de l'indépendance, dont toutes les murailles, les hôtels comme les cabanes, avaient des échos pour le cri de liberté ; le beffroi, disons-nous, était utile, pour convoquer le peuple aux insurrections ; aussi, quand la voix formidable du tocsin venait troubler dans son palais le repos toujours fort précaire de l'évêque ; quand à cet appel alarmant, des masses compactes et armées de bourgeois courageux débouchaient de toutes les rues sur le grand marché, on pouvait prédire pour la fin de la journée, de rudes et terribles secousses, et ceux qui les craignaient devaient maudire le beffroi.

Défendre le beffroi, c'était donc enlever à la cité son grand cri d'affranchissement. Il fallut se résigner, le peuple courba la tête et feignit de s'endormir, son sommeil dura trois ans; puis secouant ses craintes, il releva son front plus audacieux que jamais. Ses mains enchaînées eurent assez de force pour reconstruire un beffroi; alors la cloche recommença à hurler, et l'évêque et le clergé recommencèrent à trembler. Ce n'était pas sans raison : les prisons s'ouvrirent pour les chanoines auxquels fut enlevée la juridiction qu'ils avaient sur leurs officiers et leurs domestiques. Cette perturbation dans les pouvoirs, ces emprisonnemens, ces offenses à la personne du prélat, déterminèrent une nouvelle excommunication; aux foudres de l'église, l'empereur Othon joignit des menaces de guerre et des décrets de proscription. Mais ces voix menaçantes de prêtres et de prince qui jetaient la menace et l'anathème ne furent point entendues, la cloche du beffroi parlait plus haut qu'elles; le peuple marchait imposant et inébranlable, et devant lui reculait l'évêque et le clergé. Rejeté ainsi de nouveau hors de la ville, le prélat appela encore l'empereur à son secours. Il n'est pas hors de propos de remarquer que selon des opinions qui paraissent bien fondées, le peuple Cambresien n'agissait avec tant d'énergie que parce qu'il se sentait pour appui Philippe, roi des Romains, compétiteur d'Othon ; mais Philippe vint à mourir et les bourgeois restèrent sans appui ; cependant l'empereur cassait et révoquait itérativement tous les priviléges qui pouvaient leur avoir été accordés par les empereurs ses prédécesseurs ; il assurait également au prélat le domaine de la ville avec tous les droits de souveraineté (1210).

Les bourgeois n'avaient plus qu'un parti à prendre, celui de se soumettre, c'était du moins le plus prudent ; ils donnèrent en réparation à l'évêque, les échoppes de change qu'ils avaient construites sur la place avec droit de les louer à perpétuité à qui bon lui semblerait. On sait du reste, et les bourgeois savaient surtout la valeur du mot perpétuité en affaires de ce genre.

Bientôt une circonstance inattendue vint changer la face des affaires. Othon s'était brouillé avec le pape et s'en était fait excommunier ; il avait été remplacé par Frédéric, roi de Sicile. Les Cambrésiens profitant de ce nouvel avénement, firent auprès du suzerain des démarches dont le résultat fut d'obtenir la révocation de tout ce qu'Othon avait fait en faveur des évêques. Ils se trouvèrent en 1214, remis en possession des priviléges que leur avait accordés Frédéric, ayeul du présent empereur. Ce triomphe comme tant d'autres n'était encore pour eux qu'une déception ; c'est une chose vraiment pitoyable que la légèreté avec laquelle les princes suzerains promenaient leur faveur d'un camp dans l'autre. Certes, il s'agissait en tout cela d'intérêts assez majeurs pour qu'avant d'agir, ces imprudens empereurs eussent dû s'environner de renseignemens et s'éclairer sur les questions qu'ils tranchaient au contraire avec une frivolité d'enfans, si l'on en juge par les contradictions de leur conduite. On ne peut accuser les circonstances, de ces capricieux décrets qui se détruisant alternativement, plaçaient l'état social de nos pères dans une continuelle vacillation ; les constitutions d'un peuple doivent être immuables et à l'abri des coups de vents politiques. Nos pères au contraire, jetés comme certains peuples d'aujourd'hui à la merci de chefs égoïstes n'agissant que d'après leur intérêt du moment, nos pères, tantôt puissans, tantôt vaincus, ne pouvaient compter sur la stabilité du bonheur. Arrivés au triomphe, ils devaient toujours craindre une chute; c'est encore ce qui leur arriva à l'égard de Jean de Béthune. L'évêque dépossédé de ses priviléges, ayant assisté l'année suivante au couronnement de l'empereur à Aix-la-Chapelle, et lui ayant fait hommage et prêté serment de fidélité, obtint de lui une de ces déplorables contradictions dont il vient d'être question. Les bourgeois eurent le dessous et furent dépouillés.

Trois ans après, Jean de Béthune, mort dans la croisade contre les Albigeois, fut rapporté et inhumé à l'abbaye de Vaucelles. Remarquons en passant que plusieurs de nos évêques ont eu leur tombeau dans les murs de cette antique et illustre abbaye (1).

Godefroi de Fontaines, successeur de Jean de Béthune, obtint du prince, lors de son investiture, la confirmation de tous les droits et priviléges accordés à ses prédécesseurs, même par Othon, avant sa rupture avec l'église, et particulièrement les deux diplômes qui annulaient

---

(1) Le monastère de Vaucelles fut fondé, en 1131, par Hugues d'Oisy, et St-Bernard premier abbé de Clairvaux, qui y mit des moines de son ordre.

ceux que les bourgeois avaient obtenus de lui à leur profit.

La bataille de Bouvine avait été funeste au comte de Flandre, que les Français y avaient fait prisonnier. Le droit de gave dû au comte de Flandre fut alors perçu par les vainqueurs qui mirent une rigueur extrême dans la perception de ce droit. L'occasion de rendre service aux Cambresiens s'offrit alors à l'évêque, qui ne la laissa pas échapper. Il entra en pourparlers avec le gouvernement français, et obtint du roi un ordre d'agir avec plus de ménagement, et de n'exercer aucune vexation à l'occasion de ce droit.

Ce service signalé ne put cependant éteindre dans le cœur des bourgeois les rancunes qu'y avaient fait naître contre l'autorité ecclésiastique les luttes politiques dont le résultat avait été tout à l'avantage du clergé. Des manifestations hostiles, des usurpations de pouvoir et de juridiction avaient donné l'éveil au prélat qui chercha d'abord à calmer l'effervescence par de belles paroles, puis par des menaces, leur fixant un délai dans lequel ils devaient revenir à résipiscence. A ces menaces, les principaux bourgeois répondirent par une déclaration formelle que si l'évêque essayait d'user le moins du monde de violence envers la cité, ils ne répondaient point de l'inaction du peuple, et ne prévoyaient pas d'obstacles aux effets de sa colère. Le chapitre qui avait reçu la députation en séance capitulaire, représenta vainement aux bourgeois qu'en leur qualité de chefs du peuple, ils devaient être maîtres d'arrêter ses excès ; ceux-ci répondirent toujours qu'ils ne pouvaient prévenir les résultats d'une collision. Les chanoines ainsi menacés à leur tour, par ce fait seul qu'on ne leur garantissait pas la vie sauve, prirent le parti d'abandonner la ville pour se retirer à Valenciennes. La populace prévenue de ce départ, poussa selon sa coutume, les choses jusqu'à l'abus : elle insulta grossièrement ces fugitifs qu'il eût été plus noble de laisser fuir en silence. Elle les accompagna au contraire jusqu'à la sortie de la ville, par des huées et des avanies que tout homme loyal doit regarder comme des lâchetés... Le peuple serait plus grand si, dans un sombre et solennel silence, il laissait passer les chefs dépossédés par la victoire ou par la peur.

Il n'en fut pas ainsi ; après le départ des chanoines, on se rua sur leurs maisons, on dévasta leurs jardins, on enleva les portes et les fenêtres qu'on suspendit aux murailles de la ville, pour les fortifier, disait-on ironiquement. Mais cette ignoble conduite de la populace coûta cher à la classe supérieure du peuple; telle est la funeste solidarité qui existe entre tous les membres d'un corps social : les excès sont commis par la partie infime, et c'est aux sommités qu'on demande les expiations.

Sur la ville de Cambrai planaient l'anathème et un décret impérial de proscription. Le premier mouvement d'enthousiasme passé, on commençait à réfléchir; l'horison s'assombrissait, un morne silence avait succédé au tumulte étourdissant; après le paroxisme venait l'abattement, avec l'abattement l'inquiétude.... La féerie avait disparue, la réalité seule demeurait; le songe d'indépendance détruit, on voyait des fers dans l'avenir. On songea à conjurer l'orage, on demanda un accommodement et on ne l'obtint qu'à des conditions humiliantes pour l'orgueil des bourgeois; le récit qu'on en va lire prouve que les Cambresiens devaient être dans une bien triste position, pour acheter la paix à un prix si exhorbitant.

Il fut donc convenu qu'en expiation des méfaits populaires, trente jurés et vingt autres personnes se rendraient par députations de dix hommes, aux églises de Rheims, de Noyon, de Laon, de Beauvais et de Tournai, le dimanche 10 décembre 1223; qu'ils y précéderaient la procession en chemises, pieds nus, tenant des verges à la main; qu'après avoir publiquement confessé leur faute, ils se présenteraient aux prêtres pour être fouettés des verges qu'ils portaient, et que le 15 du même mois, ils rapporteraient à Valenciennes des certificats constatant l'accomplissement de ces formalités expiatoires.

Là ne se bornèrent pas les conditions ignominieuses qu'ils subirent. Ils durent encore venir jusqu'auprès d'Escaudœuvres, au devant des chanoines qui retournaient à Cambrai en grande compagnie de sommités ecclésiastiques. Ils devaient de plus aller processionnellement de là à Notre-Dame, pieds nus et verges en main, mais le clergé eut égard à la rigueur de la saison, et permit que la cérémonie ne commençât qu'à la

Porte-Robert et que les pénitens restassent chaussés. Arrivés sur la grande place, et en présence du peuple assemblé, ils renouvelèrent l'aveu des torts de la cité, et promirent pour l'avenir aide et secours au clergé. De là on passa à la Cathédrale, où plusieurs furent battus de verges par les prêtres. Enfin, on prononça au profit du clergé une amende de deux cents couronnes, monnaie de Cambrai, et la paix fut proclamée entre les bourgeois et le chapitre.

Restait à réparer les dégats commis chez les chanoines, et à déterminer d'une manière claire les droits de juridiction respectifs, lesquels étaient assez obscurs pour avoir amené les contestations. Des arbitres réglèrent les indemnités dues par les bourgeois, les princes de l'empire fixèrent les priviléges. Pour caution de tout cela, trois cents bourgeois engagèrent leur serment, la comtesse de Flandre s'engagea également en leur nom, et la cité requit le roi de France, les comtes de Champagne et de Chartres, d'interdire à ses bourgeois l'entrée sur leur terre, si l'on violait les sentences arbitrales. Enfin, une amende de sept mille livres parisis fut stipulée en cas de refus de se rendre à la décision des arbitres dans l'affaire des chanoines.

Cette décision fut assez singulière pour être remarquée ici. Au lieu d'amende, ils condamnèrent les jurés à porter sur leurs épaules, à la procession du jour de la Purification (1226) les portes et fenêtres enlevées par la populace.

En dernière analyse, ces tristes révolutions, faute d'appui suffisant, aboutirent au résultat de toutes celles qui l'avaient précédées : des luttes civiles, des violences, des amendes, des défaites et pas un pied de gagné sur le terrain des libertés.

Le béfroi, ce bruyant mythe de la commune, fut de nouveau démoli, toute l'institution des jurés qui avait une couleur *municipale*, fut bouleversée; Godefroi, sous le titre d'une loi qui porte son nom, donna au pays dont il fut bien et duement reconnu souverain, une charte en 63 articles. Le premier de ces articles abolit les quatre-vingt jurés qui formaient le sénat de paix, en leur substituant deux prévôts et quatorze échevins révoquables à la volonté de l'évêque, plus quatre hommes (1) dont le devoir était de surveiller les ouvrages publics, deux collecteurs et quelques autres officiers subalternes. Le reste de la loi est une espèce de code pénal où l'on prévoit tous les méfaits des bourgeois pour les punir légalement. Cette loi, du reste, fut abrogée par la suite, soit par les empereurs, soit par l'usage.

Nonobstant cette législation nouvelle et rigoureuse, les bourgeois finirent par comprendre que l'évêque leur avait encore laissé bien des priviléges qu'il eût pu leur enlever, et lui décernèrent, par reconnaissance, le titre de *bon évêque*. Tous les comptes étant ainsi réglés, il n'y eut plus matière à contestation dans la suite du règne du prélat.

Godefroi fut incontestablement un grand évêque, un administrateur habile et un homme de progrès. En 1236, il publia une pastorale recommandant bon accueil aux envoyés du chapittre qui quêtaient dans le diocèse pour la réédi-

---

(1) Ces fonctionnaires s'appelaient les quatre-hommes.

fication de l'église cathédrale qui avait été détruite en 1148 (1).

Il mourut en 1237, et fut inhumé à Vaucelles.

L'épiscopat de Gui de Laon, successeur de Godefroi, ne présente rien de remarquable. Cet évêque s'occupa de fixer les droits de la vidamie charge originairement exercée par des seigneurs laïcs, puis ensuite par le chapitre auquel elle avait été cédée par les premiers. Du reste, depuis l'année 1150 où les seigneurs en avaient été dépossédés (2), cette charge n'était plus qu'un titre avantageux au chapitre et nullement à l'évêque. Il est vrai de dire que, politiquement parlant, il n'y a plus eu de vidames dès l'année 1150. Le vidame était non-seulement un administrateur des biens de l'évêché, mais encore un protecteur puissant et efficace; il fallait donc qu'il pût en cas de besoin, s'armer en guerre, mettre des troupes au service de l'évêque, et l'on comprend alors qu'il ait eu de belles prérogatives en échange de

---

(1) Le chœur fut terminé en 1251, l'édifice ne se trouva complètement achevé qu'en 1472.
(2) Par suite de la cession qu'en fit, presque malgré lui, Foulque de Levin.

ce puissant appui ; aussi ne s'étonne-t-on pas de trouver parmi ces prérogatives, le droit de posséder le cheval que montait l'évêque lors de son entrée solennelle. Ce droit tout chevaleresque était l'expression la plus poétique et en même temps la plus vraie de l'état des choses. L'évêque une fois entré solennellement, était censé n'avoir plus à s'occuper que des affaires spirituelles de son siège, c'était à son vidame à veiller pour lui sur les intérêts matériels ; il était donc naturel que le cheval, symbole de prouesse et de guerre, passât aux mains du preux qui devait veiller les armes à la main. Mais ces belles théories furent bientôt souillées par l'intérêt des hommes ; la cupidité, l'orgueil en firent un usage hostile ; le chapitre pécha en eau trouble, et parvint à s'arroger les droits sans être apte à la protection. Ainsi vont les institutions humaines, elles se dénaturent tôt ou tard, et le fardeau reste là où l'utile n'est plus.

Gui était un homme lettré, il composa plusieurs ouvrages et mourut en 1248.

Nicolas de Fontaines lui succéda ; sa nomination fut contestée par une partie du chapitre, qui lui attribua faussement une incapacité qu'il n'avait pas : le pape fit justice de ces déplorables scissions, et réduisit les opposans au silence.

Nicolas ratifia (1249) la charte donnée par Godefroi aux bourgeois de Cambrai, et décida qu'ils n'auraient d'autres juges, tant au civil qu'au criminel, que l'évêque et son official, ou le prévôt et les échevins de la ville.

Mais le chapitre voulut avoir sa part dans cette répartition de judicature et obtint peu après du prélat, le pouvoir de connaître des délits commis envers ses membres, soit contre leurs personnes, soit contre leurs biens.

Le magistrat ne put souffrir sans réclamation, cet empiètement sur la juridiction qu'il avait eue de temps immémorial sur les habitans de la ville et de la banlieue dans les affaires séculières. Les échevins invoquèrent en faveur de leur droit la consécration qu'en avait faite Godefroy, du consentement même des chanoines; et dans la crainte de se voir débordés par ce nouveau pouvoir, étendirent même leur juridiction sur les officiers et serviteurs du chapitre. Le chapitre riposta par un coup de foudre ecclésiastique; mais l'évêque supplié de s'expliquer à cet égard, déclara les foudres sans effet, vu qu'il n'avait entendu donner au chapitre aucune faculté de connaître des affaires séculières. Alors intervint un démêlé qui eût pour conclusion l'engagement pris par le chapitre de ne faire, du vivant de l'évêque, aucun usage de son prétendu privilége contre les échevins.

Mais la discorde dormait plutôt qu'elle n'était éteinte; elle se réveilla six ans après, en 1257. L'évêque était absent; le magistrat ennemi des priviléges, imagina de défendre, sous peine de bannissement, l'acquisition d'aucun titre qui exemptât des tailles et charges de la ville, et la vente d'aucun immeuble à ceux qui étaient exempts de ces charges. Le but de cet acte administratif était d'éviter pour l'avenir un surcroît d'impôt, dont le besoin n'aurait pas manqué de se faire sentir, si les grandes propriétés étaient tombées successivement sous la main tutélaire des privilégiés.

Mais il devait résulter de là que personne ne pût se mettre au service du clergé dont les serviteurs étaient exempts des tailles; et que le clergé de son côté ne pût plus faire aucune acquisition d'immeubles. Le corps entier était trop lésé dans cette affaire pour qu'il n'élevât pas incontinent de violentes réclamations. Il s'arma de nouveau de ses redoutables colères et somma les échevins de rapporter leurs nuisibles prohibitions. Vaine menace! Les échevins au contraire, se rendirent à l'assemblée capitulaire avec un nombre considérable de bourgeois, afin d'obtenir des chanoines la promesse de ne pas réaliser leurs menaces, ou du moins d'en différer l'accomplissement jusqu'au retour de l'évêque. Le clergé intimidé, demanda du temps pour délibérer, et obtint que la réponse fût remise au lendemain. Les échevins, de plus, furent priés de revenir la chercher, seuls et sans escorte de bourgeois. On comprit ce que cela voulait dire : aussi le lendemain l'escorte fut-elle plus nombreuse que la veille : la populace se mit de la partie, elle vint armée, et sans attendre aucune explication, exigea la révocation immédiate des *monitions*. Priés de la sorte, les chanoines s'empressèrent d'obtempérer à ce qu'on demandait, et puis se sauvèrent à Valenciennes, d'où ils firent une nouvelle sommation aux bourgeois de réparer tout ce qu'ils avaient fait. Les bourgeois persistèrent et furent excommuniés ; cette fois même leur affaire se compliqua de l'adhésion donnée par l'évêque, de sorte que la ville et la banlieue furent mises en interdit. Alors le magistrat et le clergé portèrent l'affaire devant le pape qui donna gain de cause aux prêtres.

Mais l'année suivante la querelle recommença et aurait pris une fâcheuse tournure sans l'intervention de plusieurs grands personnages qui comprirent qu'il était temps de faire cesser ces déplorables et scandaleuses scissions. La comtesse de Flandre elle-même, la bonne Marguerite, travailla à une réconciliation et parvint à l'opérer. Un accord fut solennellement passé entre le clergé et les bourgeois, portant en dernière analyse, que le magistrat révoquerait tout ce qu'il avait fait à l'encontre des priviléges du clergé.

Nicolas de Fontaines, que ses antagonistes avaient, lors de son élection, représenté comme un homme incapable, fut au contraire un bon administrateur, qui, loin de laisser péricliter les choses dans ses mains, se montra conservateur et même fondateur. Il ajouta à l'évêché le village de Montrécourt, dont il fit l'acquisition, agrandit les palais de Cambrai et du Câteau, fit de grandes réparations au château de Selles et aux murailles de la ville. Il construisit de plus la forteresse de la Malmaison, près de la Sambre, sur les confins du Cambresis et du Hainaut.

Après sa mort qui arriva en 1273, le siège advint à Enguerand de Créqui. Le nouveau prélat débuta par des discussions d'intérêt avec le clergé qui finit par avoir gain de cause auprès des arbitres qu'on avait choisis.

Deux ans après, pour un motif ou sous un prétexte que l'histoire ne nous apprend pas, la commune fut de nouveau proclamée solennellement dans Cambrai. On sait seulement que Jacques de Sains, alors bailli du Cambresis, que Arnould Coispiel, prévôt de la ville, et les échevins firent enlever le trésorier du chapitre, le *traitèrent inhumainemeut*, soulevèrent le peuple contre le clergé, et firent entendre le cri d'émancipation. L'abbé Dupont qui supplée au silence de l'historien Carpentier, par des détails puisés dans les manuscrits ecclésiastiques, nous semble présenter avec partialité ces événemens qu'il est permis de juger avec moins de sévérité. L'abbé Dupont se place dans le camp du clergé et n'interroge pas celui du peuple; sans prétendre juger la question de loyauté et de justice dans ces tentatives à main armée, nous croyons du moins qu'il faut être réservé dans la manière de présenter les choses, car si la révolte entraîne toujours avec elle une prévention défavorable, il est à remarquer que dans le cas présent, elle était dirigée par des hommes auxquels on ne doit pas supposer de passions imprudentes et de têtes légères, qui d'ailleurs étaient, aux termes de la loi, choisis par l'évêque lui-même, et qui, par conséquent, ne devaient pas être par nature, hostiles au clergé. Si l'on rapproche cette circonstance de celle-ci : que Jean et Philippe de Créqui, parens de l'évêque, ne furent pas étrangers à ces mouvemens populaires, on peut en venir à conclure que déjà l'heure des franchises avait sonné dans l'ordre moral comme dans l'ordre physique des siècles ; que plus éclairée, plus civilisée, la bourgeoisie devait prendre place dans l'équilibre des institutions sociales.

Quoiqu'il en fût, on comprend aisément que le haut clergé ne vit pas sans alarmes s'échapper de ses mains des pouvoirs que dans les jours plus obscurs il tenait à juste titre et du reste avec honneur. Le chapitre se retira donc, comme déjà cela s'était fait, à Valenciennes, et jeta de là l'interdit sur la ville.

Cependant l'archevêque de Rheims étant arrivé très à propos à Valenciennes, parvint à interposer son autorité dans la querelle; les deux partis promirent de s'en rapporter à son jugement. Or, voici en somme la teneur de ce jugement : à savoir que l'on ne pourrait, sous aucun prétexte, assembler le peuple; qu'à l'avenir, les offenses envers le clergé seraient punies de la manière la plus rigoureuse; qu'au retour des chanoines, les échevins iraient au-devant d'eux pour leur affirmer sous serment, qu'ils n'avaient pris aucune part à l'injure faite à l'église dans la personne du trésorier, et pour jurer en outre de défendre à l'avenir les droits, les priviléges, les biens et les personnes du chapitre.

Quant à ce qui regardait la réparation, vingt des bourgeois les plus coupables ou les plus suspectés furent proscrits pour un an; le bailli Jacques de Sains et ceux qui avaient coopérés à l'enlèvement du trésorier, furent bannis à perpétuité. Les Créqui, parens de l'évêque, durent se rendre dans les prisons du chapitre et comparaître, après leur sortie, en assemblée capitulaire, pour y confesser leur faute, déclarer qu'ils n'avaient point agi par mépris pour l'église, et promettre plus de respect à l'avenir; ils durent encore assister à la procession un dimanche ou jour de fête, pour y renouveler la même cérémonie, non-seulement dans le diocèse de Cambrai, mais encore dans ceux de Rheims, d'Amiens, de Tournai, d'Arras et de Terrouane.

La sévérité d'un pareil jugement peut servir à prouver l'importance qu'avait à cette époque, ce corps de prêtres, presqu'aussi puissant, peut-être plus puissant que l'évêque; riche de priviléges et d'argent, qui d'une main tenant la balance de la justice, de l'autre les foudres de l'église, foulant aux pieds des lingots d'or, regardait, d'un œil irrité, de puissans seigneurs descendre dans ses cachots.

Tant de pouvoir ne pouvait pas être vu de bon œil par l'évêque; il eût été impolitique à lui de ne pas chercher à tempérer l'influence redoutable de ce corps qui s'élevait à l'encontre de la sienne, de telle sorte que ses propres parens en étaient devenus les premiers justiciables. On comprend donc le parti qu'il prit en 1284, d'accorder de nouveaux droits au magistrat de Cambrai. Il lui accorda l'exercice de la juridiction sur tous les servans de la prevôté et du bailliage, la faculté d'établir des impôts sur les bourgeois; il déclara en outre que toute vente d'immeuble se passerait devant les échevins, qui seuls auraient le droit d'envoyer en possession; et comme, pour se soustraire aux charges de contribution, certains fraudeurs se disaient attachés au service des chanoines, il voulut que l'on ne considérât comme tels que ceux qui habiteraient exclusivement des demeures ecclésiastiques.

Le prélat fit approuver ces concessions, à l'insu du clergé, par Rodolphe, comte d'Hasbourg, alors empereur. Aussi cela devint-il plus tard un sujet de contestation.

L'année suivante, au mois de septembre, Enguerrand passa de vie à trépas (1) et fut remplacé

---

(1) Dupont, 3ᵉ partie, p. 56.

par Guillaume de Hainaut, lequel étant à cette époque prévôt de l'église de Cambrai, eut pour successeur dans la prevôté, Arnould de Mortagne.

Il eut d'abord un démêlé avec le chapitre à l'occasion des revenus de l'évêché. Cette discussion n'eut pas de suite, parce que l'évêque céda. Bientôt après, il eut l'occasion de vider une autre contestation qui s'était élevée entre le magistrat et les francs-fiévés. Les francs-fiévés, au nombre de vingt-quatre, étaient les divers officiers de la maison de l'évêque, dont l'office avait été érigé en fief. On ignore l'époque de leur établissement, mais on trouve qu'il en est fait mention dans une charte de l'évêque Jean, datée de la fin du XIIe siècle. Parmi ces officiers, se trouvaient un échanson, un pannetier, des queux, des bouteillers, des chambellans, un maître des eaux (1) etc. Ils exerçaient leurs charges au repas

---

(1) On trouve dans Dupont, un extrait du Livre des reliefs faits à l'évêque Jean de Lens, en 1419. Cette note, relative aux francs-fiévés, paraît digne d'être reproduite ici; on y trouvera des détails intéressans sur les fonctions diverses de ces officiers.

La voici :

(1) Jean Villain a un Fief à simple hommage du Palais des 24, par lui acaté à Huc de Wanquetin

de l'entrée solennelle du prélat. Lors de cette entrée, ils allaient en corps au-devant de l'évêque, qui, après avoir juré de respecter leurs franchises et priviléges, recevait d'eux le serment de fidélité.

Ces franchises et priviléges avaient été entamés par le pouvoir civil; Guillaume termina l'affaire en réduisant les droits des francs-fiévés

---

raportant chaque semaine sept pains féodaux de le muison grandeur et deux paires de sorlers neufs par an. Il est un des Cambreleurs Boutilliers de Mr. de Cambrai, et à cette cause quand nouvel Evêque vient faire entrée à Cambrai, il doit verser le vin à l'Echanson pour donner à Monsieur, pour lequel service doit avoir ad cause de son Cambrelage l'orillier... et ad cause de le Boutellerie doit avoir sa tierche partie avec les deux autres Boutilliers fust et lies de tous les vins qui seront bû le jour de l'entrée en l'hostel dudit Seigneur, et les remanans des vins qui demoureront de soubs le barre entamés pour servir à celle journée, et avec ce doit être francs en la dite Cité comme li autres Fiévez.

Lambert Prieur un Fief à simple hommage des 24, avec toutes les franchises audit Fief appartenant qu'il a acaté à Jacquemar d'Anneux et à Demoiselle Prévoste sa feme. etc. Quand Monseigneur fait entrée, il doit s'il lui plait battre ou faire battre par deux Valets les yaux où les roines seroient qui feroient noise et empêchement audit Seigneur s'il lui plairoit aux suivans : à savoir : « qu'ils ne seraient pas soumis à la juridiction du magistrat, sauf le cas où ils se seraient trouvés dans une querelle où il y eût eu effusion de sang, ou celui d'une action réelle au sujet de leurs biens situés dans la ville ou la banlieue; que les maisons qu'ils possédaient ou qui leur écherraient à titre de succession, seraient exemptes de toutes charges, qu'ils en pourraient acquérir comme les autres bourgeois,

---

à dormir, fut le jour ou de nuit, en signifiant que Monsieur doit faire taire et accoiser par sa puissance, ordonner de raison et de justice les noiseux et ceux qui contre raison se voudroient maintenir en son pays, et pour ce faire doit avoir ledit jour quatre miches de table, un plat de viande, deux jalois de vin, une pugnie de candelle de cire et une torse à Cambre.

Gillette de Fampous a relevé à Arnoul de Lens Bâilli de Cambresis un Fief des 24, qui est une des quatre Keux en le cuisine quand l'Evêque fait son entrée, et doit avec ses compagnons estrier, délivrer et administrer les viandes au drechoir et pour ce faire doit avoir se part de tous les cuirs crasses et esquays de toutes les bêtes qui sont tués pour le journée.

Mariette Bloquielle a relevé un des 24. Quand l'Evêque fait son entrée elle doit servir de le touaille avec Luppart de Solesmes et à celle cause avoir le moitié de ledite touaille et un galoi de vin de couchier au Vêpres et plain poing de candelle de cire.

Philippe de Hertaing tient un Fief des 24. A cause de son dit Fief doit avoir le moitié d'un mouton pour le

lesquelles cependant resteraient sujettes à toutes les charges ; que quand le magistrat porterait quelque édit, le bailli de l'évêque devrait les y obliger et punir ceux qui refuseraient de s'y soumettre ; qu'une femme se mariant à un franc-fiévé, serait exempte des charges de la ville, du jour de ses noces seulement ; que leurs veuves jouiraient des priviléges tant qu'elles ne passeraient pas à d'autres noces ; et enfin qu'ils au-

---

droit de moutonnage à l'encontre de Robert Leclerq... et ils sont tenus eux deux de cachier le moutonnage : moyennant que toute fois que on les met en œuvre il doivent avoir leurs despens.

Massin de Bulcourt un des 24. A cause dudit Fief doit trancher devant l'Evêque le jour de son entrée.

Jean de Noyers fils de Robert un des 24. A comme les autres sept pains pésant trois livres et une quarte, deux paires de sorlers sur les Cordewaners de Cambrai, ensus un Four séant à Saint Olle Banniers, à cause de le franquise des 24 Fiévez et puet on apporter en Cambrai les fournaiges qui ont été cuit audit four sans toute taille et debite de le Cité et Banlieu et non justiciable aux Echevins de le Cité, et il est un des quatre Keux de Monsieur. Il en avoit en même tems un second qui lui rapportoit plusieurs rentes sur différentes vignes de diverses personnes et deux chappons sur une maison, bois et près nommé le petit Marli séans entre deux portes de Selles appartenant aux petits Vicaires de Cambrai.

raient la liberté de moudre leur grain à tel moulin que bon leur semblerait (1). »

Nous n'avons pas hésité à reproduire ce passage, parce qu'on en peut déduire des conclusions nombreuses et utiles pour l'histoire des priviléges.

Quelques années après (1294) l'évêque fut encore saisi d'un autre procès entre le chapitre et les échevins, lesquels avaient établi sur un grand nombre de marchandises un impôt qu'on exigeait même du clergé. Le clergé prétendait qu'on n'avait pas le droit de lever cet impôt sans son consentement, ce qui fut d'abord décidé contrairement par l'évêque. Mais les chanoines ne se tinrent pas pour battus, et eurent recours à leurs armes ordinaires : des menaces d'interdit. L'affaire alla jusqu'au pape, à qui les bourgeois firent considérer le besoin pressant que l'on avait d'argent, et l'injustice qu'il y aurait à dispenser des charges de la ville, un corps très riche qui profitait de tous les avantages qui appartenaient aux bourgeois. Les évêques de Cambrai et de Térouane furent chargés par le St-Père d'examiner à fond cette épineuse question ; le clergé chercha

---

(1) Dupont, 3ᵉ partie. p 60.

alors des faux-fuyans, il savait trop l'opinion de Guillaume à cet égard, il aima mieux traîner les choses en longueur. Du reste, on ne trouve nulle part la trace du dénouement de cette affaire; mais l'on sait qu'en 1297, le chapitre obtint du successeur de Guillaume une exemption formelle de la taxe posée par les bourgeois.

On comprendra qu'il ne pouvait y avoir beaucoup de sympathie entre l'évêque et les chanoines quand on saura que ces derniers étaient en guerre avec le comte de Hainault, frère de Guillaume. Les officiers du comte étaient venus militairement au village d'Onaing brûler plusieurs maisons, abattre le moulin, et enlever le bailly avec d'autres personnes et de nombreux bestiaux; ils avaient même été jusqu'à pendre un homme. Des ravages à peu près pareils avaient eu lieu à Villerspôl et à Avesnes-lez-Gobert; on ne dit pas du reste quelle avait été la cause de ces déprédations qui ressemblaient à une vengeance. Le chapitre se défendit encore au moyen d'excommunications, ce qui produisit d'abord peu d'effet; car l'évêque Guillaume étant mort sur les entrefaites, le comte de Hainault empiéta de nouveau sur les droits que le chapitre revendiquait en vertu de sa vidamie. Il s'empara entr'autres choses de la forteresse de la Malmaison qui était pour lui toute pleine des souvenirs de son frère qui l'avait habitée ; vainement un envoyé du chapitre était venu exposer ses plaintes, le comte avait fait arrêter le malencontreux envoyé, et n'avait pris garde à l'objet de sa mission. Tout-à-coup cependant, il changea de conduite, et remit la forteresse au chapitre en s'excusant sur ce qu'il ne l'avait prise que pour empêcher quelques seigneurs voisins de l'occuper, pour faire de là des courses sur ses terres ; mais en consentant à la remise du château, il fit des réserves à l'occasion d'une foule de droits qu'il disait avoir sur les terres du chapitre situées en Hainault. Le clergé contesta et le procès commencé en 1297, ne finit qu'en 1335.

A l'imitation du comte, le bailli de Hainault Nicolas d'Ecaussines fit aussi amende honorable, il en fut quitte pour une forte somme d'argent et un serment de se soumettre à l'avenir aux ordres du clergé.

Forcé, par les circonstances qui ont retardé l'impression de l'Annuaire, à arrêter ici, pour cette année, la publication de l'Histoire de Cambrai, l'auteur déclare qu'il n'a pas dépendu de lui qu'on allât beaucoup plus loin. Il n'est en aucune façon la cause du retard de l'émission de ce volume.

Chapitre VIII.

Gui de Collemède. — Troubles. — Philippe de Marigny. — Limites du Cambresis et de l'Artois. — Pierre de Mirepoix. — Alliance entre le Cambresis et le Hainaut. — Limites de ces deux comtés. — Emeute formidable. — Gui d'Auvergne. — Guillaume d'Auxonne. — Edouard III et Philippe de Valois. — Cambrai prend parti pour la France. — Siège et ses conséquences. — Le château de Thun-Lévêque et autres. — Pacification. — Quelques évêques. — Charles d'Allemagne à Cambrai. — Double mariage des enfans du duc de Bourgogne et du comte de Hainaut. — La chapelette. — Querelle à propos de juridiction. — Un évêque de 16 ans.

GUILLAUME était mort en 1296, étant en chemin pour se rendre en terre sainte, le chapitre avait élu pour le remplacer, Gérard de Relenghes; mais le pape Boniface VIII prétendit que l'évêque étant mort à plus de deux journées de distance de Cambrai, son successeur devait être nommé par le St-Siège; Gui de Collemède fut, en conséquence, placé à la tête du diocèse de Cambrai.

Le nouvel évêque eut sa part des émeutes populaires. Un des officiers du chapitre devait, au trésorier de la ville, une somme d'argent pour des droits qu'il avait perçus en sa place; mais soit mauvais vouloir, soit mauvaise foi, le débiteur contestait la dette, la chose s'ébruita, le populaire s'en émut et menaça de faire justice à sa manière; des bruits sinistres, précurseurs de la tempête, déjà se faisaient entendre. Le chapitre inquiet, s'adressa au magistrat avec prière de contenir le peuple dans le devoir; une démarche aussi justement fondée fut accueillie comme elle devait l'être, et le magistrat promit d'employer tous ses efforts au maintien de la tranquillité publique. Mais cette digue si fragile ne résista pas devant le flot insurrectionnel; le lendemain le désordre surgit dans la ville, les bannières s'agitaient çà et là, les clochers de St-Géry et de la Madeleine jetaient l'alarme, la populace courait les rues, plusieurs maisons ecclésiastiques furent pillées, saccagées, les caves surtout furent exploitées, les tonneaux de bierre et de vin enfoncés. Cette tourbe de bandits s'empara du château de Selles, qui, à défaut de citadelle, était pour ainsi dire le fort de la ville; et enfin, joignant le sacrilége à l'insurrection, elle alla à l'hôpital de St-Julien enlever la lampe qui brûlait devant l'autel. C'était plus que jamais pour les chanoines, le cas de déserter la ville; cette fois le pouvoir des chefs se trouvant débordé, il n'y avait plus ni pitié, ni raison à attendre de la multitude victorieuse. Quand la cité dirigée par ses pairs, faisait des tentatives d'émancipation, tentatives si légitimes chez tout peuple qui n'agit que par l'instinct irrésistible de la civilisation, alors du moins cette aristocratie ecclésiastique qui cherchait à ressaisir un pouvoir échappé de ses mains, savait à qui parler; mais ici l'insurrection n'avait ni représentant, ni but, elle avait un prétexte et voilà tout; ces bandes effrénées pillaient, frappaient, pour le plaisir de piller et de frapper. Les chanoines se retirèrent donc à Solesmes, d'où ils lancèrent, selon la coutume, des menaces d'excommunication.... Le peuple, plus sans doute par lassitude que par crainte, se reposa un instant et la raison profita de l'armistice pour reprendre ses droits; cependant une fâcheuse rencontre faillit rallumer le feu avec une nouvelle vigueur. Un ecclésiastique se promenait avec son frère et fut insulté par quelques mauvais sujets; le frère indigné, riposta en frappant; les mutins qui ne se voyaient pas les plus forts, se mirent à appeler au secours en criant : *hay ! hay ! on nous mourdrist, commune bourgesie !* L'appel fut entendu, et la canaille armée se rua de nouveau sur les maisons ecclésiastiques; mais la canaille est lâche, elle s'anime par le succès, un contre-temps la fait fuir. Dans la lutte, le grand meneur de cette émeute fut grièvement blessé; une panique s'empara de tous, et dans cette circonstance encore, un coup de pique eut plus de puissance que l'anathême.

Enfin on en vint aux arrangemens; des arbitres réglèrent les dommages et les conditions de la paix. Il fut convenu entre autres choses que la cloche de la Madeleine, cette voix séditieuse qui avait trop souvent excité le trouble dans la ville serait enlevée du clocher, et qu'à l'avenir, les étendards de la cité ne seraient exhibés que sur un ordre exprès du magistrat. Du reste, le magistrat lui-même et plusieurs bourgeois que l'on appelait eswards, ce qui dans ce sens signifie caution, garantirent l'exécution du traité.

Cette paix si solennellement jurée, ne fut pas plus solide que les autres, et trois ans après de nouveaux troubles vinrent encore proclamer le parjure.

Il y a apparence, dit Dupont, que ce furent ces tribulations qui déterminèrent l'évêque Guy à donner sa démission (1305) pour passer à l'évêché de Toul.

Son successeur fut Philippe de Marigny, propre frère du célèbre Enguerrand de Marigny. Il termina une contestation qui durait depuis longtemps entre le Cambresis et l'Artois, au sujet des limites exactes de ces deux provinces ; les habitans limitrophes s'étaient souvent livrés à de déplorables collisions, d'où avaient résulté beaucoup de délits à venger. On porta la contestation en haut lieu, et Philippe-le-Bel lui-même ne dédaigna pas d'intervenir en qualité d'arbitre.

Le reste de l'épiscopat de Philippe de Marigny fut employé à tenir un synode, à vider des querelles ecclésiastiques, et à fixer des droits réciproques qui ne sont point du ressort de notre Histoire.

Cet évêque ne demeura à Cambrai que jusques en 1309, époque à laquelle il fut transféré à l'archevêché de Sens.

Jean de Flandre, comte de Namur, ne fut pas plutôt instruit de cette circonstance, qu'il demanda au suzerain et obtint de lui l'administration de tous les biens de l'évêché ; les chanoines qui avaient des droits de vidamie sur tous ces biens, se plaignirent hautement, mais Jean répondit par une destitution en masse de tous les administrateurs nommés par le chapitre. Cependant le pape intervint et rétablit les chanoines dans leurs droits primitifs.

Pierre de Mirepoix était arrivé au siége épiscopal ; son premier acte fut une tentative de réconciliation entre le clergé et la bourgeoisie, qui s'étaient brouillés de nouveau. Nous passons légèrement sur cette querelle, parce qu'elle ressemble à toutes les autres, parce qu'il y a une telle monotonie dans ces luttes, où les bourgeois chassent les prêtres qui fuient en lançant des interdits, qu'il suffit ici de mentionner la chose pour qu'on en sache les détails. La paix fut conclue le 5 décembre 1310.

Nous ne laisserons pas échapper un fait signalé par Dupont, à l'occasion de l'entrée solennelle de l'évêque Pierre ; c'est qu'au moment où l'élite des bourgeois le recevait à Escaudœuvres, à lui se présentèrent des exilés qui demandaient grâce. L'évêque rendit la patrie à ces pauvres proscrits ; ce qui prouve que l'évêque avait le droit de grâce en matière politique (1).

Pierre, jaloux des priviléges qui lui accordaient le droit de battre monnaie, lança un monitoire contre ceux qui, dans toute l'étendue du Cambresis, avaient usurpé ce droit. Jean de Noyelles, seigneur de Crévecœur, battait monnaie dans sa noire forteresse, Jean, seigneur de Walincourt, se disposait à en faire autant ; ils reçurent la défense de l'évêque sans trop de mauvaise humeur, et s'exécutèrent de bonne grâce.

---

(1) Dupont, 3ᵉ partie, p. 87.

Pierre se donna une gloire que n'eurent point ses prédécesseurs... Souvent le Hainaut avait nui au Cambresis, et les armes à la main, il avait fallu se faire respecter ; ces luttes coûtaient toujours beaucoup d'argent et souvent beaucoup d'hommes au pays ; le prélat sut ménager entre les deux provinces limitrophes une alliance défensive, qui en même temps qu'elle unissait par des intérêts communs les habitans des deux provinces, doublait leurs forces et leurs ressources contre les aggressions de l'étranger. La ligue fut faite contre tous, excepté contre le roi de France et l'empereur d'Allemagne. Le comte de Haynaut et celui du Cambresis stipulèrent en même temps que leur monnaie aurait cours dans tous les lieux de leur souveraineté.

Ce traité adroit et politique, n'empêcha cependant pas qu'une contestation ne s'élevât sur les limites exactes des comtés ; elle fut vidée par arbitre et les limites furent fixées définitivement en 1322.

Les précautions prises par l'évêque pour mettre son comté à l'abri des périls de guerre et des invasions du voisinage, ne le préservèrent pas des troubles civils. De son temps eut lieu dans la ville l'émeute la plus terrible, la plus furieuse que l'on rencontre dans les annales cambresiennes. La fièvre du désordre était arrivée à son paroxisme; c'était pour ainsi dire le dernier acte, le sanglant dénouement de cette grande tragédie qui se jouait depuis long-temps au nom si pas au profit des libertés. Dans la suite, le peuple revenu à lui-même, sembla rougir de ses excès, et il n'y eut plus d'émeutes sérieuses. Nous distinguons celle-ci de la plus part de celles qui l'avaient précédée; certes, nous ne sommes pas de ceux qui approuvent le désordre, quelque soit son but; mais enfin nous sommes portés à excuser ces efforts loyaux d'un peuple, qui, connaissant peu les voies parlementaires, usait des moyens que lui fournissait sa grossière éducation pour élargir le domaine de ses libertés; derrière l'émeute alors, il y avait une noble pensée qui se traduisait mal, mais qui faisait honneur au courage des enfans de Cambrai. Car il faut le dire, ce vieux peuple avec ses souvenirs de gloire et ses rêves de franchises; cette cité isolée comme une île dans le monde politique, sans allié, sans secours, luttant seule contre les entreprises exorbitantes d'un clergé, armé des foudres du ciel ; ces courageux échevins, ces pairs, ces seigneurs, ces bourgeois proclamant la *commune*, à la face de l'église qui vomissait l'anathème, de l'empire qui vomissait des armées ; tout ce spectacle a quelque chose d'admirable et de poétique qui fait oublier bien des torts.

Mais l'émeute à laquelle nous revenons, celle qui eut lieu du temps de Pierre de Mirepoix, n'eut rien que d'ignoble ; les sommités bourgeoises, les hommes éclairés y furent étrangers, en devinrent même les victimes. Là ce n'était plus le peuple ; c'était une vile tourbe d'émeutiers, une populace sans cœur et en haillons, comme elle surgit parfois dans les troubles politiques, courant effrénée, sans but, sans guide, les bras nus, les jambes boueuses et meurtries, brandissant une torche d'une main, de l'autre un couteau de boucher ; frappant à droite, à gauche pour le plaisir de frapper ; hurlant, blasphémant, pillant, faisant orgie ; puis s'accroupissant ivre et sale dans le vin et le sang où elle s'endort d'un sommeil stupide et hideux.

Telle elle courait par les rues de Cambrai, durant la journée du 11 mars 1313 ; elle faisait son second dimanche de carême. Au son religieux des cloches qui appelaient les fidèles à la prière, se mêlaient les hurlemens du tocsin. La voix des échevins, celle du prévôt avaient été méconnues; impuissans contre ce flot redoutable, les seigneurs le regardaient passer avec pitié des fenêtres de leurs hôtels. Des cris de mort, des vociférations menaçantes, annoncent l'approche de l'émeute... point de quartier ! En effet la grande porte du palais long-temps ébranlée, cède enfin avec fracas sous les efforts de cent bras qui la brisent; la foule furieuse exaltée par ce succès, se précipite avec violence dans l'intérieur des appartemens; les gens du palais luttent inutilement, le sang coule; Henry de Senlis, official; Jean de Brie, avocat de la cour; Ives Briton le garde-des-sceaux, Milon Lévêque, Jean Aragon, tombent impitoyablement massacrés. Sur leurs cadavres l'émeute passe et arrive dans la chapelle; elle pille, elle profane, puis quand le palais est saccagé, le génie infernal qui la guide la mène devant le château de Selles; il lui faut cette citadelle, elle s'en empare, y installe une espèce de gouvernement provisoire et élève des barricades pour se défendre contre les troupes de l'évêque; car le prélat qui est au Câteau ne tardera pas à être instruit de ce qui se passe. En effet, l'excommunication arrive : que fait à de pareilles gens la colère de l'église? Les menaces n'ont d'autre effet que de les exaspérer davantage, ils veulent entraîner la bourgeoisie dans leur débauche révolutionnaire; cinq des principaux bourgeois : Godefroy de Rumilly, Simon de Clary, Jean de St-Vaast, Albéric Laubtain, et Jacquemar Cousin qui refusent de s'associer à eux, sont traînés sans pitié sur le grand marché; on les maltraite, on les frappe, on les torture, et leur vie s'échappe sous les mains meurtrières des cannibales. La ville était à feu et à sang: lasse de grouiller dans la même fange, la hideuse populace sort de la ville, parcourt en bacchante la campagne, agite sa torche qui sème l'incendie, et va mettre le feu au château de Cuvillers, appartenant à un pair du Cambresis, et de là à plusieurs maisons de Thun-Lévêque : elle pille toujours, elle se blase de clameurs, de vin, d'étourdissantes convulsions; puis horrible à voir, pantelante et épuisée, elle revient dans un morne et triste silence, achever sur le grabat, dans les rêves d'une sale ivresse, cette guerre d'extermination qui souille, hélas! les fastes de notre histoire.

Maintenant, si nous recherchons la cause ou plutôt le prétexte de cette fatale sédition, nous trouvons que ce fut sans doute le refus fait par le prélat de supprimer un impôt nécessité par la position obérée du trésor de la cité. Dupont, qui ne voit jamais en pareil cas que des chanoines offensés, prend peu de souci d'éclairer son lecteur sur les causes qui ont préparé l'événement. Il cite le fait brutal, et n'y ajoute le plus souvent que les détails de la réparation.

Le jour de la réparation arriva cette fois encore par la force des choses : l'émeute avait méprisé l'anathème, elle fut moins brave devant la crainte des armées des princes voisins... On capitula, et comme d'ordinaire, un arbitre dicta les conditions du traité de paix. Cet arbitre fut le seigneur de Paluel, Ferric de Piquini, homme grave, respectable et très considéré dans le pays.

Ce fut avec un grand appareil que Ferric prononça son jugement, qui portait entre autres dispositions: « que la ville et le château de Selles étant du domaine des évêques, avec toutes les appendances et dépendances, les bourgeois avaient violé les chartes en s'emparant du gouvernement;

que les bourgeois ayant également violé les traités en exhibant les bannières de la ville sans autorisation, toutes ces bannières seraient déposées entre les mains de Ferric; qu'à l'avenir il n'y en aurait plus qu'une seule aux armes de l'évêque qui en donnerait la garde à qui bon lui semblerait; que toute tentative de révolte serait désormais punie, soit par l'exil perpétuel et la confiscation des biens, s'il s'agissait de quelques particuliers, soit par une amende de mille marcs d'or pur, si le délit était commun à la cité. Qu'à l'évêque seul appartenait le droit d'établir ou d'autoriser les taxes; que chaque famille de la ville paierait par an six deniers pour l'entretien du château de Selles et de la garnison. »

Cet impôt de six deniers fut payé avec tant de difficultés, qu'en 1334, par accord passé entre Gui, successeur de Pierre et les prévôt et échevins, au nom de la ville, les bourgeois en furent libérés moyennant quinze cents livres payables une fois au fermier de ce droit, plus une rente annuelle de soixante livres tournois au profit des évêques, comme indemnité du droit seigneurial; ces dettes furent acquittées moyennant un autre impôt mis sur les boissons.

Gui d'Auvergne, dont nous venons de parler, fut le successeur de Pierre de Mirepoix, lequel avait été transféré à l'évêché de Bayeux (1324). Il ne fit son entrée solennelle dans Cambrai que onze ans après ; il donna à cette occasion et selon la coutume, un magnifique festin auquel assistèrent une foule de grands seigneurs. Ce repas fut signalé par une plaisanterie de l'évêque, qui ne dut plaire que jusqu'à un certain point au chapitre. Le grand-ministre du chapitre s'y était présenté avec cérémonial pour prendre le plat dans lequel on avait servi le premier mets au prélat, et la coupe dans laquelle il avait bu la première fois; c'était un droit du chapitre qui lui valait d'autant plus, que les évêques tenaient à honneur de montrer en cette circonstance un grand luxe de service. Mais Gui qui, à ce qu'il paraît, ne cédait pas aux inspirations de l'orgueil, se fit servir dans un plat de bois et une coupe de verre qu'il fit remettre à M. le grand-ministre.

Deux mois ensuite, Gui fut atteint d'une maladie mortelle. Il fonda par testament une chapelle et des messes pour le repos de son ame ; il employa à cette œuvre pieuse, les soixante livres de rentes imposées aux bourgeois, et dont nous avons parlé plus haut ; et pour indemniser ses successeurs, il leur laissa la prison des clercs (1) qu'il avait achetée de ses deniers.

Un an après, le siège épiscopal fut rempli par Guillaume d'Auxone, qui ne laisse pas d'être remarquable par la part qu'il prit dans la guerre qui s'éleva entre Edouard III, roi d'Angleterre et le roi de France Philippe de Valois. C'est dans l'histoire de France qu'il faut lire les causes, les détails et la fin de cette guerre ; nous n'en dirons ici que ce qui regarde la ville. Les troupes d'Edouard tenaient le pays, et le prince Anglais sentant tout l'avantage qu'il retirerait de la possession de Cambrai, avait fait des démarches auprès de l'évêque pour obtenir l'occupation de la ville ; le roi de France avait fait la même demande de son côté. L'évêque comprenant qu'il ne pouvait rester neutre entre ces deux puissances ennemies, prit le parti du roi de France, et reçut dans ses murs la garnison française, sous le commandement du chevalier de la Baume.

---

(1) On sait que les clercs avaient une juridiction et une maison de détention indépendantes de la justice civile.

L'Anglais irrité de la conduite de la ville, en fit le siège avec acharnement. Mais la garnison était nombreuse, les vivres abondans; tous les efforts de l'ennemi furent inutiles; il perdit beaucoup de monde et se retira la rage au cœur. Pendant ce siège, Jean de Hainaut, allié du roi Edouard, était allé avec un détachement de 500 lances et mille autres soldats, faire le siège du château d'Oisy. Mais le comte ne fut pas plus heureux que le roi, et la forteresse se défendit aussi bravement que la ville. De guerre lasse, l'ennemi passa en Picardie, non sans désoler les plaines du Cambresis; et laissant une forte garnison dans le château de Thun−Lévêque dont il s'était emparé. De là les hommes d'armes de Hainaut faisaient de fréquentes courses dans les environs, et y jetaient la désolation.

L'année suivante, les Cambresiens supplièrent le duc Jean de Normandie, que son père, le roi de France, avait envoyé dans le pays, de les délivrer de cette bande de pillards. Le duc se rendit à leur prière et vint mettre le siège devant le château maudit. C'était une vieille et redoutable citadelle dont l'Escaut mouillait les fortes murailles et que sa position rendait presque imprenable. Des chevaliers de renom, des soldats aguerris, de vrais hommes de guerre en défendaient les crénaux et le firent en braves. Après d'inutiles et sanglans assauts, les français en firent approcher des machines de siège ; des balistes redoutables, à l'aide desquelles ils faisaient pleuvoir sur la forteresse d'énormes pierres qui écrasaient les maisons, et ensevelissaient sous des décombres les assiégés impuissans contre de pareilles armes. Mais ces machines formidables n'ébranlèrent point le courage de ces hommes terribles, qui, comme des écumeurs de mer renfermés dans leur chaloupe mutilée, n'avaient sous le ciel d'autre asile, d'autre abri ; qui, pressés de tous côtés par des flots d'ennemis, ne voyaient de salut que dans une défense courageuse. Là où les projectiles de guerre ne pouvaient rien, les Français employèrent des armes extraordinaires, et ces mêmes machines qui lançaient des pierres, jetèrent dans la place des chevaux morts dont les corps en dissolution, s'écrasaient en tombant et répandaient une dégoûtante et dangereuse infection. Il en résulta des maladies pestilentielles, qui vinrent en aide aux assiégeans, mais les soldats du château de Thun-Lévêque ne se rendaient pas.

Cependant le comte de Hainaut averti de l'extrémité où se trouvait réduite cette intrépide garnison, accourut à son secours avec de nombreux alliés, parmi lesquels se trouvait Artevel, ce fameux brasseur roi, qui voulut vendre son pays à l'infâme Angleterre.

Mais les ponts qui joignaient les deux rives de l'Escaut avaient été rompus, et le comte arrêté par cette barrière alors presque insurmontable, assista avec quatre-vingt mille hommes (1) au spectacle du siège qui se faisait sur l'autre rive. La forteresse fut prise et rasée, et l'armée du comte se retira comme elle était venue, sans coup férir.

Le duc de Normandie s'empara peu après du château d'Escaudœuvres, qui avait été fortifié par l'ennemi, et du castel de Relenghes; ces deux châteaux furent démolis, et leurs matériaux qui avaient été d'abord employés à un usage hostile aux Cambresiens, servirent à réparer et à fortifier leurs murailles.

---

(1) Carpentier, t. 1, page 109.

Le comte de Hainaut garda rancune aux Cambresiens, et ne négligea aucune occasion de nuire à leurs campagnes. L'évêque Guillaume obtint à cette occasion, l'intervention du pape qui, à l'aide de ses censures, mit l'ennemi à la raison. La tranquillité fut alors rétablie dans le pays, et les bourgeois furent enfin quittes de tous leurs tracas de guerre. La garnison française n'était plus dans la ville, ce que les Cambresiens avaient souffert passagèrement et dans l'intérêt du moment, ils ne l'auraient point permis quand l'ordre était rétabli; ils étaient trop jaloux de leur indépendance nationale, pour admettre chez eux des troupes étrangères qui auraient fini par y prescrire le droit de séjour. Ils avaient donc fait avec le roi de France un traité d'alliance en vertu duquel le roi s'engageait à fournir, à ses frais, trois cents hommes d'armes et trois cents arbalétriers toutes les fois que les bourgeois le demanderaient, et ceux-ci promettaient de recevoir les troupes du roi pour la défense de la ville contre tous à l'exception de l'empereur, du roi des Romains, de l'évêque et du chapitre. Les bourgeois obtinrent de plus en reconnaissance de la faveur qu'ils avaient montrée à la France, le droit de tirer du royaume toutes les denrées dont ils auraient besoin, sans payer aucun droit de sortie.

Ce droit exista jusqu'au règne de Louis XI.

Sous l'épiscopat de Gui de Vantadour, successeur de Guillaume, démissionnaire, les échevins de Cambrai eurent, avec le chapitre et à l'occasion d'un impôt qu'ils avaient mis sur la bierre et le vin, une contestation qui n'a pour l'histoire aucune importance, et que nous ne mentionnons que par raison d'exactitude; du reste, si nous signalons assez scrupuleusement les divisions même légères qui se sont élevées entre les bourgeois et le clergé; nous devons rappeler au lecteur, ce dont déjà nous l'avons prévenu, que nous gardons le silence sur une foule de discussions ecclésiastiques, de luttes entre les évêques et le chapitre qui toujours fort vétilleux sur ses droits, sur ses priviléges, ne permettait pas la moindre emprise sans faire grand bruit et souvent grand scandale. La raison de notre silence on la connaît : nous n'écrivons que l'histoire du peuple, l'histoire civile; et nous dégageons de la sorte nos récits, de longs et ennuyeux détails qui ne pourraient qu'être à charge au lecteur.

Ici se présente une série de trois évêques : Pierre André, Robert de Genève et Gérard d'Inville ou de Dinville, dont l'épiscopat n'offre rien de remarquable pour l'histoire populaire ; pourvu toutefois que l'on mentionne une contestation assez grave qui s'éleva entre le magistrat de Cambrai et le chapitre, à l'occasion d'une prorogation de maltôte, querelle qui, en définitive, fut terminée à la satisfaction des bourgeois.

Ce fut au mois de décembre 1377, qu'arriva à Cambrai l'empereur Charles d'Allemagne. Il allait en France sous le prétexte d'un pieux pélerinage, pour chercher en réalité à y concilier les affaires d'Angleterre et de France ; tel est du moins le motif qu'assigne à ce voyage l'historien Carpentier; Dupont n'y voit qu'une visite d'amitié. Quoiqu'il en fût, par ordre du roi de France Charles V, un grand nombre d'officiers de sa maison allèrent recevoir le prince allemand à Cambrai pour le conduire avec les honneurs dûs à son rang jusqu'à Paris. Le lecteur ne lira pas sans doute avec indifférence quelques détails sur l'entrée de l'empereur d'Allemagne dans notre cité. Le 22 décembre, les seigneurs français allèrent au-devant du noble voyageur jusqu'à une lieue de la ville ;

une double haie de cavaliers et d'arbalétriers bordait la route ; l'évêque, précédé de la croix et des reliques, vint le recevoir à la porte ; l'empereur montait un cheval gris et était couvert d'un manteau garni de fourrures de marte. Arrivé aux portes de la ville, il mit pied à terre et se rendit processionnellement à Notre-Dame, d'où il passa au palais archiépiscopal. Le peuple ne manquait pas d'assister en foule à de pareilles fêtes, dont il était très amateur, et auxquelles sa présence donnait beaucoup de relief; alors on n'était pas obligé de payer l'enthousiasme populaire; il s'allumait de lui-même et il n'était pas nécessaire qu'un préfet semât officiellement la joie publique sur le passage des princes.

Charles d'Allemagne passa dans nos murs quinze jours, après lesquels il continua sa route pour la France, non sans confirmer les priviléges du peuple, de l'évêque et du chapitre.

Le premier événement remarquable que l'on rencontre dans nos annales après le passage de l'empereur, c'est le double mariage des enfans du duc de Bourgogne avec ceux du comte de Hainaut (1385). Jeanne, duchesse de Brabant, avait ménagé ces mariages et parvint non sans grandes difficultés à les faire conclure. Jean, fils aîné de Philippe Le Bon, duc de Bourgogne, épousa donc Marguerite, fille du comte, et Guillaume, frère de Marguerite, épousa la sœur de Jean, laquelle s'appelait également Marguerite. Ces noces se firent avec une somptuosité inouie; le roi de France voulut y assister. On employa un nombre considérable d'ouvriers à décorer les plus beaux hôtels de la ville, pour y loger les conviés. La foule des seigneurs étrangers fut telle, qu'il fallut construire sur les places différentes maisons provisoires; plus de six mille tentes furent dressées aux différentes portes de la ville, pour y recevoir les étrangers qui ne trouvaient plus ni caves ni greniers à louer.

L'évêque Tserclaës, successeur de Gérard d'Inville, bénit les illustres fiancés; des joutes, des tournois, où le roi figura en chevalier, où la brillante noblesse du pays lutta d'élégance, de luxe et de galanterie avec les plus nobles étrangers, donnèrent à cette fête splendide un caractère chevaleresque et presque féerique; rien n'est piquant comme le récit naïf qu'en fait un moine de St-Aubert, contemporain de l'événement. Ce vieux moine au front chauve, à la barbe grise, consacrant au fond de sa cellule sur un humble manuscrit, le souvenir de ces magies, de ces bruyantes splendeurs d'une fête de noces; ce solitaire obscur préparant l'immortalité à une foule de noms qui sans lui seraient oubliés à toujours, ce moine disons nous, semble avoir le droit de figurer dans notre histoire, et c'est autant par un culte de vénération pour le vieil écrivain, que par le désir de plaire au lecteur, que nous publions en note, un extrait de son manuscrit (1).

---

(1) « Et fut conclud de toutes ces parties de venir faire le solempnité des dites nopces à Cambray les Octaves de Pasques ensuivant. Adonc furent mis carpentiers, machons, et ferriers en euvres pour mettre a point tos les hostels en le cité de Cambray, et bastir des arcures, des thiatres et des portes de treumphe, etc. Quand li Rey de France Charlons, en fuit advertis, il dit qu'il voeloit estre aux nopces de ses couzines. Or advint que ce jour approchoit, li Rey de France vint au Palais où estoit sen logis. Et kescuns Signeurs, Dames et Demisieles vinrent en se places et Hostels, etc. Et le Mardi aprés Pasques furent espeuzés en l'Eglise Cathedralle de Nostre Dame de Cambray. Et les espeusa Messires Iehans de l'Serclais Evesque de Cambray. Et au disners au Palais y eubt molt grant Noblesse, telle que jamais nul onck veit ensaulement, por cause de ches deux grands mariages. Li Rey de France fist asseoir les deux époux, et les deux epeusées à table, et

La mort de Tserclaës arriva en 1388. Il avait en 1382 fait construire cette chapelette qui, il y a 50 ans, existait encore sur la place, et dans laquelle on disait la messe de très grand matin, pour les ouvriers qui voulaient l'entendre avant d'aller à leur travail.

Quelque temps après la mort de l'évêque, il y eut trouble entre les bourgeois et le chapitre; voici à quelle occasion : une troupe d'aventuriers avait cherché, mais en vain, à s'emparer de la

---

tous les aultres Ducs, Princes et Seigneurs servirent sur les haults destriers. Oncques dedens Cambray ny eubt pareil treumphe, etc. Aulbiert Comte de Hainaut, et Guillaume sen fils l'espoux et li nouvielle epeuze Marguerite de Bourgogne, et tot le train hebergerent cheans, (abbaye de St-Aubert) et ni reservais que une salle pour coukier mi et mes Religieus, tant no Abbaie estoit plaine de Signeurs dont veici les noms des princhipals aveuc li nom des autres qui ont hebergies ailleurs, qui jou ai recueillis com jou ai peus, et dont jou ne scais mi bien le rang......"

(Ici suit une foule de noms.)

«.... Si on me desit en me table, ke plus de trois mil Chievaliers estient accourut de Allemagne, de Anglitere, et des otres Reyaumes et contrées veisines por veoir le treumphe de chete feste, ke je crois onck ne fuist pareil veuë, car toutes les logis ens en le ville et alihors estient plains dusques aux greniers, et les caves,

forteresse de la Malmaison et du château de
Thun. Baudouin, seigneur de Bouzies, fut soup-
çonné d'être l'instigateur de cette expédition de
pillards, et en conséquence de cela, arrêté par le
bailli du chapitre, un jour qu'il se trouvait dans
l'église de Notre-Dame. Le magistrat ne fut pas
plutôt instruit de l'enlèvement de Baudouin, qu'il
le réclama comme justiciable du tribunal civil.
Le chapitre refusa de rendre le prisonnier; alors
le magistrat ajourna, sous peine de proscription,
le bailli et ceux qui lui avaient prêté main forte à

---

et si avoet au fobourg de Selles. dou Mal, de Can-
timpret, et de S. Sepulcre plus de quinze chens tentes
de riches merchiers, sans grant nombre de otres. Tous
les villages alentours de chil ville estient remplis de
gens de suites, et de chevals, etc. Si dura chelle fiest
huict jours durans en grant treumphe, etc. Le lendi-
man des nopces fuits requis mi Abbet de par Me tres
redouptée Dame Marguerite ki kouké avoet en me
Cambre, avec no tres poissant et redoudtet Signor
Aulbert de Bavieres Comte de Hainaut, et de Holandes,
de celibrer le messe en se presenche. Adonck jou fit
venir molt brafs Cantres et flusteurs Musicals, qui molt
biens cantèrent à me messe. Si y vint sur les unze
heures et demi me dite poissante Dame, puis ies deux
nouvielles epeuzes, et puis Mes hautes, et poissantes
Dames Medames Jehanne Duchesse de Brabant, Marguerite Duchesse de Bourgongne, Anne Dauphine Du-
shesse de Bourbon, Jehenne Duchesse de Berry, et plus

14

comparattre devant lui; le chapitre fit de nouvelles remontrances, mais ce fut vainement; le magistrat fut si pressant, si entier dans ses prétentions que le clergé jugea prudent de céder provisoirement; le seigneur de Bouzies fut donc extrait de la tour et remis aux mains du châtelain de Selles, autorisé à rendre la liberté au prisonnier, moyennant par celui-ci de se représenter à époque fixée, sous peine d'une amende de mille francs.

---

de chent otres grandes Dames et hautes Demisieles, ki emplissent toutes le fourmes de no chœur, et dont jou ni mi suis guerres enformé des noms, et ne ai guieres regardez par bienséanche religieuse. . . . . Apries disner et tout les jours, furent faits joutes, tournois, et courses merveilleux en no court, et au Palais, etc. Si jou vis le braf Rey de France men Signor en no court faire merveilles contre Nicolon l'Espinoi Gentilhomme Henuyier, auquel li Sires Rey donnat mille livres parisis de rente par cascun an, pour cause de se grante valeur, et adresse, etc. Li lendemain Iehan d'Estrenne jeune Cavalier de Hainaut se disoit on, le prix emporta, et l'honneur de chete journée, etc. Le lendimain deux Chievaliers Holandois Iehans de Vliet, et Iehans de Myle, vainquirent tous les otres, etc. Li lendimain, jou vit vaillamment faire Alelme de Boufflers contre Robiert le Roux, et Guion de le Maulde, et ne savoit on a qui donner le pris, en le parfin le Duc de Bourgongne jugea à sen tour que Guion li meritoit,

Mais l'affaire n'en resta pas là, les chanoines intriguèrent auprès du duc de Bourgogne, lequel étant intervenu, donna gain de cause au clergé, qui en sa qualité de vidame, jugea le délit. De plus, le pouvoir civil fut condamné à une réparation ; six échevins et douze des principaux bourgeois, députés par le magistrat, durent se rendre à Arras pour y désavouer publiquement ce qui avait été fait.

---

etc. Brief, me sens ne sont point assez fort, ni men esprit, ne me plume assez boene pour tot racompter come il fault, tot chou qui s'est passé en ches jours de fieste et de treomphe, ens en cheté ville, et dehors, la où on a comptet que plus de vingt mille hommes herbergièrent, et au dihors lon a comptet que plus de six mille tentes pour herberger, tant les Seignors, que otres Bourgois, et peuples de no veisinage, et de loingtain pais. Cose quasi increyable, mais sil fault il cil croire, car ainsi est il passé, etc. Le fieste estant passé, le Rey, les Princes, et Srs. retournirent cascun en leur païs, en boene paix, et no tres redoubtet Signor Aulbiert, présent me fit et a men Eglise de plusieurs reliques, et pour récompencher les ruzes et ruptoures que jou avoes fais pour sen accommodement, si me donnat il mille livres, et les deux josnes épeuzes deux bielles joyelles, et me Dame le Comtesse de Hainaut leur mère une grande Gondolle d'or enrechies de molt bielles turquoises, et pierres précioses, etc. »

Ces dissensions judiciaires n'avaient point empêché que l'on songeât à l'élection d'un nouvel évêque. L'intrigue avait dominé cette élection : à la sollicitation puissante du duc de Bourgogne, qui avait la manie et le pouvoir de s'ingérer dans toutes les affaires et du comte de Hainaut, le clergé poussa l'obséquiosité jusqu'à choisir un évêque de 16 ans; c'était le fils du comte. Il est vrai que l'on ne fit pour lui qu'une postulation, mais de la part d'une assemblée aussi grave que doit l'être un chapitre, était-ce un acte raisonnablement admissible que celui qui confiait l'avenir de l'église cambresienne à un jeune homme sans antécédans, qui ne pouvait savoir lui-même ce qu'il serait, ni ce qu'il voudrait être? Heureusement le pape n'approuva pas cette imprudence, et André de Luxembourg ceignit alors la mitre épiscopale. Passons sous silence son règne pâle et décoloré, pour arriver à l'épiscopat de Pierre d'Ailly, l'un de nos plus illustres prélats.

Chapitre IX.

Pierre d'Ailly. — La forteresse de la Malmaison. — Des seigneurs perfides s'en emparent. — Pierre d'Ailly, devenu cardinal, est remplacé sur le siège épiscopal par Jean de Gavre. — On fortifie la Ville (1415), on élargit le chemin des remparts. — Grave démêlé à ce sujet entre les bourgeois et le chapitre de St-Géry. — Démolition de la Malmaison.

Pierre d'Ailly parvint à l'évêché de Cambrai à la grande satisfaction du peuple et du clergé, mais au regret et malgré les intrigues du duc de Bourgogne. Le prélat qui avait d'abord hésité, dut obéir au pape qui lui intima l'ordre d'entrer en possession; mais le duc de Bourgogne avait riposté à cet ordre par une défense accompagnée de menaces faite au chapitre et aux bourgeois de le recevoir; cette défense intimida les chanoines qui firent prier l'évêque de ne pas entrer dans la ville. Pierre d'Ailly n'était pas homme à se laisser ébranler par les brutales démonstrations d'un prince auquel il ne reconnaissait pas le droit de les faire; il déclara donc qu'il ferait son entrée solennelle au jour fixé (26 août).

Et en effet, bravant les efforts de quelques émeutiers envoyés exprès à Cambrai pour jeter le trouble dans la population, il monta bravement à cheval et partant du château de Selles où il avait passé la nuit, il alla mettre pied à terre à la porte St-Ladre, d'où il fit son entrée au milieu d'une affluence considérable de peuple qui par ses acclamations et son enthousiasme protestait contre la pusillanimité du chapitre si fort de ses foudres quand il s'agissait pour lui d'intérêts pécuniaires, et contre la lâche félonie du seigneur d'Esnes qui, après avoir promis à l'évêque d'assister à son entrée, se joignit aux émissaires du duc de Bourgogne; excitant peut-être ainsi les craintes du magistrat qui n'osa figurer officiellement dans cette cérémonie.

L'office qu'il célébra fut plusieurs fois troublé par les interpellations des gens du duc, mais l'intrépide évêque le poursuivit avec sang-froid, et n'en donna pas moins ensuite un très brillant repas d'installation où à défaut des trembleurs, figurèrent de nombreux et braves seigneurs que la fermeté de Pierre d'Ailly avait électrisés. Ce repas se passa sans trouble et l'évêque se trouva bien et dûment installé.

Il lui manquait néanmoins l'hommage du magistrat et du chapitre. L'un et l'autre furent sommés de venir faire au souverain de Cambrai le serment de fidélité qu'ils n'avaient osé prêter le jour de l'entrée solennelle. Cette fois ils obéirent, et montrèrent un peu plus de cœur.

Cependant la haine aux gages du duc veillait toujours, des menaces sourdes d'assassinat circulaient dans la ville, l'évêque ne s'en émut pas trop, mais en définitive jugea prudent de se retirer momentanément au Câteau, où le comte de Hainaut qui avait alors le gouvernement de cette place et dont il était l'ami, devait le protéger.

Restait enfin pour Pierre d'Ailly, la grande question des investitures à recevoir de l'empereur suzerain ; des circonstances favorables rapprochèrent du pays Venceslas alors roi des Romains, il en obtint cette dernière formalité, et se trouva alors armé de tous ses droits.

Grande fut la colère du duc de Bourgogne, qui, peu scrupuleux dans ses moyens de vengeance, sema la route du prélat d'assassins qui, les uns par respect, les autres par maladresse, ne remplirent pas les vues du duc.

Pierre d'Ailly n'en parvint pas moins sain et sauf à Rome, où il avait été envoyé par le roi de France et l'empereur d'Allemagne pour intervenir dans les funestes et scandaleuses querelles des papes qui se disputaient la chaire de St-Pierre. Mais ces querelles religieuses ne sont en aucune manière du ressort de notre histoire, et nous nous en applaudissons bien sincèrement.

La forteresse de la Malmaison va ici nous occuper quelques instants, il semble que ce redoutable château ait été placé sous la garde d'un génie prophète qui, prévoyant sa prochaine ruine, lui fit jouer un rôle avant le moment fatal de sa démolition. En effet, ce sombre et formidable donjon qui semblait dormir depuis des siècles au milieu de ses fossés remplis d'eau, se réveille tout-à-coup et laisse échapper des cris de guerre comme pour se faire remarquer une dernière fois, avant que de passer au néant d'où nulles choses ne reviennent sur terre.

Lorsqu'un beau matin d'automne, le sire Jean d'Aubencheul, châtelain de la forteresse, traversait les ponts-levis escorté d'un grand nombre d'écuyers et de veneurs, pour se livrer au plaisir de la chasse, il ne se doutait pas de la désagréable surprise qui l'attendait à son retour; il partit bruyant et jetant de joyeux propos à sa suite égayée; pour lui c'était jour de fête, mais les joies de l'homme ne sont pas de longue durée; le châtelain avait une fille fort éprise d'un jeune écuyer qui la demandait en mariage; aussi la belle demoiselle ne fut-elle nullement étonnée de voir arriver dans la matinée les seigneurs Mansart et Grignart, tous deux fils du sieur d'Esnes, qui venaient, disaient-ils, traiter de cette grande affaire. Ils furent accueillis par la demoiselle et par son frère avec beaucoup d'empressement, et leurs gens d'armes furent introduits sans difficulté dans la forteresse; mais rien ne pouvait se conclure pendant l'absence du père; ce fut un prétexte pour diminuer la garnison, en envoyant plusieurs soldats le chercher dans la campagne. Alors les astucieux seigneurs se trouvèrent maîtres du château : c'était en effet à ce dessein qu'ils y étaient venus, et quand le châtelain rentra chez lui, il fut fait prisonnier sans que sa faible garnison pût le moins du monde s'y opposer. Cependant des canons et des munitions arrivaient du château d'Esnes, en aide aux usurpateurs qui ne s'occupant plus du mariage se mirent à piller le pays avec une troupe de soldats ardennais qu'ils avaient soudoyés à cet effet.

L'évêque était absent ; les bourgeois et le chapitre s'assemblèrent pour aviser au moyen de réprimer ces déprédations ; on fut d'avis qu'il fallait s'adresser au comte de Hainaut, lequel reçut très bien les députés qu'on lui envoya, et promit de ne point tarder à leur donner *bonnes nouvelles* de messieurs d'Esnes. Et en effet, trois ou quatre jours après, le comte de Hainaut était maître de la Malmaison ; ce qui n'empêcha pas, pour le moment, les habitans du château d'Esnes de se comporter en vrais pillards. Mais le duc de Bourgogne ayant été informé de ces courses vexatoires voulut encore intervenir, et trouva moyen de se faire prendre comme arbitre par l'évêque et les sires d'Esnes ; le prélat ayant la main forcée s'en rapporta au jugement du duc qui, peu soucieux des malheurs du peuple campagnard, n'exigea d'autre réparation des nobles coupables que quelques excuses qui furent adressées à l'évêque.

Pendant que tout cela se passait, le comte de Hainaut qui avait repris la forteresse de la Malmaison, en demeurait possesseur, et ne se montrait pas pressé de la restituer à l'évêque, au nom de qui il l'avait occupée. Pierre d'Ailly réclama donc son château, mais le comte trouvait fort bon à garder ce qui était bon à prendre et ne répondait qu'en termes évasifs. Enfin, pressé de s'exécuter, il ouvrit trois voies d'accommodement : la première, la démolition de la forteresse, sous le prétexte qu'elle n'était nullement utile, et en réalité peut-être, parce qu'au contraire il la trouvait trop utile au Cambresis dont elle était la sentinelle avancée ; la seconde, l'occupation par lui de cette forteresse au nom de l'évêque ; la troisième, la remise qu'il en ferait à un châtelain, sujet de Hainaut, mais aux gages de l'évêque cambresien et du comte de Hainaut. Ce qui en dernière analyse était à dire que si l'on ne démolissait pas le château, il en demeurerait possesseur, soit par lui-même, soit par un de ses gens.

On choisit le moindre de ces trois inconvéniens, et la forteresse reçut pour gouverneur Grard de Simousies, écuyer de Hainaut, qui n'en fut pas plutôt maître qu'il déclara que l'évêque n'y entrerait jamais avec une escorte supérieure en nombre à la garnison. Il est aisé de comprendre ce que cela voulait dire ; aussi les bourgeois furent-ils péniblement affectés des arrangemens pris à cette occasion, mais auxquels il avait bien fallu se soumettre faute de mieux. En présence de telles dispositions, on pensa qu'il était préférable de démolir la forteresse, mais le nouveau gouverneur s'y opposa en déclarant que le comte de Hainaut n'en disposerait pas plus que l'évêque. Sur une telle réponse on prit le parti de s'adresser au comte de Hainaut lui-même qui, circonvenu par sa femme qui n'aimait pas l'évêque, éluda l'affaire et fit en sorte que la démolition n'eut pas lieu alors.

Pierre d'Ailly, qui a joué un grand rôle ecclésiastique fut fait cardinal (1) en 1411, par le pape Jean XXIII et laissa le siège de Cambrai à Jean de Gavre, appelé aussi Jean de Lens.

Monstrelet, le vieux et illustre chroniqueur cambresien (1), rapporte sous la date de 1415, un grave démêlé qui eut lieu entre les bourgeois et les chanoines de St-Géry, qui habitaient encore le *Mont-des-Bœufs*. Les bourgeois craignant les conséquences de la guerre entre la France et l'Angleterre, jugèrent prudent de fortifier la ville et entre autres opérations, d'élargir le chemin des remparts à l'intérieur. Il fallut pour cela s'emparer d'un grand nombre de jardins qui aboutissaient aux remparts, et abattre les murs qui leur servaient de cloture. Les jardins des chanoines de St-Géry ne furent pas exempts de ces emprises ; c'était justice : contre l'utilité

---

(1) Il était tellement attaché à Cambrai, qu'il voulut y être rapporté après sa mort. Il fut inhumé dans l'église Notre-Dame où son épitaphe existait encore à la révolution.

(1) On sait que Monstrelet fut d'abord lieutenant de Gavenier à Cambrai, puis bientôt après bailli du chapitre, puis ensuite prévôt et en même temps bailli de Walincourt. Il mourut en 1453.

et la sécurité publiques, les intérêts particuliers des chanoines ne devaient pas prévaloir ; mais il était aussi de toute justice qu'ils fussent indemnisés. C'est ce que les bourgeois refusèrent de faire, et comme pour se mettre tout à fait en tort, ils défendirent en même temps aux chanoines de vendre désormais du vin de leur cellier, droit dont ils étaient en possession de temps immémorial. Vainement les chanoines réclamèrent contre ces vexations, les bourgeois ne répondaient que par des insultes et des vexations nouvelles ; l'affaire alors devint grave, le duc de Bourgogne intervint à la prière des chanoines ; ceux-ci se retirèrent à Lille, pendant que le comte de Charolais, fils du duc, fit une expédition dans le Cambresis, avec environ 300 hommes d'armes, « et vinrent assez près des portes de la cité de Cambrai, pour ce que le marché y étoit, en pillant, occiant (tuant), et navrant plusieurs de la dite ville, et en faisant et perpétrant cruellement d'autres maux (1). » Les bourgeois alors commencèrent à trembler et ayant fait négocier leur paix par le comte de Hainaut, ils en furent quittes pour « faire réédifier tous les murs que

---

(1) Chronique de Monstrelet, liv. 1, chap. CL.

avaient fait abattre aux jardins des dits chanoines » et leur payer une rente de cent francs rachetable par une somme prévue, en indemnité du droit de vendre le vin, auquel les chanoines renoncèrent.

Sous l'épiscopat de Jean de Gavre eut lieu un événement important dans l'histoire du Cambresis. Ce fut la destruction de la Malmaison, cette célèbre forteresse dont il vient d'être question, bâtie par Nicolas de Fontaines, sur les confins du Cambresis, dont elle était le boulevard du côté du Hainaut.

Ici nous laisserons parler le Cambresien Monstrelet, heureux que nous sommes de relever, d'illustrer quelque fois notre humble ouvrage par des citations de ces vieux chroniqueurs dont le style coloré n'a rien perdu pour nous de son éclat et de ses charmes.

« (1427.) Au commencement de cet an, fut prise la forteresse de la Malle-Maison, séante à deux lieues près du Châtel en Cambresis, laquelle étoit à Jean de Lens, seigneur de Liekaerque et évêque de Cambrai, à cause de son évêché. Et la prit messire Jean Blondel, tenant le parti du Roi Charles, accompagné de ses gens, qui étoient en petit nombre. Dedans icelle étoit comme capitaine par le dit évêque un bel écuyer nommé Watier de Baillon, lequel fut trouvé en son lit. Et entre-temps, les dessus dits, en traversant les fossés parmi l'eau, et montant par échelle de dedans la basse-cour au dit lieu, prirent le guet; et après ils s'embûchèrent devant le pont du donjon; et, au matin, quand le portier avala le dit pont, ils saillirent sus, les épées traites, et occirent et tuèrent le dit portier; puis entrèrent tout paisiblement dedans, sans y trouver quelque défense ni empêchement, jà soit ce que ce fut la plus forte place et mieux gardable qui fût en toutes les marches es pays d'environ. Pour laquelle prise, tout le pays, ce sachant, fut mis en grand effroi; et mêmement ceux du Châtel en Cambresis et le dit évêque, qui séans étoit à celle heure, furent moult grandement émerveillés que ce pouvoir être; car, pour lors, n'était au dit pays nouvelle de nulle guerre. Toutefois, l'évêque de Cambrai envoya aucuns de ses gens, avec grand'partie de la communauté du dit Châtel, jusqu'au dit lieu de la Malle-Maison, pour savoir et connaître qui c'étoit. Et eux là venus et arrivés, parlèrent à aucuns de ceux qui l'avaient prise : lesquels, par malice, firent le cris de Bourgogne et de Luxembourg : et pour tant les dessus dits envoyés s'en retournèrent en la dite ville du Châtel en Cambresis.

Et bref en suivant, le dit Messire Jean Blondel se pourvut de vivres et de gens en grand'abondance; et après commencèrent à courir et à fouler le pays de Cambresis et plusieurs autres, en faisant maux inestimables (1) »........

Jean Blondel, sommé par le duc de Bourgogne de remettre la forteresse à l'évêque, refusa et s'obstina dans ce refus jusqu'à ce que voyant de redoutables préparatifs faits contre lui, il sentit que la place n'était plus tenable, alors il capitula et la livra à condition qu'il rentrerait dans les bonnes grâces du duc, que toutes les places et seigneuries qu'on lui avait prises pour s'être attaché au roi de France, lui seraient restituées et qu'il recevrait en outre une somme de 4,000 écus pour les frais de son expédition.

Dupont fait judicieusement à ce sujet les

---

(1) Chroniques de Monstrelet, liv. 2, chap. XLII.

réflexions suivantes : « Il y aurait de quoi être très surpris de la facilité avec laquelle le duc accepta ces conditions ; si la forteresse n'avait été remise à Balthasar, bâtard du Quesnoy, pour la garder au nom du duc ; si les 4,000 écus n'avaient pas été levés sur le Cambresis ; et si les forteresses et seigneuries de Blondel n'avaient pas été confisquées au nom du roi d'Angleterre. »

Les 4,000 écus furent levés avec une extrême rigueur, sur tout le Cambresis, tant sur la partie ecclésiastique que sur la partie laïque.

Ces rigueurs, les entreprises injustes auxquelles la forteresse donnait lieu de temps à autre, cette convoitise qu'elle excitait chez les seigneurs entreprenans, et qui se résumait toujours en calamités pour le peuple et l'évêque, ces énormes inconvéniens qui semblaient surpasser de beaucoup les services qu'elle pouvait rendre, déterminèrent enfin sa destruction(1). Ce ne dut pas être sans un profond sentiment de regret que l'évêque

---

(1) Bâtie en l'an 1255 par Nicolas de Fontaine qui ne croyait pas rendre un si mauvais service au pays, démolie en 1427, la forteresse de la Malmaison exista pendant 172 ans.

et les grands du pays se décidèrent à la démolition de cette forteresse, *car c'était la non-pareille et la mieux édifiée qui fût en tous les pays de l'environ.*

L'évêque Jean mourut douze ans après cet évènement.

Chapitre X.

Jean de Bourgogne; son entrée solennelle. — Philippe de Bourgogne à Cambrai. — L'image miraculeuse de N.-D. de Grâce. — Usurpation de Cambrai par Louis XI. — Funestes conséquences de cet évènement. — Henry de Berghes. — Proclamation nouvelle de la neutralité de de Cambrai. — Famine. — Maximilien d'Autriche, comte de Flandre à Cambrai; évènement tragique qui signale son séjour; conflits de juridiction. — Luttes scandaleuses du chapitre contre l'évêque et les échevins, pour cause d'impôts. — L'évêque bat monnaie. — L'école dominicale.

A la nouvelle de la mort de l'évêque Jean, le chapitre procéda, selon l'usage, au renouvellement du prévôt de la ville, du magistrat et autres officiers civils.

Jean de Bourgogne monta alors au trône épiscopal. Il était fils naturel de Jean Sans-Peur, duc de Bourgogne; et cette extraction qui n'avait rien de bien recommandable, le poussa néanmoins à la dignité dont les bulles lui coûtèrent à Rome, selon les bruits du temps, la somme de douze mille ducats.

Carpentier avance qu'il avait été marié avant d'être revêtu de la mitre, mais l'abbé Dupont nie cette circonstance, en s'appuyant sur ce qu'à l'époque de sa nomination, il était encore écolier à Louvain.

Le nouvel évêque envoya son maître d'école, Antoine Hanneron, prévôt des églises de Mons, et plusieurs autres délégués, à Cambrai, pour y porter ses bulles, et casser en son nom le magistrat, afin de le rétablir. Cet usage dans lequel étaient les évêques de casser le magistrat à leur avènement, ne s'explique pas d'une manière bien claire sous le rapport de son utilité. Ce n'était sans doute de leur part qu'un moyen de tenir en vigueur l'article de la loi Godefroi, qui en abolissant les quatre-vingts jurés de l'ancienne institution, les avait remplacés par quatorze échevins, deux prevôts, etc., *révoquables à la volonté de l'évêque.*

Il n'est pas étranger à notre histoire de rapporter ici les faits suivans :

Le sieur de Lalain (qui venait d'être créé bailli de Cambresis) se présenta un mois après l'exhibition des bulles dont il vient d'être parlé, à la cour du palais, où la première place était occupée par l'abbé de St-Aubert, et la seconde par celui de St-Sépulcre. Là, se trouvaient réunis, au nombre de quatre-vingts, des chevaliers des écuyers et hommes de fiefs, en présence desquels le nouveau bailli réclama l'entérinement de ses lettres de nomination, ainsi que le serment qu'on lui devait en cette qualité. La cour s'appuyant d'un précédent qui devait faire loi, déclara que : connaissance prise de ses registres sur la manière dont avaient été reçus l'évêque Jean de Lens et ses officiers, il en résultait qu'un vicaire de l'évêque avait produit en cour les bulles du pape, puis avait promis et juré au nom de son seigneur de maintenir les hommes de fief de la cour, en leurs franchises et libertés, de les défendre de toute oppression, de faire tenir et observer leurs jugemens. La cour voulut donc voir les bulles, et s'assurer des titres du bailli qui préta son serment dans les mêmes termes que l'avait fait son prédécesseur. Quant à la production des bulles, comme il ne les avait pas apportées, il s'engagea à les produire *aux prochains plais qu'on assigna au mois*, moyennant quoi le serment fut prêté.

Cinq semaines après, l'évêque vint au château de Thun, où il reçut le magistrat et les principaux bourgeois de la ville. Les évêques de Cambrai avaient coutume d'en agir de la sorte : ce château-fort était pour ainsi dire le poste avancé que les prélats occupaient d'abord ; c'était là qu'ils recevaient les premiers hommages comme princes civils et comme chefs ecclésiastiques.

Après avoir pris possession, Jean de Bourgogne songea à se faire conférer les ordres, et fut finalement sacré évêque le jour de l'Ascension 1440. Il ne fit néanmoins son entrée solennelle que deux ans après. Cette cérémonie fut brillante et majestueuse, tous les corps civils et religieux y figurèrent ; les échevins qui représentaient officiellement la ville y parurent dans un sévère et riche uniforme ; une foule de dignitaires laïcs et ecclésiastiques s'étaient rendus pour cela à Cambrai. Le prélat entra par la porte

St-Ladre où il était venu à cheval, accompagné de nobles et brillans seigneurs. Arrivé sous cette porte, il mit pied à terre pour revêtir ses habits pontificaux ; cependant le grand ministre du chapitre s'emparait du cheval qui (nous avons dit plus haut à quel titre) devenait la propriété dudit chapitre. L'évêque se mit bientôt en marche, au milieu d'une telle foule, qu'il arriva au palais accompagné seulement de deux acolytes, tout le reste de sa suite, seigneurs et évêques, ayant été mis dans l'impossibilité de faire un pas.

Des mystères furent joués sur des théâtres en plein air, de riches présens furent offerts au prélat, un concert lui fut donné pendant le repas par de célèbres musiciens du temps, appelés pour la circonstance. Glorieux et honorables actes de nos pères, qui faisaient intervenir les beaux arts dans leurs fêtes, qui ne séparaient point l'artiste du noble ou du religieux, lequel, lui-même souvent était artiste, et qui comprenaient que tout ce qui est grand se touche et doit se confondre dans une même pensée. Ainsi ces mystères dramatiques, ainsi ces vases de vermeil, ces coupes d'or ciselées dont on faisait échange de présens et d'hommages, ainsi ces luttes harmonieuses de la lyre et du théorbe, ces chants gracieux de jeunes enfans, ces voix solennelles des graves chantres, ces sirventes des ménestrels, en un mot ces brillantes productions du théâtre, de la sculpture, de la musique et de la poésie dont parle un vieux chroniqueur (1), s'harmonisent admirablement avec les vêtemens de pourpre et d'hermine des prélats, avec les habits d'or et de soie des chevaliers et des dames, avec les armets de fer des soldats. Et tout cela se fondant d'une manière magique dans les flots joyeux du populaire cambresien, tout cela dominé par ces nobles souvenirs de franchises, d'émancipation, de véritable liberté, que possédaient nos pères, forme dans notre imagination comme dans nos souvenirs, un merveilleux tableau qui pénètre d'anthousiasme et d'admiration pour ces jours et ce peuple que l'on est quelquefois tenté de regarder comme sauvages, et qui dans le fait ne sont guère en arrière de ceux dont on est si fier aujourd'hui.

Quelques jours après son entrée, le prélat fut traité luxueusement par le *magistrat*, puis

---

(1) ENTRÉE SOLENNELLE DE JEAN DE BOURGOGNE, *extrait* d'un manuscrit rapporté par l'abbé Dupont, dans son histoire de Cambrai, notes de la quatrième partie.

partit pour Bruxelles, où il résida jusqu'à sa mort.

Nous n'entrerons point ici dans les détails d'interdits lancés, l'un pendant le séjour de Jean à Cambrai, l'autre pendant son absence, sur les églises de la ville à l'occasion d'une querelle de valets et de blessures mortelles inférées par un bourgeois au prieur de Vaucelles. Ces affaires qui n'ont nullement trait à la politique, sont du ressort de la justice, et de nos jours conduiraient les coupables en police correctionnelle ou en cour d'assises, mais ne prendraient nullement place dans l'histoire. Dupont ne les mentionne qu'en sa qualité d'historien ecclésiastique; nous ne parlerons point davantage de deux séjours que fit à Cambrai Philippe-le-Bon, duc de Bourgogne; nous ne mentionnerons qu'en passant la translation de l'*image miraculeuse de Notre-Dame de Grâce,* opérée de Rome dans notre ville en 1452, et nous arriverons de suite à une des époques les plus intéressantes de l'histoire cambresienne : l'usurpation par Louis XI de la souveraineté de Cambrai.

Et ici le lecteur doit être prévenu que dans la

suite de cette histoire, il sera fréquemment fait usage d'un précieux manuscrit intitulé : MÉMOIRES CHRONOLOGIQUES, contenant ce qui s'est passé de plus remarquable à Cambrai et aux environs depuis 1439. Ce livre, dont le nom d'auteur nous échappe parce que quelques feuillets y manquent, contient des détails extrêmement curieux sur une foule de faits qui concernent le pays. Nous y avons toute foi, parce qu'il est écrit avec une entière impartialité. On sait du reste, et l'on en a la preuve tous les jours, on sait que les journaux officiels ne sont pas essentiellement véridiques, et les historiens à venir commettraient bien des erreurs s'ils s'en rapportaient à ces douteux documens. On aurait donc tort de rejeter, sous le prétexte qu'ils ne sont pas officiels, ces mémoriaux contemporains des évènemens, rédigés jour par jour, par de rigides observateurs qui écrivaient pour eux-mêmes, pour leur famille, sans aucune pensée de publicité, sans aucun intérêt à tromper leurs souvenirs en se mentant à eux-mêmes. Nous citerons plus d'une fois cette source nouvelle où nous allons puiser, et nous la désignerons sous le titre de *Mémoires chronologiques*. Cette explication donnée, revenons à Louis XI.

Charles-le-Téméraire était mort (1477) ; le dernier duc de Bourgogne s'était éteint, ne laissant qu'une fille ; ce redoutable ennemi du roi de France n'opposait plus qu'un tombeau aux entreprises de son féroce champion, et celui-ci n'était pas homme à s'arrêter devant une tombe, pourvu toutefois que l'ombre du duc n'en sortît point. Le duc ne fit pas cette frayeur au Roi, qui s'empara successivement du duché de Bourgogne, de la Picardie, et finit par approcher de Cambrai. La cité cambresienne était alors chose assez importante pour n'être pas dédaignée par le roi. Il n'avait eu pour s'emparer de la petite ville de Crévecœur, de Bohain et du Câteau, qu'à y faire entrer des officiers à la tête de quelques soldats Il n'en était pas de même de Cambrai : cette cité fière de ses franchises et de sa neutralité qui la plaçaient au-dessus des autres villes comme l'aire de l'aigle sur les cîmes inabordables, cette fille de la liberté n'était pas disposée à livrer ses mains aux fers du roi jaloux. Il fallut donc user d'artifice, et l'on commença par des négociations dont l'apparence de bonne foi ébranla la résolution des Cambresiens. Les trois ordres de l'état : le clergé, la noblesse et la bourgeoisie s'étaient assemblés pour élire des commissaires chargés d'examiner ce que l'on ferait en pareille conjoncture. Le résultat de leurs conférences fut que l'on irait, avant de rien accorder aux députés de Louis XI, consulter, à Mons, M. de Ravestein, ministre de la duchesse de Bourgogne, laquelle avait hérité de son père le comté de Flandre : une députation partit à cet effet, ayant à sa tête l'abbé de St-Aubert ; mais le funeste honneur de représenter la cité coûta cher aux malheureux députés : le ministre de la duchesse s'expliquant en mauvaise part la démarche des Cambresiens, et croyant voir chez eux un parti pris de se livrer au roi de France, fit arrêter les députés et leur interdit toute correspondance avec Cambrai. Cependant les agens de Louis XI poursuivaient leur œuvre de séduction, et à force d'argent et de belles promesses, finirent par gagner deux gentilshommes, qui livrèrent le château de Selles à Maraffin, officier du roi (mai 1477). Le château de Selles pris, on était maître de la ville. A peine la nouvelle en fut-elle parvenue à Mons où étaient retenus les députés de Cambrai, que le seigneur de Ravestein se vengea sur eux de cette défection à laquelle ils étaient néanmoins étrangers ; il les condamna à lui payer une amende de trois mille écus de vingt-quatre patars, ce qui indemnisa du moins le ministre de la déchéance de la duchesse.

Les malheureux députés parvinrent avec peine à s'acquitter d'une amende aussi énorme : l'histoire ne dit pas que les Cambresiens les indemnisèrent des frais de ce voyage. Ils eurent eux-mêmes bien autre chose à payer. Le débonnaire monarque pour l'honneur qu'il leur avait fait, daigna leur demander un emprunt de quarante mille écus d'or.

Les seigneurs qui trahirent la ville en la livrant ainsi aux convoitises françaises, s'appelaient l'un Pierre de Wingles, l'autre Gui Rosiau (1). Toutes les conséquences de cet évènement se déroulèrent alors avec un luxe effrayant. La bourgeoisie dut prêter serment de fidélité au roi, des lettres marquées aux sceaux de la ville, du chapitre de Notre-Dame et de celui de St-Géry, furent exigées pour la reconnaissance de la domination française. On gratta les armes de l'empire partout où elles étaient peintes ou sculptées,

---

(1) Dupont, 4ᵉ part. p. 99.

et on les remplaça par les armes de France; en un mot on stygmatisa l'esclave, on lui ôta son vêtement national pour l'habiller de la livrée du maître.

Tant de honte ne pouvait laisser impassibles les cœurs généreux qui la subissaient. Ils ne purent croire qu'un roi de France voulût agir en pirate dans une ville libre qui avait consenti à se livrer mais non à se prostituer; des assemblées eurent lieu et l'on décida qu'il était convenable de s'assurer de la personne de Maraffin, jusqu'à ce que de nouveaux députés se fussent expliqués avec le roi. Mais le projet échoua, Maraffin prévenu de cette résolution, n'en devint que plus terrible. Il fit arriver en toute hâte un secours de 600 lances, et se plaçant alors comme en pays conquis, il eut recours à toutes les rigueurs du droit de guerre. Il renouvela le magistrat qu'il composa de créatures à lui; il fit trancher la tête à plusieurs citoyens qui ne dissimulaient pas assez leur haine contre le régime nouveau; et comme pour établir un règne de terreur, il arrêta et déposa à la feuillie (la prison de justice) un grand nombre d'ôtages dont la vie lui répondait du calme et de la résignation du peuple.

Thomas Bloquiel, chanoine de Notre-Dame, Jean Bloquiel, l'un et l'autre frères de l'abbé de St-Aubert, Gossuin et un autre chanoine de St-Géry, Charles Ricquier, Nicole Bridoul, chapelain de Notre-Dame, Jacques Longuet, Pierre Dupont, Bertrand Quatre-Sauls, Malaquin, Jean de le Coquerie, Robert de Vermie (1) et peut-être d'autres dont les noms échappent à l'historien, furent victimes de cette infernale mesure.

Mais comme le peuple laissait échapper de sourds et menaçans murmures, comme il savait d'ailleurs merveilleusement de quelle façon l'on enfonce les portes d'une prison, Maraffin jugea qu'il était prudent de mettre en lieu plus sûr ses malheureux otages. En conséquence, il les envoya de suite à Arras où était le roi, et de là les uns au lude, les autres à Angers, d'autres à Amiens et à Paris, où on les retint pendant cinq ans, bien que leurs concitoyens eussent fait de

---

(1) Carpentier cite d'autres noms, mais Dupont qui lui oppose ceux-ci, nous semble devoir être cru de préférence. On sait que la véracité de Carpentier est un peu suspecte en matière de noms-propres.

nombreuses démarches pour obtenir plus tôt leur liberté.

Le roi Louis XI vint à Cambrai trois mois après que cette ville fut remise aux mains de Maraffin. « Il y fit fortifier le château de Selles, le fit fermer de bons boulevards du côté de la ville; il fit un château sur la porte St-Sépulcre; entoura l'église et le cloître de l'abbaye de Cantimpré de grands fossés, y mit grosse garnison dont M. Devaux était capitaine (1). »

Le roi en voulait faire une place de guerre française et certes la position était avantageuse, mais sur les entrefaites, il apprit que l'archiduc Maximilien d'Autriche, avec lequel il était en guerre, s'était avancé jusqu'à Douai avec une armée de Flamands (2). Le rusé monarque ne se jugeant pas de force à attaquer l'Autrichien, lui fit proposer une trêve de neuf ans, ce que ce dernier accepta, moyennant qu'on lui rendrait le Quesnoy et Bouchain, et qu'on reconnaîtrait la neutralité de Cambrai.

---

(1) Mémoires chronologiques
(2) L'archiduc Maximilien d'Autriche avait épousé Marie de Bourgogne, comtesse de Flandre.

En conséquence de cette neutralité, le roi de France fit gratter de nouveau les écussons où l'on avait mis ses armes, afin d'y remettre celles d'Autriche ; ce qui lui fit dire en plaisantant : *l'aigle s'était envolée, la voilà revenue.* A quelques siècles de là, Napoléon répétait pour son compte ce propos de Louis XI.

Le roi voulut annoncer lui-même aux Cambresiens qu'il les remettait dans leur neutralité. Cette proclamation se fit sur la place, après quoi il se disposa à quitter Cambrai. Mais le capitaine Maraffin qui se trouvait à l'aise au château de Selles, conseilla au roi de l'y laisser, ne fût-ce qu'en qualité de percepteur pour la levée de l'emprunt de quarante mille écus d'or. Les bourgeois, de leur côté, envisageaient l'affaire sous un autre point de vue, mais qui arrivait à la même conclusion. Ils ne se rappelaient pas sans inquiétude, la colère du ministre Ravestein, l'ouverture de leurs portes au roi de France, les armes d'Autriche répudiées et grattées honteusement. Tout cela leur faisait craindre des représailles : ils se joignirent donc à Maraffin pour demander au roi ce qu'il ne demandait pas mieux que d'accorder.

Maraffin demeura maître du château ; c'était laisser l'ennemi dans la ville.

« Il en était capitaine, dit l'auteur des *Mémoires chronologiques*, et avait charge de lever les quarante mille écus d'or. Il fit des maux incroyables à Cambrai et dans le pays de Cambresis. Pendant ces troubles, Arnould Pingrez, bailli du chapitre, eut la tête tranchée et mise au pilori sur un bâton, parce qu'il voulait soutenir la neutralité de la ville. »

« Pendant que le pays était ainsi troublé, Jean de Bourgogne, évêque de Cambrai, se tenait dans le pays de Brabant ; le roi Louis avait mis un évêque de sa façon en la ville, on le nommait vulgairement l'évêque Maraffin. »

Le lieutenant du roi s'acquittait avec le zèle le plus odieux de la levée de l'emprunt. Il pillait les bourgeois et les églises, enlevait aux autels leurs joyaux et même leurs reliques, ou du moins leurs reliquaires. Il opérait en cela non-seulement pour le compte du roi, mais encore pour le sien et celui de ses créatures, car il leva bien plus que la somme de quarante mille écus ; et le roi le savait. Un jour que Maraffin était allé à la cour rendre compte au roi de ses expéditions, un seigneur admirait fort une brillante chaîne d'or que le capitaine portait au cou, et qui provenait des vols faits dans les églises ; le dévot Louis XI oubliant momentanément son respect pour les reliques, dit en plaisantant : *Ne touchez pas à cela, car c'est chose sacrée* (1) !

Ces brigandages furent portés si loin, qu'une belle nuit le peuple exaspéré se révolta contre les Français, les poursuivit dans la ville où ils avaient coutume de vivre plus que dans leur citadelle, et les chassa jusqu'au château de Selles dont ils entreprirent le siège. Mais les Français résistèrent pendant sept jours ; après lesquels ils reçurent de l'archiduc Maximilien des gens d'armes et de l'artillerie.

Cette nécessité d'augmenter la garnison du château de Selles pour tenir le peuple en respect, faisant craindre trop de pouvoir du côté du roi de France, amena de nouveaux arrangemens, en vertu desquels la garnison fut composée de Fran-

---

(1) Mémoires chronologiques.

çais et de Bourguignons en nombre égal « et y entrèrent, dit un vieux manuscrit, à grosse puissance messire Philippe de Ravestein, messire Jean de Luxembourg et la compagnie de M. de Fiennes. » Plus tard M. de Luxembourg, lieutenant du roi, fut remplacé par Jean Dolé, et M. de Fiennes, celui de l'archiduc, par Jacques de Foucquesolles. Et bientôt après le capitaine français fut chassé du château avec ses hommes, par le Bourguignon, qui après y avoir, une nuit, introduit secrètement de nouveaux gens d'armes, se trouva le plus fort, s'empara du capitaine, emprisonna les soldats, les uns dans une tour élevée, les autres dans un cul de basse fosse, jusqu'au lendemain qu'il leur fit prendre leur volée vers la France.

Ce tour joué aux Français épouvanta les bourgeois qui craignaient les vengeances de Louis XI, et qui se trouvant ses créanciers de 40,000 écus, le soupçonnaient capable de profiter de cet échec pour se déclarer quitte. Ils firent aussitôt des démarches auprès de l'officier bourguignon pour connaître le motif qui l'avait engagé à agir de la sorte. Il était onze heures du soir quand les délégués se présentèrent au château de Selles. Le fort était mis en état de défense, tous les ponts étaient levés (1) et les sentinelles doublées. Ce ne fut pas sans peine que l'on put se faire entendre du dehors. Enfin le sire de Foucquesolles se rendit sur le pont avec bonne escorte, et laissa approcher trois députés seulement. Là, les bourgeois apprirent que le capitaine n'avait agi que par ordre de l'archiduc, et que le lendemain, à cinq heures du matin, un parti bourguignon de deux cents lances serait aux portes de la ville. A cette nouvelle, l'effroi des citoyens redoubla : ils envoyèrent immédiatement des réclamations à MM. de Bossut et Haubourdin, qui attendaient à Bouchain l'heure de partir avec leurs hommes pour Cambrai. Mais ces officiers étaient absens

---

(1) *Tous les ponts étaient levés.* Ces détails rapportés par Dupont d'après d'anciens documens, ne laissent point de doute à l'égard de la tradition qui dit que le château de Selles était entièrement entouré d'eau. On comprend que cette forteresse étant souvent, par sa position et sa destination, en guerre avec la ville, devait être fortifiée autant de ce côté qu'à l'extérieur. Il suffit d'ailleurs de jeter les yeux sur le cours de l'Escaut le long du quai St-Lazare, pour se convaincre qu'il devait passer entre la ville et le château, et que son cours n'a été détourné brusquement vers la gauche que par des travaux postérieurs en date à la forteresse.

ou se firent nier, et le lendemain matin, en effet, la troupe bourguignonne arriva dans la ville, dont elle se fit livrer les clefs et où elle exerça une foule de vexations sous le prétexte qu'on y était dévoué aux Français. C'était une singulière manière de respecter la neutralité. Plusieurs Cambresiens furent forcés de fuir et se retirèrent en France ; malheureux proscrits expiant par l'exil, ainsi que cela se voit de tout temps, la fidélité à leurs sermens et le tort d'avoir des convictions politiques.

Les choses en étaient là (1479-1480) quand l'évêque Jean de Bourgogne mourut à Bruxelles (1) après avoir dirigé le diocèse pendant quarante ans, à l'aide de ses grands vicaires. Henry de Berghes lui succéda.

La première affaire dont s'occupa le nouvel évêque, fut d'obtenir le rétablissement de la neutralité de Cambrai. Il s'interposa entre le

---

(1) Carpentier, 2ᵉ part., p. 405.
MÉMOIRES CHRONOLOGIQUES.
HISTOIRE DES EVESQUES DE CAMBRAY, par Guill. Gazet, pasteur de Ste Marie-Madelaine à Arras, page 45.
Dupont dit que Jean de Bourgogne est mort à Malines.

roi de France et l'archiduc, qui fatigués l'un et l'autre de leurs luttes sans résultats, ne demandaient pas mieux que de trouver dans cette négociation un préliminaire à la paix qu'ils désiraient et finirent effectivement par conclure à Arras.

La neutralité fut proclamée à Cambrai, au jubé de l'église de Notre-Dame et sur le marché, le 23 octobre 1482 (1). Ainsi cessèrent à l'intérieur, les vexations du parti d'Autriche, et à l'extérieur les courses désastreuses des Français qui les poussaient quelquefois jusque sous les murs de la ville.

On chanta le *Te Deum* qui fut constamment couvert par la voix du peuple qui criait *Noël*. Un festin splendide fut offert aux députés du roi et de l'archiduc, et dans la grande salle du palais tous les ordres de la ville prêtèrent le serment solennel pour l'observation de la neutralité.

Louis XI sentait sa santé décliner de jour en jour, et son zèle superstitieux s'accroître d'autant. La conscience du monarque lui disait qu'il

---

(1) Carpentier, 1re partie, p. 129.

avait bien des fautes à racheter. Il voulut que les églises, les seigneurs et le peuple de Cambrai n'eussent plus rien à lui reprocher au jour du grand jugement, et il s'efforça d'expier ses torts par de nombreuses restitutions, par d'abondantes largesses et surtout par le remboursement des quarante mille écus d'or qu'il avait empruntés de si mauvaise façon.

Maraffin n'imita pas le roi, et les Cambresiens conservèrent long-temps un souvenir abhorré de l'exécrable lieutenant du dévôt Louis XI.

Un an après, le roi Louis n'existait plus, et le Cambresis se reposait en paix de ses longues et cruelles agitations. Il était temps que ces jours de répit arrivassent, car la ville et surtout les campagnes avaient été fort appauvries par les guerres dont elles avaient été le théâtre. La belle et riche abbaye de Vaucelles, entre autres, était réduite à une extrême misère. Un autre fléau s'était joint à la guerre, « depuis 1481 jusqu'au mois d'août 1482, il y eut grande famine à Cambray, le bled se vendoit deux escus le mencaud. Les pauvres furent obligés de manger du pain d'orge, d'avoine, des tourteaux de navette; plusieurs moururent de faim (1). »

L'archiduc d'Autriche vint visiter Cambrai (février 1484), où il fut traité avec magnificence par l'abbé de St-Aubert. Ce séjour du prince fut signalé par un événement tragique qui devint l'occasion d'un conflit de juridiction entre le magistrat et l'abbé de St-Aubert. Les seigneurs de Ravestein, de Fiennes, de Molembais, Ancelot de Bellemont et d'autres encore, se trouvaient à Cambrai : à la suite d'un repas, des paroles désobligeantes furent échangées par les sires de Ravestein et Ancelot de Bellemont. On s'expliqua devant l'archiduc et il était permis de regarder l'affaire comme arrangée. Mais dans la journée même, au moment où Ancelot quittait une partie de jeu, pour accompagner le prince qui allait se rendre à l'église, il fut surpris au bas de l'escalier de son hôtel par sept archers qui l'assassinèrent et gagnèrent au plus vite l'hôtel habité par Ravestein.

Le prince fit aussitôt arrêter le capitaine qui s'avoua l'instigateur de ce lâche attentat.

---

(1) Mémoires chronologiques.

Ancelot avait été assassiné dans l'enclos de St-Aubert, et selon les prétentions de cette abbaye, c'était à l'abbé qu'appartenait le droit de connaître de cette affaire; mais depuis deux ans le magistrat contestait à l'abbé ce droit de haute justice dans son enclos. L'abbé hésita un moment, puis se décida à faire lever le corps : de là grandes récriminations de la part du magistrat qui demandait à l'évêque le bannissement des officiers de l'abbaye. Alors l'abbé imagina une ruse pour se tirer d'embarras, et pria le maître d'hôtel de l'archiduc de se saisir de l'affaire en sa qualité de prévôt de l'hôtel du prince. Le prévôt se prêta de bonne grâce à ce subterfuge et déclara que c'était par son ordre et en son nom que l'on avait agi; cela replaça les choses dans le premier état de la question qui ne fut vidée que treize ans après au profit de l'abbé. C'était à l'évêque qu'il appartenait de prononcer dans ce procès d'attributions judiciaires; or, l'on voit qu'il ne se pressait pas; un petit présent de mille florins et de cent écus d'or détermina son jugement.

L'archiduc Maximilien, qui comme nous l'avons dit dans une note qui précède, était devenu comte de Flandre en épousant Marie de Bourgogne héritière de Flandre, ne quitta pas Cambrai sans prêter le serment que les comtes de Flandre étaient dans l'usage de faire comme protecteurs et gardiens des églises cambresiennes. A cette occasion et en vue de la misère du peuple, il consentit à la remise de six ou sept années d'arrérages dûs pour le droit de gave.

Quelques jours après le départ du duc, le magistrat fit l'instruction de l'assassinat d'Ancelot de Bèllemont, et condamna les coupables au bannissement. (Les historiens ne disent pas ce que devint Ravestein). L'abbé de St-Aubert se plaignit, réclama en faveur de ses droits méconnus et n'obtint justice, comme nous l'avons dit plus haut, qu'après treize ans d'instance.

Le chapitre de Notre-Dame dont on a vu déjà la jalouse susceptibilité, ne put dissimuler sa mauvaise humeur à l'occasion de l'accord favorable à l'abbaye de St-Aubert; mais il se calma moyennant joindre son sceau à ceux de la ville et de l'évêque sur les *lettres* délivrées à l'abbé; et préféra différer les chicanes jusqu'à meilleure occasion.

Elle ne se fit pas attendre. A cette époque où un code légal prévoyant toutes les questions, fixant tous les droits et les devoirs réciproques, une constitution en un mot, n'existait pas encore, bien qu'il y eût déjà quelques dispositions écrites telles que la loi Godefroi, les chartes, etc.; les antécédans servaient pour ainsi dire de constitution; on les invoquait, non sans raison, quand on en avait besoin, mais aussi il arrivait souvent que les intérêts opposés les niaient ou du moins n'en tenaient compte. Ainsi se trouvaient souvent en conflit trois pouvoirs du pays : le magistrat, l'évêque, le chapitre. On en appelait tantôt à l'évêque s'il était étranger au débat, tantôt au comte de Flandre, tantôt à l'empereur suzerain. Il s'en suivait une décision quelconque dictée par les opinions, les affections ou les intérêts d'un homme et non par la volonté immuable de la loi. Alors récrimination, vengeance, excommunication de la part du clergé, bouleversement et voies de fait de la part du peuple; et Dieu sait l'abus que l'on faisait de ces moyens extrêmes qui n'étaient pour chaque parti que le droit du plus fort.

On comprendra maintenant que les chicanes

étaient faciles à susciter. Or, en 1484 le trésor de la ville était obéré, il n'y avait eu que trop de causes pour cela. Les échevins, pour augmenter un peu les revenus, haussèrent les droits sur les vins. Le chapitre qui, de temps immémorial, avait le privilége d'intervenir dans les levées d'impôts et d'y mettre son *veto* quand bon lui semblait, privilége qu'on lui avait souvent contesté mais qu'il était parvenu à maintenir jusque-là; le chapitre, disons-nous, s'opposa au nouvel impôt. Il avait pour cela de bonnes raisons; car il faisait avec grand succès le commerce de vin: son cellier bien garni avait une nombreuse clientelle.

Les échevins crurent devoir passer outre à ce refus, et maintinrent la taxe. Là-dessus excommunication lancée par le chapitre contre le magistrat. Deux chanoines, accompagnés des notaires du chapitre, se rendirent à l'hôtel de ville pour annoncer cette excommunication que l'on afficha ensuite à la chapelette (1) et aux portes des églises, avec défense de poursuivre l'office divin, lorsque quelqu'un du magistrat y paraî-

---

(1) La petite chapelle de la place.

trait. C'est-à-dire que toute une population devait se passer de messe, parce qu'on avait endommagé le commerce de vin de MM. les chanoines. Les échevins ripostèrent par la plaisante défense faite à tous d'acheter du vin au cellier de leurs antagonistes.

Le reste du clergé fit justice de l'absurde vengeance du chapitre, et par sa contenance et ses démarches obtint la révocation des foudres capitulaires. L'interdit lancé contre le magistrat fut levé moyennant que le magistrat lèverait, de son côté, l'interdit lancé contre la cave des chanoines. Mais la réconciliation ne fut pas de longue durée : l'année n'était point encore écoulée que le même scandale se renouvelait à l'occasion d'un nouveau droit imposé par l'évêque et le magistrat sur toutes les marchandises et denrées de la ville. Cette fois on alla plus loin ; on voulut interdire l'office divin d'une manière absolue. La saine partie du clergé qui était la plus nombreuse, refusa de se rendre complice de cet éclat, mais s'unit au chapitre pour protester contre une mesure qui semblait contraire aux immunités dont le clergé avait toujours joui. L'affaire s'arrangea. Mais quelques années après (1500), le scandale arriva à son comble. Cette fois le chapitre s'en prit directement à l'évêque, qui avait taxé les draps arrivant de l'étranger. Les chanoines prétendirent encore faire cesser l'office divin dans toute la ville et parvinrent à intimider une partie du clergé. Vainement la cour de Rheims employa-t-elle l'interdit contre les chanoines eux-mêmes, vainement proposa-t-on des accommodemens, vainement l'archiduc chercha-t-il à intervenir comme médiateur en qualité de protecteur du pays; les chanoines, sourds et aveugles dans leur rage, ne voulurent rien entendre, bravant ainsi les foudres du ciel dont ils faisaient un sacrilége abus, et les menaces de la terre, où ils avaient été placés dans un état complet d'ilotisme, car défense était faite à qui que ce soit d'avoir rapport avec eux.

Tristes résultats de l'amour-propre et de l'orgueil blessés! on s'irrite, on s'étourdit, on se précipite dans l'abîme, et chaque mouvement que l'on fait pour en sortir vous y enfonce davantage.

Ce que n'avaient pu obtenir la voix de la religion, la voix de la raison, la voix de la conscience peut-être, on l'obtint par l'intérêt matériel : on saisit leurs biens. Cette nouvelle manière de procéder les irrita d'abord davantage, mais la colère s'appaisa immédiatement, ils envisagèrent les choses sous un point de vue qui leur avait échappé jusques-là ; les portes de l'église s'entr'ouvrirent, puis s'ouvrirent toutes grandes ; ils demandèrent l'absolution; avec les bonnes graces du ciel ils recouvrèrent leurs biens terrestres : ce fut pour eux un double motif de réjouissance. Il restait cependant au cœur des chanoines un levain amer qui ne disparut que lorsqu'en 1502 l'évêque eut autorisé la suppression de la taxe des draps qui était de deux *patars* sur chaque pièce venant du dehors.

Ces événemens scandaleux ne doivent pas nous faire perdre de vue plusieurs points historiques qui se trouvent mentionnés dans les Mémoires chronologiques.

« Henry de Berghes consacra l'église de Ste-Claire le 22 février de l'an 1495. Et le 20e jour de juillet, le susdit évêque, accompagné des chanoines de N.-D., St-Géri, Ste-Croix, St-Aubert, St-Sépulcre, des Cordeliers et de toutes les paroisses avec leurs croix, allèrent au-devant des Clairisses qui venaient d'Arras par la porte de Cantimprez pour occuper le nouveau monastère. Elles étaient seize, tirées de différens couvents. Toutes en un chariot couvert, *qu'on ne les povait voir, et était assis leur pater sur le chariot au devant*, dit le chroniqueur. »

« Le neuvième d'avril (1497) Henry de Berghes commença à faire forger en son palais des ducats d'or, des patars, des gros, demi-gros, gigos et deniers. »

« En 1499, maître Standon étoit à Cambray : ce fut lui qui commença la fondation de l'échole Dominicale (1). »

Voilà donc trois siècles et demi que, grace à un homme généreux, l'éducation est donnée gratuitement aux enfans des pauvres de Cambrai.

Henry de Berghes mourut au Cateau le 7 octobre 1502. Il revenait d'Espagne où il avait fait un voyage avec l'archiduc d'Autriche.

---

(1) Mémoires chronologiques.

Trois jours après, sa dépouille mortelle fut apportée à Cambrai sur un char magnifique couvert de velours noir. Toutes les paroisses et abbayes de la ville allèrent recevoir le corps à la porte Robert. Le chapitre de Notre-Dame seul s'abstint de cette démarche et ne fit que quelques pas dans la ville. Deux cents flambeaux brûlaient à cette marche funèbre, ceux qui les portaient étaient revêtus de robes et chaperons noirs. Tous les fonctionnaires au nombre de trois cents étaient également couverts de robes de deuil (1). Chaque paroisse de la ville, et elles étaient nombreuses, reçut pour ses pauvres, par disposition testamentaire du prélat, seize florins et sept mencauds de bled converti en pain.

Henry de Berghes était ami des arts : il avait apporté de grands embellissemens dans l'église de Notre-Dame. Il avait fait faire, entr'autres, deux statues en albâtre, représentant l'une St-Jérôme, l'autre St-Henry. De plus, il avait fait peindre un christ magnifique qui fut long-temps admiré dans l'Eglise.

Le chapitre, à la nouvelle de la mort du prélat,

---

(1) Mémoires chronologiques.

renouvela, selon la coutume, le prévôt et les échevins, les quatre hommes et autres officiers de l'évêque.

L'avènement de Jacques de Croy à la succession d'Henry de Berghes, amena un changement notable dans l'état politique de la ville qui fut érigée en duché. Nous en parlerons au chapitre suivant.

Chapitre XI.

Jacques de Croy.—Ligue de Cambrai.—Erection de Cambrai en Duché.—Un Collège.—Horloge de l'Hôtel-de-Ville.—Guillaume de Croy.—Robert de Croy.—Fléaux.—Neutralité.—Entrée du Duc de Cambrai.—Paix des Dames, le roi de France à Cambrai.—La ville d'Honnecourt.—Paix en 1538.—Charles-Quint à Cambrai.—La Citadelle.

Jacques de Croy, dont l'élection avait éprouvé de nombreuses contestations dans le chapitre, eut pour compétiteur au siège épiscopal, François de Melun. Une partie des chanoines fit sonner les cloches et chanter le *Te Deum* en l'honneur de Jacques de Croy; les autres firent la même cérémonie au profit de M. de Melun.

Le peuple qui préférait ce dernier, lui fit une ovation et le mena en triomphe au palais et de là en son logis.

Mais le pape Alexandre ne ratifia pas le choix du peuple, et confirma l'élection de Jacques de Croy. Les bulles du prélat arrivèrent le dernier jour de février 1503.

De son côté, le roi des Romains ne voulant point que cette importante affaire se terminât sans l'intervention de l'archiduc Philippe, son fils, lequel était alors en Espagne, défendit aux Cambresiens de recevoir le nouvel évêque avant le retour du prince. Cette défense n'ayant pas empêché le prélat de se présenter aux portes de la ville, il en fut pour ses frais de voyage et se vit contraint à aller attendre à Hâpres, puis au Câteau, que l'on se décidât à le recevoir. Mais il n'attendit pas sans agir, et commença par lancer l'interdit contre la ville. Deux mois après néanmoins il leva cet anathème à la prière de l'archiduc qui lui assura que ses droits seraient respectés (1). Cependant un commissaire impérial avait

(1) **Mémoires chronologiques.**

destitué et remplacé le bailli de Cambresis, les prévots, échevins et tous les officiers nommés par le chapitre.

Enfin les choses s'arrangèrent : François de Melun céda, et Jacques de Croy prit possession de son siége par procureur. On déposa *la loy*, c'est-à-dire le magistrat qui avait été formé quelques temps auparavant par le roi des Romains ; on nomma tous officiers au nom du comte de Cambrai, et l'on accorda une amnistie à tous les mutins qui s'étaient compromis pour soutenir le parti de Melun (1). Jacques de Croy ne fit son entrée solennelle que trois ans après.

Ce fut du temps de Jacques de Croy, en 1508, que se conclut à Cambrai la fameuse ligue entre l'empereur, le roi de France, le pape et le roi d'Espagne, contre les Vénitiens. Cambrai, en sa qualité de ville neutre, fut choisie pour les conférences : cette ligue devant demeurer secrète jusqu'au moment de son exécution, on prit pour prétexte des négociations, la pacification de la Belgique. Marguerite d'Autriche, fille de l'em-

---

(1) Mémoires chronologiques.

pereur, le cardinal d'Amboise, premier ministre du roi de France, y représentèrent, l'une son père, l'autre, le roi son maître. L'objet et les résultats de la ligue n'ayant d'autre rapport avec l'histoire de Cambrai que ce qui vient d'en être dit, nous n'avons pas à en parler davantage.

Cette circonstance néanmoins avait mis en relief l'évêque, qui s'était montré dévoué à l'empereur; les talens et les vertus du prélat avaient fait oublier sa lutte contre François de Melun, il était aimé, estimé de tous, et l'empereur n'avait qu'à se louer de son zèle et de l'éclat qu'il jetait sur la contrée du Cambresis qui relevait de l'empire. Toutes ces considérations portèrent Maximilien à donner à l'évêque ainsi qu'au pays, une preuve magnifique de sa bienveillance et de l'estime qu'il avait pour le comte et le comté de Cambrai. En conséquence, sans qu'aucune intrigue, sans qu'aucune démarche fussent intervenues de la part du comte ou des bourgeois, il érigea de sa propre volonté ainsi qu'il le déclare dans ses lettres impériales datées de 1510 (1), le comté de Cambrai en DUCHÉ, et au-

---

(1) Ces lettres trop longues pour être rapportées ici, étaient autrefois déposées aux archives de la Métropole. Nous ignorons si l'original existe encore.

torisa Jacques de Croy à porter à l'avenir, avec droit de transmission aux successeurs, le titre de *Duc et Comte* de Cambrai ; il lui donna le rang des autres princes et ducs de l'empire et du royaume des Romains, et fixa ses armes dans lesquelles il fit entrer l'aigle noire d'Autriche.

Cette insigne faveur à laquelle on attachait alors plus de prix qu'on n'y en mettrait aujourd'hui, combla de joie toute la contrée. Jacques fit à cette occasion une entrée solennelle. Le premier duc de Cambrai fut reçu par la bourgeoisie le 10 de février 1510, avec une pompe inouïe. Il entra par la porte de St-Georges. Dans cette rue, les marchands donnèrent une brillante représentation des douze pairs du Cambresis, faisant hommage à l'empereur (1). Un nombre considérable de torches ardentes éclairait le cortége qui s'achemina devant la *chambre de la ville* (l'hôtel-de-ville) où était dressé un échafaud orné de brillantes tapisseries : là, le duc de Cambrai reçut les hommages du magistrat, prêta le serment, et alla diner au palais où il fut servi par les francs-fiévez. Durant toute la cérémonie, on

---

1) Mémoires chronologiques.

avait jeté au peuple force monnaye d'or et d'argent.

Jacques de Croy fut *un prince de grande autorité et magnifique, il gouverna le peuple en paix, en amour et en concorde, bien aimé de tout son peuple* (1). Il mourut le 15 du mois d'août 1516, en son château de Dielbeke en Brabant.

Son corps fut rapporté à Cambrai, où on lui fit de magnifiques funérailles. Une chapelle ardente lui fut élevée dans l'église de l'abbaye de Cantimpré, le lendemain il fut déposé dans l'église de Notre-Dame, où l'on chanta un service solennel, et enfin, le jour suivant, il fut transporté processionnellement en l'église de St-Géry, sur le mont St-Médard (autrefois mont des Bœufs), où il avait choisi sa sépulture. Il y avait là un luxe incomparable de tentures en velours et de riches décors. Le cercueil couvert de drap d'or, avait été porté par des gentils-hommes de haut lignage.

De son temps en 1509, et par ses soins, un

---

(1) Un vieux manuscrit.

collége appelé *des bons enfans*, avait été réorganisé et confié aux Jéronimites, en remplacement des prêtres séculiers. Ces frères rebutés par différentes difficultés qui empêchaient les progrès de leur maison, finirent par prendre le parti de se retirer. Alors les guillemins de Walincourt, que les guerres avaient chassés de leur monastère, se présentèrent et obtinrent de Robert de Croy, l'un des successeurs de Jacques, l'autorisation de remplacer les Jéronimites dans l'enseignement (1554). Mais la sénéchale de Hainaut, dame de Walincourt, représentant les anciens seigneurs de Walincourt, fondateurs des guillemins, demanda et obtint le retour de ces religieux dans leur monastère. Ils continuèrent néanmoins les classes au collége de Cambrai jusqu'en 1575, époque où le clergé fit l'acquisition de ce collége pour le transformer en séminaire (1). Nous perdons ici la trace du collége et ne savons s'il fut anéanti ou constitué de nouveau.

L'horloge de l'hôtel-de-ville cambresien, a excité assez l'attention du public, pour que nous

---

(1) Dupont.

n'hésitions pas à mentionner ici un fait qui n'a rien de commun, du reste, avec les événemens historiques : ce fut donc en 1512, sous l'épiscopat de Jacques de Croy, que l'horloge de l'hôtel-de-ville fut terminée. Fut-elle dès lors ornée de ces deux figures mauresques qui l'ont rendue célèbre ? c'est ce que nous ne sommes pas en mesure d'affirmer.

Revenons aux événemens : la mort du prélat ne laissa, pour ainsi dire, pas de vacance, parce que Guillaume de Croy son neveu, qui, de son vivant, avait été nommé coadjuteur au siège épiscopal, y fut élevé peu de temps après. Fait bientôt cardinal par le pape Léon X, il résigna son évêché à son frère Robert, en l'an 1519 (1).

Cette année fut fatale aux Cambresiens. La peste si fréquente alors dans les pays du nord, désolait la ville de Cambrai. Plus de 1,500 personnes furent victimes de cet affreux fléau. Trois ans après, le même malheur entraîna à peu près les mêmes résultats.

En 1521, la guerre ayant été déclarée entre

---

(1) **Mémoires chronologiques.**

François I*er* et Charles-Quint, et menaçant tout le pays d'affreux désastres, la cité de Cambrai demanda et obtint des monarques la reconnaissance de sa neutralité. Cet heureux événement fut publié à la pierre (au balcon de l'hôtel-de-ville) le 24 juillet 1521 (1). Cela n'empêcha pas que des maraudeurs ne fissent de fréquentes excursions dans le Cambresis, et ne donnassent même à craindre quelque coup de main sur la ville. La bourgeoisie s'en émut, et pour se mettre à l'abri de toute surprise, elle prit à sa solde un corps de 150 hommes pour augmenter la garnison. Chaque nuit une patrouille de trois cents hommes exploraient le tour de la ville, et le jour chaque porte était gardée par un poste de soixante hommes. Ces précautions sauvèrent la ville, qui en fut quitte pour livrer quelques mesures de blé à l'armée française.

Les villages des environs ne pouvant se défendre, furent plus maltraités; Avesnes-le-Sec, Iwuy, Cantimpré, Beaumé, Avrincourt et autres lieux, tant du Cambresis que d'autres provinces, se ressentirent long-temps des ravages de la soldatesque.

---

(1) **Mémoires chronologiques.**

François Ier, vers la fin de la campagne, reçut au Câteau où il était venu prendre quelque repos, une députation de la ville de Cambrai, qui le suppliait de traiter le pays avec plus de ménagement. Le roi montra froid visage à cette députation, et lui fit pour toute réponse le reproche d'avoir voulu livrer le château de Selles aux soldats de l'empire. Si ce fait était vrai, les Cambresiens avaient manqué aux lois de la neutralité, mais en tout cas, les troupes Françaises l'avaient encore moins respectée.

Chacun sait les malheurs du roi-chevalier, chacun sait de quel façon le prisonnier de Charles-Quint fut rendu à la France (1526). Cet événement excita une incroyable joie dans tout le royaume de France, et cette joie eut de l'écho jusque dans l'empire : car dans ce temps-là, un roi de France faisait peur à l'ennemi, même quand il était dans ses fers ; et les impériaux regardèrent comme une bonne fortune la paix qui allait s'établir, pour moins long-temps, hélas ! qu'on ne l'espérait.

La nouvelle de cet événement fut reçue à Cambrai avec enthousiasme, des feux de joie, des offices religieux, une procession générale, témoignèrent de la joie du peuple; et comme pour donner un plus vaste champ à ces actions de grâce, un *Te Deum* fut chanté sur les galeries du clocher Notre-Dame et sur celles de la Tour de St-Martin.

Ce ne fut qu'en 1529, que Robert de Croy fit son entrée solennelle dans Cambrai. L'auteur du manuscrit précieux qui est en notre possession en donne une relation que nous reproduisons ici comme un document intéressant sous plus d'un rapport.

« Le 13 du mois de juin qui était un dimanche, Robert de Croy fit son entrée en la ville de Cambrai, à huit heures du matin. Il était accompagné de son frère, de M. le marquis d'Arscotte, de M. de Moncornet, de M. l'évêque de Tournay, de M. le grand bailli d'Haynault, de M. de Fiennes; tous portant le toison (1), et de plusieurs abbés et autres grands seigneurs, avec leur suite qu'on faisait monter à plus de mille chevaux. »

---

(1) Décorés de l'ordre de la Toison d'Or.

« Les citoyens firent plusieurs représentations et arcs triomphaux dans différens endroits de la ville, par lesquels il devait passer. Il entra par la porte St-Ladre. Ceux de St-Jacques y firent une représentation proche de la porte; les bouchers proche de la boucherie sur le Marché-au-Bois; les merciers entre deux *cambyes* (1); les cordonniers au Marché-au-Poisson (2); les cabaretiers contre la chapelette (3); les drapiers contre la Croix-au-Pain, qu'on appelle à présent la Croix-à-Poulets (4); les voisins de la rue des Maseaux (5) firent un arc triomphal à l'entrée de leur rue; les parmentiers firent une représenta-

---

(1) Les cambges étaient les échoppes de change adossées à la Boucherie.

(2) Le Marché au Poisson était alors au bord du FLOT DE L'CAYÈRE. Nous avons dit plusieurs fois déjà et nous ne le répéterons pas, ce qu'était le Flot de l'Cayère.

(3) La chapelette était cette petite chapelle bâtie en 1382 par Tserclaës et Jean de Tournay, dans laquelle on disait la messe de grand matin pour les ouvriers qui voulaient l'entendre avant d'aller au travail. Elle occupait à peu près le milieu de la Place.

(4) La Croix à Poulets était sur le Marché, à environ trente pas de la rue de l'Arbre d'Or.

(5) La rue des Maseaux, aujourd'hui de l'Arbre d'Or, tirait son nom des Masiaux (bouchers) qui l'habitaient.

tion contre les murs de St-Aubert; ceux du petit Marché en la place N.-D., devant St-Aubert, et une autre contre le palais. »

« Les arbalétriers avaient été au-devant de leur évêque et de leur prince, tous montés à cheval; les archers étaient vêtus de rouge portant bonnet couleur d'orange. Les canonniers portaient la cuirasse et le bonnet rouge; les autres sermens de la ville suivaient, chacun selon son rang, avec plusieurs autres compagnies. Ceux du quétiviez, ou chétiviez (1); étaient habillés en hommes sauvages, ayant avec eux une femme habillée en femme sauvage. Les joueurs de l'épée à deux mains étaient vêtus tout de blanc, portant huves ou bonnets blancs. Ils allaient tous dansant avec leur épée tranchante. »

« Toutes ces compagnies conduisirent ainsi Robert de Croy à Notre-Dame, où il entendit la grande messe. Puis il se revestit d'une robe de velours cramoisie, et s'en vint par la rue Taveau (Tavelle) où il y avait deux ou trois exemples ou représentations. Il arriva devant la maison de

---

(1) Le quétiviez (du mot CHÉTIF) était le quartier St-Fiacre.

ville, monta sur un échafaud préparé, avec tous les seigneurs de sa suite ; *et après montèrent Messieurs les pruvots et échevins, conseillers quatre hommes, lesquels après que mon seigneur eut fait le serment, lui jurèrent que d'entretenir les droits et les lois coutumes du pays et ducé de Cambresis, et adonc fut rué or et argent à le harpaille et trompette sonnée, et chacun à mener grande fête. Les canonniers dessérèrent plus de cens arquebuses, lesquelles étaient arrangiéz au fenestres du grenier où on jus de l'épée à deux mains. Les meulquiniers firent rôtir un boeuf tout entier, lequel était lardé de pourchelets* (1), *d'oisons, de poulets et de pigions, et fut rôti au Touquet de le doublure* (2). *Les taverniers mirent une pièche de vin sur trois pièces de bois en hault, et le laissièrent couler tant qu'il le peult, et y fit on plusieurs esbâtemens et danses en toute joyeuseté que on savait faire pour son seigneur.* »

Telle fut l'entrée de Robert de Croy, évêque

---

(1) Cochons de lait.

(2) Touquet signifie carrefour. Nous n'avons trouvé nulle part, et aucun de ceux qui s'occupent de l'histoire locale, n'a pu nous apprendre où était le Touquet de l'doublure.

et duc de Cambrai : ces arcs de triomphe élevés par le peuple en dehors de toute influence municipale, ces nombreux théâtres dressés par les confréries, cet enthousiasme populaire et général dans la cité, ces brillantes tentures dont on décorait l'estrade de la maison commune, cette foule ivre de joie qui environnait, qui pressait le prince, tout cela ne donne-t-il pas à l'entrée de ces ducs d'autrefois, un aspect plus imposant et plus magnifique que n'a maintenant l'entrée officielle d'un roi. C'est que tous étaient conviés à ces fêtes anciennes, c'est que personne n'avait de motif pour manquer à l'appel, et depuis le riche serment des canonniers, vêtu toujours avec une sévère élégance, jusqu'aux pauvres habitans du Quétiviez, qui demi-nus de misère, ne trouvaient, pour s'orner en fête, d'autre costume que la nudité du sauvage, tous voulaient jouer un rôle dans ces grandes joies de famille; c'est qu'en effet tout cela alors ne formait qu'une population de frères. Sans gardes et sans police, le duc marchait au milieu de ses enfans... Jours de confiance et d'amour! temps heureux qui ne sont plus!... à quoi donc cela tient-il ?...

Cette année 1529, était pour Cambrai l'année

aux grands événemens; les Cambresiens ne sortirent d'une fête que pour rentrer dans une autre. On sait ce que fut la paix des dames, cet heureux traité de réconciliation opéré entre les deux monarques François Ier et Charles-Quint par Louise de Savoie, mère du roi, et Marguerite d'Autriche, tante de l'empereur. Le traité de Madrid avait été oublié; de grands et terribles événemens politiques avaient rallumé la guerre et cependant les peuples en étaient excédés. La paix des dames fut donc un événement de haute importance. Cambrai fut choisie pour l'entrevue des deux princesses.

Avant l'arrivée des dames, la ville avait été, pour ainsi dire, partagée en deux camps. Une ligne de séparation qui partant de la porte de Cantimpré et remontant par les rues du Temple, la rue Taveau (Tavelle), la rue de la Boulangerie (des Rôtisseurs), allait aboutir à l'église de St-Géry (1) formait la limite des quartiers dont l'un, celui du midi, devait recevoir la suite de Louise de Savoie, montant à environ treize cents cavaliers, et l'autre celui du nord, était destiné au

---

(1) Où est aujourd'hui la Citadelle.

logement de l'escorte de Marguerite d'Autriche. Cette escorte était à peu près égale en nombre à la troupe française.

La princesse autrichienne fut logée à l'abbaye de St-Aubert; la régente de France habita l'hôtel St-Pol (1), et la reine de Navarre qui avait accompagné la mère du roi, occupa le refuge d'Anchin (2). On avait pour réunir ces trois habitations et faciliter les communications de leurs illustres hôtesses, jeté des galeries aériennes au-dessus des rues qui les séparaient.

Avant que de se rendre à Cambraï, la régente avait demandé que les clefs d'une des portes de la ville fussent mises à sa disposition, afin qu'elle pût entrer et sortir à son gré; de plus elle demandait quelques bourgeois en ôtages pour garantir sa sûreté. Cette demande qui ne laissait pas que d'avoir son importance, nécessita l'assemblée des états, au palais, le premier jour de juillet. Les états ne crurent pas pouvoir

---

(1) Cet hôtel existe encore rue St-Pol. Il est divisé en plusieurs habitations.

(2) Le refuge d'Anchin formait l'autre rang de la rue St-Pol, en face de l'hôtel de ce nom.

y satisfaire, et une députation fut envoyée vers Louise de Savoie, qui était alors à St-Quentin, pour l'assurer que si l'on était obligé de rejeter sa demande, on prendrait du moins toutes les précautions de police nécessaires pour en remplir l'objet. La régente se contenta de ces protestations, et le 6 de juillet vers six heures du soir, deux heures après l'arrivée de Marguerite d'Autriche, elle entra dans Cambrai et alla directement faire visite à la plénipotentiaire de Charles-Quint, après quoi elle passa à l'hôtel de St-Pol, par la galerie qui unissait l'hôtel à l'abbaye.

Les deux princesses avaient une suite nombreuse de chevaliers et de damoiselles (1).

Le légat du pape était arrivé à Cambrai le 2 de juillet, et l'évêque de Liège le 5 (2).

Outre les gens de suite des princesses, que nous avons déjà dit avoir été d'environ treize cents cavaliers de chaque côté, des troupes françaises et bourguignonnes s'étaient rendues dans la

---

(1) Mémoires chronologiques.
(2) Mémoires chronologiques.

ville. Les Français y étaient au nombre de quatre mille, les autres au nombre de trois mille.

Les vagabonds furent chassés de la ville, défense fut faite à tout le monde de porter dague, épée ou poignard. Trois portes seulement restèrent ouvertes, et à chaque porte étaient un échevin, quatre bourgeois, treize manans, six canonniers et deux archers; plus deux capitaines : l'un de la part de la régente, l'autre de la part de Marguerite, afin de reconnaître les arrivans, et de ne recevoir personne qui ne fût de la suite des princesses. Enfin, pour compléter l'appareil de police, on dressa un gibet sur le **Pré d'Amour** (la terrasse du **Marché au Bois**) (1).

La paix fut conclue le 24 de juillet (2) et publiée le 5 d'août 1529. L'archevêque Robert de Croy chanta ce jour-là sa première messe, (*d'autant qu'il était assez jeune lorsqu'il fut promu à l'épiscopat*) (3), en présence des princesses, et dans l'église de N.-D., ornée magnifiquement pour cette fête. Plusieurs décharges de toute l'ar-

---

(1) Mémoires chronologiques.
(2) Mémoires chronologiques. Dupont dit le 3 août.
(3) Mémoires chronologiques.

tillerie, des feux de joie, des danses publiques signalèrent ce grand jour. La régente tint *cour ouverte* dans le jardin de l'hôtel St-Pôl. Elle donna un repas splendide, remarquable surtout par la richesse de sa vaisselle. On y donnait à boire à tout venant.

Le légat en fit autant de son côté. Une immense illumination distingua son hôtel.

Le roi de France, dès qu'il fut informé de la conclusion du traité, se mit en route de Compiègne pour Cambrai, afin d'y faire visite à Marguerite d'Autriche. Cependant il n'entra pas sans précaution. Moins confiant que sa mère, il exigea qu'on lui livrât une porte qui fut remise à la garde de ses archers, auxquels étaient adjoints deux échevins de la ville. La porte St-Georges fut désignée au roi. Il en fallut autant aux Bourguignons, on leur livra la porte Robert.

Le 9 d'août, donc, François Ier entra dans Cambrai à quatre heures après midi. Et le lendemain il donna au palais un banquet véritablement royal.

Cambrai alors n'était point une petite Sous-Préfecture du Nord. C'était une belle et noble cité que celle où venait de s'agiter et de se fixer les destinées de plusieurs grandes nations ; que cette ville aux bourgeois libres et fiers, aux enfans enthousiastes, aux hommes francs, qui se mêlaient sans façon aux cours réunies des grands monarques de la terre. C'était une féerie que l'aspect brillant de cette fête gigantesque ! Tout ce que la chevalerie a de poétique, tout ce que la royauté a de majesté, se trouvait là réuni. Paladins et damoiselles, armures de fer, vêtemens de soie, prestiges de la gloire et de l'amour, joies de haut lieu, joies populaires, festins de rois, banquets bourgeois, diadèmes d'or et couronnes de fleurs, tout cela confondu dans les murs antiques de l'antique cité... c'était là une fête digne de la ville libre... Mais hélas ! dans cette fête, encore des soucis, encore de tristes souvenirs. Le peuple riait... les soucis et les souvenirs étaient pour le monarque !

Quelques jours après, tout était rentré dans le calme, les illustres étrangers avaient quitté Cambrai.

Quelques années avant la conclusion de cette

paix, dit l'abbé Dupont, il s'était fait à Cambrai une exécution qui avait fait craindre une rupture avec la France.

Un archer des ordonnances du roi ayant, par un acte qui n'est pas spécifié, violé la neutralité, avait été condamné à mort par l'autorité cambresienne et avait subi sa condamnation. Le roi, informé de ce fait, en montra beaucoup de mécontentement, cependant voulant *user de douceur et gracieuseté* envers les habitans de Cambrai, il se contenta de déclarer dans des lettres patentes spéciales, qu'il entendait qu'à l'avenir, les infractions de ses gens tombassent dans le domaine de sa justice, de même que les Cambresiens connaîtraient des infractions des leurs. Cette interprétation des choses était trop loyale pour n'être pas accueillie et observée... Les Cambresiens en furent quittes pour la peur.

La paix des Dames, conclue en 1529, ne dura que quelques années. Charles-Quint, revenu de son expédition d'Afrique, d'où il ramenait vingt mille chrétiens dont il avait brisé les fers, enflé par cette merveilleuse expédition, poursuivait son grand rêve de la monarchie universelle. Il se reprit à déclarer la guerre même à la France, et envahit toute la Provence en 1536. L'invasion menaçait de s'étendre au loin, et la ville de Cambrai demanda et obtint encore des lettres de neutralité, qui furent publiées à Cambrai le 17 de juin (1).

Bien lui en prit, car le 2 juillet suivant les Bourguignons s'emparaient déjà par assaut de la ville d'Honnecourt. Alors le village si pittoresque d'Honnecourt, où château et abbaye ne sont plus que des ruines, était une jolie ville, ceinte de murailles et protégée par des fortifications dont on retrouve encore quelques traces. Le château se rendit à discrétion ; les moines de l'abbaye, plus guerriers que les hommes d'armes, se défendirent valeureusement, mais les forces trahirent le courage, ils furent tous faits prisonniers. La ville et l'abbaye furent brûlées et le château démoli.

Cependant on ne laissait que trois portes ouvertes à Cambrai. La porte de Cantimpré où se trouvaient constamment deux chanoines de

---

(1) Mémoires chronologiques.

N.-D. ; la porte Robert, où étaient deux chanoines de St-Géry et la porte St-Georges, sous la surveillance de deux francs-fiévés. Chaque nuit, les portes étaient gardées par cinquante hommes qui étaient relevés à minuit par cinquante autres. Ces précautions n'avaient pas encore paru suffisantes : les reliquaires des églises, les trésors des bourgeois avaient été emportés de la ville, tant on craignait le siège de la part des Français.

Heureusement la guerre tourna au désavantage de l'ambitieux Charles-Quint, et la paix, ou du moins la trêve, fut de nouveau conclue au mois de juillet 1538. Cambrai prit encore sa part des réjouissances. « On fit
» fête en aucune maison de maye tendue de ta-
» pisseries. Là où chacun faisoit grand chère
» et esbattement, et chacun alloit tout déguisé
» par les rues ; hommes, femmes et enfans, tant
» bien acoustrés que merveille, à tous gros
» tambours et bachins. Et dura la dicte fête tant
» qu'il le fallut défendre de par MM. de la loy,
» que chacun cessa. Et sans la défense il étoit
» apparent que la fête eût duré quinze jours. En
» toute la dite fête, n'y eut point de débast,
» Chacun y fut plaisamment.... et prendoient

» l'un l'autre et le boutoient et jetoient au flos
» de le Quayère (1). »

C'était une plaisanterie fort du goût de nos bons ayeux que de prendre le premier venu et de le jeter à l'eau. Il est cependant difficile de croire que ceux qui sortaient du flot, trempés et couverts de boue, aient tous pris la chose en riant, et qu'il n'y ait pas eu *quelques débats*, quoiqu'en dise le chroniqueur.

On me saura gré du reste, je l'espère, de reproduire en vieux style certains passages de notre histoire ; la naïveté des anciens chroniqueurs doit plaire, je citerai donc encore littéralement la description du passage de Charles-Quint par Cambrai, lorsque ce prince, sous le bon plaisir du roi, son ancien prisonnier, traversa la France pour se rendre dans le Pays-Bas révolté. A la nouvelle de l'arrivée prochaine de l'Empereur, on publia à la *pierre* que des récompenses seraient données à ceux qui feraient des représentations dans la ville.

---

(1) **Mémoires chronologiques.**

Des primes de diverses valeurs furent promises pour exciter l'émulation. L'on voit d'après cela que ces représentations qui n'étaient que de grossiers *mystères*, ou d'insignifiantes *remontrances* de faits profanes, plaisaient néanmoins beaucoup au Cambresien, et faisaient partie de toutes ses grandes réjouissances.

« En le jour de saint Sébastien, le vingtième du mois de janvier 1539, l'Empereur fit son entrée en Cambray, environ de cinq à six heures du soir, et furent au devant messieurs Prevots, Echevins de Cambray et tous les officiers en bel ordre, tous à cheval ; et allèrent jusques emprès de le cauchiète (*la petite chaussée*), et quand l'Empereur deut approcher, messieurs Prévots, Échevins, concierge, les deux huissiers se mirent par terre, et marchèrent en ordre jusques devant l'Empereur, et là, luy fut fait la révérence ; et luy fut fait par maître Pierre Briquet, licentiez et conseiller de la dite ville de Cambray, la hérangue comme il s'en suit : »

« Très haut, très noble et très victorieux, voichy votre povre subject prévots, échevins de votre cité et ducé de Cambray, lesquels, en toute humilité, vous viennent faire la révérence, et vous présentent les clefs de votre cité et ducé. »

« Et luy présenta M. le Prévost auquel l'Empereur les luy laissa. Et cela fait, il marcha et entra en Cambray par la porte St-Georges, et il y avoit depuis la dite porte jusqu'au palais, à double rang de quatre pieds en quatre pieds, flambeaux ardens, qu'on estimoit au nombre de trois mil. »

« Et au milieu de la rue St-Georges, les marchands de toilettes firent une porte grande et plantureuse, peinte toute à l'antique, et y avoit une remontrance de la trinité et les trois états qui l'adoroient, laquelle chose étoit bien magnifique. »

« Et en l'âtre (*le cimetière*) de St-Nicolas, les mariseaux, taillandiez et serruriez, firent une remontrance comment l'Empereur et le roy de Franche trouvèrent l'un l'autre au port de Marseille. »

« Et au milieu de la rue des Liniers, les fourniers (*boulangers*), en firent une comment les enfans d'Israel étoient au désert gouvernés de la manne du ciel; et Melchisedech présentoit pain et vin. »

« Les orfèvres firent au coin de la dite rue, pour entrer en la rue de boulangerie, (*des Rôtisseurs*) une grande couronne impériale, tout couverte d'argent, fort riche, elle étoit illuminée de cinquante flambeaux. »

« Les taverniers firent, au milieu du marché, en manière d'une tour sur quatre gros piliers de chesne, et sur les quatre coins, il y avoit quatre enfans qui pissoient vin, et étoit toute la dite tour tout atourdelée de torches allumées, et au bout de la tour une aigle, et à l'entour revestue d'armoiries de l'Empereur et du Roy, du Dauphin, du duc d'Orléans et de M. de Cambray et autres. »

« Les drapiers firent au toucquet de la rue des Maseaux (*de l'Arbre-d'Or*), une porte là où il y avoit trois jeunes filles bien acoustrées qui représentoient trois vertus, comme foy, espérance et charité; et toute chargée de torches et armoiries à l'entour. »

« Les bouchers firent rôtir un bœuf tout entier. »

Cela s'était déjà fait.

« Les tanneurs et cordonniers auprès de St-Aubert, firent une remontrance comme l'Empereur entra en Jérusalem avec la vraye croix, et à l'entrée de St-Aubert, il y avoit une porte toute revestue d'armoiries, et une femme qui jetoit du vin par sa mamelle. »

« A l'entrée du palais, une porte pareillement revestue d'armoiries ; et dessus, les chantres de M. de Cambray, lesquels chantoient moult mélodieusement (1). »

Le Dauphin de France et le duc d'Orléans furent à Cambrai en même temps que Charles-Quint. Ils étaient accompagnés du connétable de France, Anne de Montmorency ; du duc de Vendôme et d'un grand nombre de seigneurs français. Il faut convenir que la ville de Cambrai recevait alors d'assez honorables visites. Elle est moins bien traitée aujourd'hui : il est

---

(1) Mémoires chronologiques.

vrai que les François Ier, les Charles V, les connétables de Montmorency et les ducs de Vendôme ne sont pas communs par le temps qui court.

On voit que plus tard (1543), reconnaissant à sa manière les marques d'empressement, les hommages et même les bons offices des Cambresiens, le fier Espagnol, humilié et mécontent des résultats d'une nouvelle guerre avec la France, ne tint compte de la neutralité de Cambrai, et vint se venger sur la ville de ses petits échecs dans le pays. Landrecies venait de lui échapper en se trouvant ravitaillée par le chevalier de Langey, capitaine du Roi, pour ainsi dire à la vue de l'Empereur, dont on avait détourné l'attention. Il ne fallait à celui-ci qu'un prétexte pour violer la neutralité, il en trouva un dans le passage des armées du Roi sur le Cambresis, et il donna aux Cambresiens deux motifs de sa colère. Le premier : ce funeste passage des troupes Françaises comme si les Cambresiens avaient pu s'y opposer; le second : le refus qu'ils avaient fait d'admettre dans leurs murs un corps de troupes Impériales; ce qui aurait été en conscience violer la neutralité.

Charles-Quint s'appuyait donc dans la violation qu'il allait faire, sur ce que les Cambresiens étaient restés dans les limites de leurs droits; et faisant usage du plus absurde contre-sens, se disposait à mettre Cambrai à feu et à sang.

Disons quelques mots de ces événemens :

Au mois d'octobre 1543, la ville de Cambrai avait soudoyé un corps de huit à neuf cents hommes pour sa garde, car on craignait alors que Charles-Quint ne vint mettre garnison dans la ville. Trois portes seulement restaient ouvertes. Deux cents soldats les gardaient, et la nuit le guet était composé de trois cents hommes. Robert de Croy, l'évêque-duc, faisait lui-même partie du guet avec les prevots et échevins.

Cependant les habitans de Landrecies étroitement cernés par l'Empereur, étaient réduits à la plus extrême misère. Ils manquaient de vivres et de vêtemens. Obligés de se couvrir de peaux de moutons nouvellement tués, un grand nombre d'entre eux ressemblaient à des sauvages. Déjà plusieurs brèches se pratiquaient dans les murailles, lorsque François Ier arriva en toute hâte et dirigea si adroitement son expédition, qu'il parvint à ravitailler la place (juillet 1543), puis il disparut et rentra en France. Il est utile de noter ici que les Français avaient en se retirant, brisé les meules du moulin de Cantigneul, scié l'arbre du moulin du Plat, brûlé le moulin et les boucheries (1) de Cantimpré, pour empêcher les Cambresiens de fournir des vivres à l'Empereur.

Celui-ci de guerre lasse, avait abandonné le siège de Landrecies, et s'était retiré quelques jours à Crèvecœur, d'où il arriva à Cambrai par la porte de St-Georges (10 novembre 1543). Cette fois il n'entrait plus en hôte reconnaissant, mais bien en vainqueur irrité (2). Et c'est en présence des ravages opérés par les Français, qu'il accusait avec une impudence brutale les bourgeois d'intelligences avec l'ennemi !

On parvint cependant à apaiser cette colère qui n'était qu'un grand dépit ; mais adroit à tirer

---

(1) Alors il y avait à Cantimpré des petites boucheries qui furent depuis transportées en face de Ste-Agnès.

(2) Les détails curieux qui précèdent sont consignés dans les Mémoires chronologiques.

parti de tout, le monarque espagnol annonça aux bourgeois l'intention où il était de mettre la ville à l'abri des entreprises des Français, en la fortifiant d'une citadelle construite à leurs frais, qui assurerait en même temps la sécurité du pays. De fait, la sécurité du pays et des bourgeois n'entrait pour rien dans cette affaire, le but de Charles-Quint était de tenir la ville en échec par un fort qu'il entendait bien faire garder par ses troupes, et de poser ainsi dans le pays un pied que rien ne lui saurait plus faire lever.

En effet, dès le lendemain, il fit le tour de la ville, pour reconnaître l'endroit où il serait plus convenable d'ériger la citadelle. Il hésitait entre le mont St-Géry et Cantimpré, car si d'un côté il avait l'avantage de l'élévation, de l'autre il avait les eaux de l'Escaut qui lui fournissaient les moyens naturels d'une puissante défense. Enfin il se décida pour l'emplacement de Cantimpré. Cela arrangeait au mieux les bourgeois, qui ne voyaient de sacrifiée qu'une abbaye, tandis que sur le mont St-Géry il fallait démolir, non-seulement l'abbaye de ce nom, mais encore un grand nombre de maisons bourgeoises.

Dom Fernand de Gonzague, vice-roi de

Naples, envoyé plus tard par Charles-Quint, voulut exploiter cette circonstance, et fit entendre aux bourgeois qu'ils lui devaient une belle somme d'argent en manière de transaction. Les bourgeois ayant affecté de ne pas comprendre cet acte de rapacité, Dom Fernand monta droit au mont St-Géry et le marqua pour être le lieu de la forteresse (1).

Charles-Quint resta dans la ville jusqu'au 15 de novembre avec son armée, qui, logée chez le bourgeois, s'y comporta absolument comme en pays conquis ; puis il partit pour Valenciennes, laissant dans Cambrai, au mépris de la neutralité, une garnison dont l'avide vice-roi de Naples vint prendre le commandement.

Peu de temps après arrivèrent les lettres de l'Empereur, relatives à l'érection de la Citadelle.

Cela fut la cause d'une ruine générale dans le pays. Les maisons de la ville et les terres du Cambresis furent imposées extraordinairement : chaque propriétaire dut payer la moitié du loyer de sa maison et *trois gros* par *mencaudée* de terre, ce qui était exhorbitant ; mais là ne se

---

(1) **Mémoires chronologiques.**

bornèrent pas les sacrifices. Le calcul ne tarda pas à démontrer qu'un pareil impôt ne produirait pas en deux ans (terme de rigueur) la somme demandée. Cela devenait d'autant plus difficile, qu'en présence de ce pillage général du pays et comme pour insulter à la misère des habitans, les marchandises qui arrivaient dans la ville, pour la garnison impériale, ne payaient pas de droits. Le fisc était pressant, des vexations de toute espèce froissaient les malheureux bourgeois ; dans cette déplorable conjoncture, ils tentèrent un dernier moyen qui échoua. Ils envoyèrent des députés vers l'Empereur qui les reçut en tyran exigeant, et qui ne daigna pas proroger d'un jour le délai dans lequel devait être levée l'énorme contribution de cent mille florins. La seule chose qu'il voulut bien accorder fut que nulle marchandise ne serait exempte de droits.

Il fallut donc recourir à de nouveaux sacrifices; et le pays ruiné vit à ce prix s'élever ce *fort* protecteur qui devait le défendre des courses de François I*er*.

On y travaillait avec activité. Huit cents maisons tombaient alors sous la pioche des maçons.

Le riche monastère de St-Géry, sa belle et neuve église, dont la tour élégante n'était pas même achevée, s'écroulaient pour faire place à la Citadelle de Charles-Quint ; une foule de châteaux-forts, de manoirs féodaux tombaient aussi dans la campagne en présence des propriétaires effrayés qui voyaient avec douleur ces monceaux de décombres s'engloutir dans les murailles nouvelles du haut desquelles le soldat de l'Empire devait bientôt insulter à la milice du pays.

Cela, il est vrai, ne se fit pas immédiatement; d'abord la garnison quoiqu'à la solde du prince dépendit de la ville; mais bientôt après, en 1549. on vit arriver des ambassadeurs chargés de demander la forteresse comme apanage pour le fils de l'Empereur Philippe qui avait été, cette année même, reconnu protecteur des églises de Cambrai. Les états du Cambresis s'assemblèrent à cette occasion, et décidèrent que *selon Dieu, raison et équité, la chose ne se pouvait.*

Charles-Quint ne tint compte de cette décision, et commettant alors ouvertement un de ces actes qu'on qualifie de *brigandage*, quand ils sont l'œuvre d'un homme obscur, et de *conquête* quand ils proviennent d'un homme puissant, il accorda de son autorité, à son fils Philippe, la préfecture et le burgraviat de la citadelle qu'il érigea en fief dépendant de l'Empire, avec pouvoir d'y établir un commandant, et d'y mettre garnison. Et pour perpétuer cette sanglante ironie, il voulut que ce burgraviat passât aux successeurs de son fils dans le comté de Flandre et d'Alost. Il voulut en outre que cette dignité fût accompagnée de toutes les prérogatives dont jouissaient les burgraves de l'Empire, *sans préjudice cependant des autres droits de l'évêque, de l'église et des habitans de Cambrai*. En vérité, après de pareils faits, on se demande avec amertume ce que pouvaient signifier ces dernières paroles de l'Empereur; et l'on s'explique difficilement la sollicitude de ce prince pour les *droits* d'une cité et d'un pays dont il venait de ruiner les habitans par d'énormes exactions, dont il avait couvert le sol de décombres et de ruines, dont les champs incultes étaient abandonnés, faute d'argent, par le pauvre laboureur; et qu'il avait frappé au cœur en renversant, en profanant leur plus vieille église, cet antique et respectable dépôt de leurs souvenirs religieux.

Il y avait loin de là à la neutralité de Cambrai, aussi n'en voulut-il point entendre parler ; mais comme il fallait colorer cette usurpation d'une apparence de raison, il déclara dans ses lettres qu'il n'avait agi ainsi qu'à la prière de son fils et des principaux seigneurs du pays qui craignaient qu'un jour le successeur de Charles-Quint, par faiblesse ou négligence, ne laissât tomber la citadelle entre les mains des Français, qui deviendraient alors redoutables au Pays-bas.

Ainsi fut établie la domination espagnole dans le pays ; domination qui dut nécessairement modifier les mœurs et les usages, ainsi que les lois ; et dont on retrouve des traces nombreuses et ineffaçables dans le langage et les édifices de nos contrées.

Les chanoines dépossédés de leur église et de leur monastère, furent transférés dans l'ancienne église de St-Vaast, où ils disposèrent un nouveau couvent, qui prit le nom de St-Géry qu'il portait encore en 93 (1).

La translation des châsses et autres objets sa-

---

(1) Plus tard une autre église de St-Vaast fut érigée dans le quartier de la ville qui porte encore ce nom.

crés de St-Géry, se fit avec une grande pompe religieuse.

Le grand événement dont il vient d'être question, l'un des plus importans de l'Histoire Cambresienne, est traité un peu cavalièrement par l'historien Carpentier, qui fait jouer à nos bourgeois un rôle de dupes, tandis qu'en réalité ils ne furent que victimes. Quoiqu'il en dise, les Cambresiens comprirent dès l'abord ce qu'aurait de désastreux pour eux une forteresse qui devait leur coûter cent mille florins. Et tandis que les soldats de Charles-Quint pillaient et ravageaient la cité, les bourgeois certainement ne se berçaient pas de l'illusion que l'on ne cherchait qu'à les protéger. Ils ne sentirent que trop bien leur fatale position ; mais ils étaient les moins forts : il fallut bien laisser faire.

CHAPITRE XII.

Les Canonniers de la Couleuvrine.—Fléaux.—Nouvelle déclaration de neutralité.—Ravages des Français dans le Cambresis.—Grands travaux de fortification.—Mort de Robert de Croy; Maximilien de Berghes.—Publication de la paix. — Cambrai devient le siège d'un Archevêché.—Hérétiques.—Concile.

REVENONS pour un moment à Robert de Croy. Le lecteur n'aura certainement pas laissé échapper cette particularité relative à l'évêque, qu'il faisait en temps de troubles le guet avec les soldats. Il était en effet d'un caractère guerrier, et la cité de Cambrai lui dut une des plus belles compagnies de sa milice bourgeoise : celle des canonniers de la Couleuvrine.

Le 27 du mois de mars 1543, Robert de Croy voulant donner un *Roy* au nouveau serment de canonniers qu'il venait d'organiser, pensa que cette dignité devait appartenir au plus adroit. Or, pour le connaître, il fit placer un *gehay* ou oiseau de fer au bout d'un mât, qui, hissé au-dessus de l'horloge de l'Hôtel-de-Ville, dépassait de vingt pieds la hauteur de la bannière. Chaque canonnier fut appelé à tirer sur cet oiseau, et celui qui l'abattit fut... l'évêque lui-même qui devint ainsi le fondateur et le roi des canonniers de la Couleuvrine, auxquels il donna un riche drapeau portant ses armes. Plus tard, les canonniers de Plaisance qui existaient alors, disparurent, et la magnifique compagnie de Robert de Croy subsista jusqu'à l'époque où toutes les anciennes institutions succombèrent dans l'épouvantable naufrage qui signala la fin du dix-huitième siècle.

L'épiscopat de Robert de Croy ne fut pas seulement signalé par l'événement désastreux dont il a été question au chapitre précédent : la peste se fit sentir en 1545 d'une manière effroyable. Pour préserver autant que possible la ville des excès de ce fléau, on construisit auprès du grand marais d'Escaudœuvres, des maladreries dans lesquelles on transportait les pestiférés au premier symptôme de maladie. Depuis on éleva un hôpital dans cette portion du faubourg Notre-Dame, que l'on appelle *Tout-y-faut*. Ce lazaret fut confié à des sœurs de St-Jacques qui se dévouèrent généreusement. On bénit à cette occasion un cimetière qui devint le cimetière de St-Roch, dans lequel les victimes du fléau étaient inhumées.

A la peste se joignit la famine. Le blé devint extrêmement rare, et se vendit à très haut prix. Le magistrat dut envoyer au loin acheter du froment et du seigle. On donnait aux pauvres pour trois *florins* ce qui coûtait trois *escus*. C'est ainsi que par d'énormes sacrifices on sauva le peuple des horreurs de la famine.

Cependant la trêve de Crépy nécessitée entre les monarques Français et Espagnol, par les alternatives de succès et de revers dont ils étaient enfin fatigués, se conclut définitivement. Cette paix qui durait encore en 1550, n'empêcha pas que les Cambresiens fissent de nouvelles démarches pour obtenir des deux princes des lettres de neutralité. L'évêque lui-même, des ecclésiastiques distingués, des magistrats et des bourgeois de grandes facultés furent employés à cette double négociation qui eut un plein succès.

Malheureusement le fruit n'en fut pas de longue durée ; Charles-Quint et Henri II, successeurs de François Ier, s'étaient brouillés de nouveau. Il faut lire dans l'Histoire de France les causes et les effets de cette rupture. Nous n'avons à mentionner ici que les faits qui concernent Cambrai.

On s'attendait à chaque instant à l'irruption d'une armée française dans les Pays-bas, et comme il entrait dans les plans du Roi de s'emparer de Cambrai, on avait fait des préparatifs de défense. Ainsi on avait abattu le clocher de la Madeleine, et les combles de la porte St-Sépulcre, de la porte Robert et de la porte de Selle (1). Mais les craintes qu'on avait conçues furent vaines pour cette année, et ce ne fut que l'année suivante, le septième jour du mois de septembre, que le Roi de France vint camper à Escaudœu-

---

(1) Mémoires chronologiques.

vres. Le connétable de Montmorency et l'amiral de Colligny faisaient partie de l'expédition. Le Roi envoya un héraut d'armes pour parlementer avec les bourgeois. Il fut conduit vers le gouverneur de la Citadelle, M. de Bugnicourt, qui demanda deux jours pour délibérer. Le Roi accorda ce délai, dont les impériaux qui étaient campés à Famars profitèrent pour jeter dans la ville un renfort de trois mille hommes. Cela fait, on déclara au Roi de France qu'on ne pouvait lui livrer la ville, mais qu'on était prêt à lui fournir des vivres. Cette réponse ne satisfit pas le monarque, qui levant alors la défense qu'il avait faite à ses troupes de commettre dans le pays le moindre dégât, le livra par cela même au pillage et à la dévastation. Il alla d'Escaudœuvres à Crèvecœur en passant en *bel ordre* derrière la Citadelle qui lui lâcha une décharge de son artillerie. Ces coups de canon furent les premiers qui rompirent la neutralité. Les troupes du Roi prirent leur revanche sur le pays. La garnison fit une sortie dans laquelle il y eut bon nombre de tués et de prisonniers de part et d'autre. Les faubourgs de St-Ladre, de St-Georges, de St-Sépulcre et de Cantimpré, ainsi qu'une partie de l'abbaye de ce nom, furent brûlés. Quelques-uns des boute-feux furent pris, on les noya dans le *Flot de l'Cayère.*

Le Roi ne jugea pas à propos de faire en règle le siège de la ville, et, le mardi 12 dudit mois, il quitta Crèvecœur pour se rendre au Câteau. Plus de cinquante villages (1) furent brûlés dans le Cambresis, ceux surtout qui se trouvèrent sur la route, ressentirent les effets de sa colère.

« En chemin, furent prins et ruinez deux forts
» opiniastres à petite occasion, dont ils ressenti-
» rent la colère des victorieux. Le premier en-
» dura 36 coups de canon, et ouverture grande
» et large sans vouloir se rendre, devant lequel
» fut tué le capitaine Pierre-Longue, et 12 sol-
» dats françois que morts que blessés. Toute fois
» n'y fut trouvé ame vivante, s'estant retirez par
» dessous terre(2) ou cachiez dans quelques cavins
» et minières ; l'autre estoit moins fort que le
» premier, pour ce que c'estoit un meschant

___

(1) Mémoires chronologiques.
(2) Beaucoup de châteaux avaient des issues souterraines qui allaient aboutir dans des bois ou des carrières éloignés, et au moyen desquelles on conservait, en temps de siège, des communications avec l'extérieur.

» poulier de terre en appentiz, contre la moitié
» d'une grosse tour avec ses fossez secs, où les
» tenans opiniastres à la deffence, quelque som-
» mation qu'on leur feit, endurèrent deux coups
» de *moyennes*, après les quelles avoir dit qu'ils
» ne se rendroient qu'à veüe de canon, ils fei-
» rent signal de se rendre, mais c'estoit trop
» tard, car les soldats non encore refroidiz de
» leur première fureur, n'attendirent que le
» canon eust déchargé une seule fois qu'ils se
» jettèrent là-dedans comme enragiez pour en-
» foncer les portes ; où après, la pitié fut grande
» de voir le carnage qui y fut fait, car un seul n'y
» fut prins à mercy. »

Le roi arrivé au Câteau, fit camper son armée dans les environs. Il se logea lui-même avec son état-major, dans le château de Mont-Paisible, maison de campagne appartenant à l'évêque. Le Câteau fut placé sous la sauve-garde d'une enseigne royale ; et tout le pays, plus respecté que les environs de Cambrai. Ayant inutilement cherché à livrer bataille à l'Empereur dans les environs de Valenciennes, Henri II quitta la contrée où il revint l'année suivante.

Il campa le 18 juillet à Crèvecœur, Manières, Rumilly; et resta huit jours aux environs de Cambrai, employant son temps à faire démanteler les châteaux de Crèvecœur, Lesdain et autres.

Les craintes qu'avaient fait naître à Cambrai ces manifestations hostiles, n'avaient point été stériles pour la défense de la place. Les états assemblés extraordinairement, réglèrent les mesures à prendre pour fortifier la ville, et imposèrent le vin pour avoir des fonds destinés au paiement des ouvriers. Les chanoines de N.-D. revendiquèrent alors leurs privilèges pour s'exempter de l'impôt; mais les bourgeois considérant qu'ils étaient les propriétaires fonciers les plus riches, et qu'ils avaient, plus que tous autres, intérêt à la défense de la place, ne voulurent en cette occurence reconnaître les exemptions. L'affaire alla jusqu'à l'Empereur, qui renvoya les parties avec invitation de s'arranger; on prit en effet des arrangemens et tout fut dit.

Cependant on travaillait avec activité aux fortifications; on élargissait le rempart depuis le château de Selles jusqu'à la porte du Mâle (Notre-Dame); on faisait entrer dans ces boulevards nouveaux *la maison des archers de St-Sébastien*; on faisait une nouvelle voûte à la porte du Mâle ; on démolissait l'église St-Ladre ; on abattait plusieurs maisons et une grande quantité d'arbres et de jardins qui entouraient la ville. Trois mille ouvriers travaillaient journellement à ces travaux, et comme les travailleurs n'allaient pas assez vite, tous les bourgeois y furent envoyés par divisions, ayant chacune un capitaine et une enseigne déployée. Personne ne fut exempt de ces corvées extraordinaires ; les chanoines de N.-D., ceux de St-Géry et de Ste-Croix; les chapelains et les vicaires, tous durent payer de leur personne.

Le siège de Cambrai n'eut pas lieu, mais le pays fut encore dévasté. Les Français commirent même des atrocités : ainsi, le 1er de février 1554, brûlèrent-ils l'église de Cagnoncles avec une foule d'infortunés qui s'y étaient réfugiés, croyant trouver un asile dans le lieu saint.

Enfin la trêve de cinq ans, conclue entre l'Empereur et le Roi de France en l'abbaye de Vaucelles, vint mettre un terme à toutes ces calamités (5 février 1555).

Robert de Croy survécut un peu plus d'une année à cette chance de repos, et passa de vie à trépas le dernier jour d'août de l'année 1556. Selon l'usage, MM. du chapitre renouvelèrent toute *la loy*.

Le lendemain de la mort du duc de Cambrai, son corps fut revêtu des habits pontificaux et exposé à la vue du public dans une chapelle ardente. Pendant quinze jours, toutes les cloches des paroisses sonnèrent deux fois le jour. Robert de Croy ne fut inhumé que le 1er d'octobre dans l'église de Notre-Dame. Il avait assisté en 1546 au Concile de Trente, et avait tenu un synode à Cambrai au mois d'octobre 1550. Ces actes religieux ne sont pas du ressort de notre Histoire.

On n'avait pas attendu l'inhumation de Robert pour lui donner un successeur. L'élection avait conféré le duché de Cambrai à Maximilien de Berghes qui éprouva quelque difficulté à obtenir ses bulles de Rome, parce que le pape aurait voulu nommer lui-même le successeur de Robert de Croy. Mais Charles-Quint fronça le sourcil, et les bulles arrivèrent. Ce ne fut néanmoins qu'en 1559.

Maximilien fit donc son entrée solennelle le 22 octobre 1559, en compagnie de nombreux seigneurs. Dix *enseignes* de bourgeois formant un effectif de 2,700 hommes, tous bien armés, allèrent au-devant de lui jusqu'à Escaudœuvres. Son entrée ressembla beaucoup à celles de ses prédécesseurs. Les différens ordres de métiers firent, selon l'usage, plusieurs *exemples* (espèces de mystères); *les cordiers et les ployeurs* (apprêteurs de batiste) *firent un gayant et une gayande fort braves* (1); les sermens religieux et civils furent prêtés et la cérémonie se termina par un splendide repas où les francs-fiévés firent leur office.

La cérémonie du serment civil, sur le grand marché, fut signalée par de graves accidens. On ne s'était pas contenté du bruit de l'artillerie, on alluma des fusées et de grandes trainées de poudre qui tuèrent plusieurs personnes et en blessèrent d'autres.

---

(1) Ces géants de toile et d'osier n'appartiennent pas, comme on le voit, exclusivement à MM. de Douai. Ils étaient alors en usage dans beaucoup de villes de Flandre.

Nous n'avons pas cru devoir interrompre ce que nous avons dit de Maximilien de Berghes, pour mentionner, à la date du 2 avril précédent, la publication de la paix entre les rois de France, d'Espagne et d'Angleterre. Cette fois encore, l'espoir fallacieux d'un repos trop nécessaire fut salué avec enthousiasme par les populations. Les réjouissances à Cambrai durèrent cinq jours : *ceux du Quétiviez déployèrent leur grand étendard et parcoururent la ville avec tambours, trompettes et clairons.*

A l'avènement de Maximilien de Berghes, il n'y avait dans la plus grande partie du Pays-bas que deux évêchés : Cambrai et Utreck. Charles-Quint, à qui les guerres n'avaient pas laissé le loisir d'en créer de nouveaux, légua ce soin à son fils, en lui remettant ce pays.

Philippe voyant la contrée menacée de l'invasion de l'hérésie luthérienne, Philippe qui craignait l'influence du Métropolitain français, et qui par la création d'un certain nombre de nouveaux évêchés, espérait peut-être remplacer, jusqu'à un certain point, l'inquisition qu'il n'était pas sûr de pouvoir établir (1), envoya traiter cette grande affaire à Rome par le docteur Sonnius.

Le pape, dit l'abbé Dupont, fit d'abord quelque difficulté d'y consentir; puis se rendit et régla les choses de la manière suivante :

Les villes de Cambrai, Utreck et Malines, furent érigées en archevêchés, treize nouveaux évêchés furent créés. Les suffragans de Cambrai furent ceux de Tournai, d'Arras, de Namur et de St-Omer.

Il serait superflu de nous étendre sur les protestations que cette nouvelle organisation excita de la part de l'ancien Métropolitain de Rheims. Il perdit son procès en cour de Rome et ce que le pape avait fait resta bien fait.

L'installation de Maximilien de Berghes, comme premier *archevêque de Cambrai*, eut

---

(1) L'établissement de l'inquisition souffrit dans le Pays-Bas une formidable opposition de la part de la noblesse.

lieu le 22 de mars 1562 (1) avec une grande pompe.

Cependant l'hérésie de Luther avait fait de grands progrès. On pendait, on brûlait les hérétiques, et rien ne modérait leur funeste exaltation. Au mépris des dangers, et ne se contentant pas d'embrasser secrètement un schisme dont ils ne devaient compte qu'à Dieu, ils affectaient de se montrer : ils abattaient les images du culte catholique, et s'attiraient par ces imprudentes et coupables manifestations des châtimens terribles, toujours déplorables, mais dont l'égarement des hommes nous a de tout temps donné de funestes exemples. Hé! comment oserions-nous accuser cet age aux mœurs encore grossières? Alors on faisait la croisade au profit du catholicisme ; deux siècles plus tard, des hommes qui se disaient éclairés, organisaient l'assassinat au profit de l'athéisme!..

Au Câteau, le schisme leva l'étendard de la révolte (1566), et il ne fallut rien moins que de la

---

(1) Dupont dit en 1565. Il se trompe sans doute, car plusieurs chroniqueurs, dont un contemporain de l'événement, indiquent 1562.

troupe pour faire rentrer les rebelles dans l'obéissance. Leurs coreligionnaires de Cambrai firent aussi de menaçantes démonstrations. Le 13 mars 1566, à dix heures du matin, le marché de Cambrai se trouva envahi par une foule nombreuse qui demandait bruyamment la liberté du culte. Un des mutins nommé François Leclercq, se présenta à l'échevin de semaine, un poignard à la main, et lui remit une requête au nom de ses compagnons. Mais les rebelles n'eurent pas le succès qu'ils attendaient ; car prévenue de leur fâcheuse équipée, l'autorité s'était mise en mesure de les faire chasser par la troupe et les sermens de la ville qu'on avait appelés. Leclercq s'étant refusé à donner aucune explication sur les projets des rebelles et sur les meneurs, paya de sa vie la démarche qu'il avait faite.

Nous n'entrerons pas dans plus de détails à l'égard de ces funestes divisions religieuses dont les pays voisins eurent beaucoup plus à souffrir que Cambrai. Une histoire civile n'a pas à s'occuper des affaires théologiques. C'est pour la même raison que nous ne ferons que mentionner un Concile provincial tenu à Cambrai en 1565 par Maximilien de Berghes. Ce Concile fut terminé par une procession générale à laquelle assistèrent les évêques, abbés, chanoines et curés présens au Concile. Il y avait à cette procession trente crosses, sans compter la croix de l'archevêque (1).

Maximilien de Berghes mourut à Berg-op-Zom, le 20 août 1570, d'une attaque d'apoplexie. Sa dépouille mortelle fut rapportée à Cambrai, et y arriva le 4 de septembre. L'inhumation eut lieu le 9 du même mois, dans le chœur de N.-D., à gauche du grand autel (2).

---

(1) Mémoires chronologiques.
(2) Mémoires chronologiques.

Chapitre XIII.

Louis de Berlaymont. — Luttes des puissances espagnole et française. — Usurpation du baron d'Inchy. — Il livre Cambrai au duc d'Alençon.

A Maximilien de Berghes succéda Louis de Berlaymont, élu le 15 septembre 1570, à l'âge de vingt-huit ans (1). Il ne fit son entrée solennelle que le 7 de juillet 1572.

« Louis de Berlaymont, archevesque et duc
» de Cambray fit son entrée *simplement*, à cause

---

(1) Mémoires pour servir à l'histoire de Louis de Berlaymont. Manuscrit n. 88 de la Bibliothèque de Cambrai.

» des troubles qu'il y avoit au pays, et ne sortit
» point hors de la ville aux champs, à cause du
» temps; il partit de son palais pour aller à St-
» Géry, là où prêta le serment à l'entrée du por-
» tail de l'église, à cause de sa chatelery de Tun;
» et de là se partit et revint par le marchiez par
» devant la maison de ville. Là vinrent MM. les
» prévost et échevins, et saluèrent luy faisant
» honneur et révérence, et de là retourna en son
» palais pour s'acoustrer en archevesque, et
» MM. de Notre-Dame, acoustrés avec leurs
» cappes, vinrent le saluer et l'amenèrent à
» croix et à palmes à l'église Notre-Dame. Au
» premier apas prêta le serment, au second et au
» troisième, et puis entra en l'église et vint par
» dessous les cloches, là où on luy bailla une
» corde en se main, dont il prêta serment que si
» la ditte cloche rompait en sonnant sa cloce,
» qu'il seroit tenu la faire refaire à ses dé-
» pens (1). Et de là s'en alla entrer en chœur
» où on chanta *Te Deum*; et depuis retourna en
» son palais s'acoustrer en *Duc avec une robbe*

---

(1) La cloche de l'évêque (ensuite de l'archevêque), était suivant l'usage refondue aux frais du prélat quand elle se brisait à son service.

» *de viole velour.* Et se partit de son palais pour
» aller au marchiez. Et là estant, Messieurs de
» la ville sur un hourdement (échafaud), là où
» M. de Cambray monta, se mettant au mitans
» d'eux, *in medio eorum*, et fit le serment de
» duc et de garder ses manans en tous droits et
» magniers accoustumez. Et y avoit deux hérauts
» portant ses armes et le châtelain du château
» nommé M. de Vorde, portant l'épée, et là fut
» jetté par les deux hérauts or et argent, et après
» retourna le dit archevesque en son palais où
» on fit un dîner fort magnifique. »

Du temps de L. de Berlaymont eurent lieu les grandes luttes des puissances espagnole et française dans le pays. L'Espagne cherchait à affermir sa domination, la France s'efforçait de la renverser; parmi les seigneurs de la contrée les uns prenaient parti pour l'Espagne, d'autres contre elle; les souvenirs, les espérances de liberté et d'indépendance animaient encore les cœurs d'un grand nombre; de là des intrigues, des escarmouches, des guerres à la sourdine, des guerres ouvertes entre les divers partis, au profit des différens intérêts, ce qui rendait fort équivoques l'avenir et le repos du pays.

Cambrai seule, goûtait encore les douceurs de la paix au milieu de la sourde et générale agitation ; dévouée à l'Espagne, malgré son usurpation, parce qu'elle était catholique, elle était devenue le refuge assuré de tous ceux que leur fidélité au prince et au vrai culte faisait proscrire des cités voisines, par les rebelles. Mais tout-à-coup elle devint elle-même la victime de ces troubles : le prince d'Orange, qui avait levé l'étendard de la révolte dans le Pays-bas, irrité de voir la domination espagnole y prendre consistance, forma le projet d'entraîner Cambrai dans l'insurrection. Cambrai était alors la place des Pays-bas la plus importante par ses fortifications et sa situation qui la rendait le centre de la guerre, et une ressource assurée pour lui en cas d'échec. Elle se trouvait aussi sur le passage naturel des troupes qu'on envoyait de France, et gênait fort leur circulation. Il avait donc tout avantage à soulever la ville. Cette entreprise dans laquelle entrait une grande part d'intérêt personnel, fut néanmoins colorée d'une apparence de bien public. En conséquence, il convoqua des états *prétendus-généraux*, composés de tous les mécontents et les ambitieux du pays ; et fit décréter dans cette assemblée que l'on secouerait le joug de l'Espagne, pour recouvrer l'ancienne liberté. On résolut en même temps de confier le gouvernement des places à des hommes partisans des privilèges et des libertés du pays. Certes, c'était là une résolution fondée sur une apparence de nationalité; mais en se partageant ces gouvernemens entre eux et à leur convenance, les membres des états laissèrent trop voir que le bien public n'était pas leur seul mobile.

Quoiqu'il en fût, Baudouin de Gavre, baron d'Inchy en Artois, se fit donner le gouvernement de la citadelle de Cambrai, et muni d'une commission des états généraux, se mit en devoir de s'emparer de son poste. Cette entreprise n'était pas sans difficulté, car la forteresse était commandée par un homme de cœur, fidèle à ses sermens et dévoué entièrement au roi d'Espagne.

Néanmoins d'Inchy n'hésita pas, il connaissait dans la citadelle un sieur Antoine Gouy, lieutenant du gouverneur, et il savait que cet homme souffrait impatiemment l'autorité de son supérieur. Il lui fut facile de ménager avec lui les moyens d'une trahison ou plutôt d'un escamotage qui se fit de la manière suivante.

A jour convenu, Gouy composa les postes d'hommes à lui dévoués, et le baron d'Inchy se présenta avec une troupe de fantassins qu'il avait été chercher à Bouchain. Il annonça qu'il arrivait avec de l'argent qu'on attendait impatiemment pour la solde des troupes, cette mission était de nature à le faire bien venir; aussi lui et son escorte pénétrèrent-ils sans difficulté dans la forteresse. Mais il y était à peine introduit, qu'il fit ranger sa troupe devant la maison du gouverneur, puis sonner l'alarme. Le sire Deliques, étonné de cette alerte, sortit soudain de chez lui, sans armes et sans précaution; c'était ce qu'attendait le rusé Baudouin qui s'empara du gouverneur, et le fit conduire, dans un char rapide, prisonnier à Bouchain et de là à Mons. Le fils du gouverneur partagea le sort de son père (1).

D'Inchy avait en effet apporté quelqu'argent, mais ce n'était nullement de la part du roi d'Es-

---

(1) Dupont raconte le fait autrement. Notre version, tirée du manuscrit n° 88 de la Bibliothèque de Cambrai, nous a paru préférable, parce que, suivant Dupont, la manière dont Baudouin de Gavre se saisit du gouvernement de la citadelle et celle dont il le perdit ont tant d'analogie, qu'il est probable qu'il y a eu confusion, et que d'un seul fait on en a fait deux.

pagne. Il ne s'agissait que d'acheter pour son compte l'attachement du soldat, ce qu'il s'empressa d'exécuter. Il confirma Gouy dans son grade et prit incontinent les mesures nécessaires pour s'assurer de l'autorité qu'il venait de conquérir. Pour éviter même toute espèce de protestation de la part des bourgeois, il fit d'abord semer par ses amis le bruit que ce coup de main ne s'était fait que par l'ordre du roi d'Espagne, qui était mécontent du précédent gouverneur.

Les bruits ne circulèrent que le temps nécessaire pour éviter toute collision ; car bientôt le nouveau commandant fit connaître le diplôme et la mission qu'il avait reçus des états généraux. Peu de temps après, cette affaire se compliqua d'une circonstance singulière. La belle Marguerite de Navarre vint dans les Pays-bas travailler par intrigue au profit de son frère le duc d'Alençon. En passant par Cambrai, elle y trouva deux objets dignes de son attention : la citadelle et le gouverneur qui était un homme charmant et un cavalier accompli. La princesse jugea de suite qu'il ne lui serait ni désagréable ni difficile de gagner à son frère la forteresse et le gouverneur.

En effet, elle agit si bien envers lui, que Baudouin s'enflamma, et après l'avoir accompagnée dans une grande partie de son voyage, s'en revint dévoué corps et ame à la belle et dangereuse Marguerite.

Alors guidé par l'ambition, par la promesse qu'il avait faite à Marguerite, par une certaine animosité contre l'archevêque, il ne songea plus qu'à s'emparer de la ville. Pour cela, il fit fermenter adroitement des levains d'insubordination et de haine contre le duc de Cambrai et contre le parti qu'il avait embrassé. Il avait des affidés dans toutes les classes : chanoines, prêtres, gentilshommes, bourgeois, manans, tous étaient soumis à l'influence de ce travail mystérieux, de ce malaise, de ce mécontentement politiques. On déclamait surtout contre l'Espagne, contre son joug pesant; on rappelait les subsides, les octrois dont on était accablé; on rappelait au chapitre la liberté d'élection dont on l'avait privé; on parlait aux bourgeois des vexations sans nombre que les soldats espagnols, dénués de tout, leur faisaient éprouver; on montrait aux seigneurs de haut lieu cette puissance espagnole qui tendait incessamment à détruire leur influence dans le pays; et comme pour résumer tous ces griefs en un seul, et leur donner un représentant matériel et saisissable, on accusait l'archevêque, duc de Cambrai, d'approuver l'Espagne, et de prêter la main à ses méfaits. La question religieuse se joignait à tout cela. L'official catholique sévissait contre l'hérésie, mais la citadelle était devenue un palladium sacré pour tous les hérétiques et les gens d'existence problématique. Bientôt la main du gouverneur s'étendit comme une égide protectrice sur tout ce qu'il y avait de brouillons dans la ville, et dès lors la place ne fut plus tenable pour le duc. Louis de Berlaymont s'esquiva sous un déguisement, et se réfugia à Mons. D'Inchy le fit vainement poursuivre, on ne put l'atteindre.

Pendant la fomentation de ces troubles, le gouverneur leur avait déjà donné une solennelle consécration dans une espèce d'assemblée populaire, improvisée sur le grand marché de Cambrai, et dans laquelle, il avait annoncé aux habitans de la cité qu'il voulait les protéger contre la tyrannie espagnole, vivre et mourir avec eux; dans laquelle en un mot, il avait prodigué ces mensonges sonores, ces patriotiques momeries, ces fallacieuses caresses dont font usage tous les usurpateurs qui veulent appeler à eux le lion populaire, et qui brisent ses chaînes pour lui en donner de nouvelles. Le magistrat avait été renouvelé et les hommes d'ordre remplacés par des créatures de d'Inchy.

Mais ce n'était pas assez pour le nouveau despote d'avoir à sa dévotion les administrateurs civils, il voulut aussi avoir la force brutale, et proposa l'introduction, dans la cité, d'une garnison à la solde des états. Ce projet souffrait quelque difficulté. La noblesse et la haute bourgeoisie, quoiqu'entraînées en grande partie dans une première erreur, n'entrevoyaient que trop où cela devait les conduire, mais la populace, elle, amie des innovations, quelqu'en soit le but, appelait à grands cris les troupes huguenotes. Le baron d'Inchy s'embarrassa peu de l'opposition des classes supérieures, et fit arriver un corps de cavalerie qui se présenta à la porte du Mâle. Le poste de garde refusa l'entrée de la ville, mais le peuple ayant témoigné de ses bonnes dispositions, les cavaliers se rendirent au grand galop à la porte de sortie de la citadelle qui leur fut ouverte, traversèrent la forteresse et se répandirent dans la cité, faisant subir des vexations multipliées à ceux qu'on soupçonnait n'être point partisans de d'Inchy, et surtout aux chanoines de Notre-Dame, chez lesquels ils prirent leurs logemens.

L'archevêque ne fut pas plutôt parti de Cambrai, que le baron d'Inchy livra son palais au pillage, s'empara des biens et revenus de l'archevêché, et annula tous les édits de Louis de Berlaymont. Ce n'était pas assez, il voulut encore obliger le clergé à jurer haine à l'Espagne, et à choisir un autre archevêque, ce qui était demander au clergé catholique de jurer haine au catholicisme, pour s'attacher au parti huguenot, et de violer les canons de l'église en déposant le chef auquel il devait respect et soumission. Inutile de dire que le plus grand nombre refusa le serment; néanmoins il y eut quelques apostats. Cet énorme contre-sens et ces apostasies ne sont pas sans pareils dans l'Histoire de France.

Ainsi fut consommée l'usurpation; usurpation qui pesa lourdement sur le pays et sur la ville : sur la ville qui néanmoins avait, jusqu'à un certain point, prêté les mains à la faire triompher. Incontestablement on supportait avec répugnance la domination espagnole, parce que comme il a été dit plus haut, l'ancienne ville libre ne pouvait oublier si tôt ses franchises et ses privilèges abolis, mais aussi, il le faut dire, l'Espagne avait aux yeux d'une population catholique, le mérite d'une religion identique; et d'ailleurs, ayant senti le besoin de se concilier l'attachement des citoyens, elle avait fini par mitiger considérablement le poids de sa domination. Une fois donc qu'il était reconnu, par des faits matériels, que le baron d'Inchy avait autre chose en vue que le rétablissement de la ville dans ses anciens privilèges, on devait craindre tout échange de pouvoir; car évidemment ce n'était plus qu'un changement de servitude; et, selon toute apparence, la seconde devait être plus dure que la première. Voilà pourquoi les classes éclairées de la cité s'opposèrent de toute leur puissance à l'affermissement du nouveau maître.

Quoiqu'il en fût de ses succès, l'intrépide baron d'Inchy ne laissa pas que de se trouver embarrassé de sa conquête, à cause d'une circonstance qu'il n'avait pas prévue. Il avait travaillé pour le compte du duc d'Alençon, et s'attendait à voir le duc prendre sous bref délai possession de son nouveau duché; mais le duc avait bien autre chose à faire en ce moment. Suspect à la cour du roi son frère, abandonné, compromis dans son entreprise des Pays-bas, il avait pris le parti de se reléguer dans son château de Plessis-les-Tours, où il attendait que la mauvaise humeur d'Henry III fut appaisée. Cependant d'Inchy se trouvait avec une ville et une citadelle sur les bras, avec une garnison à solder et à nourrir, et pour cela, nulle ressource, nul secours. La bourgeoisie qui avait fini par apprécier la conduite de l'usurpateur, n'était pas le moins du monde disposée à lui venir en aide. Pressé d'un côté, par les Espagnols contre lesquels il avait à défendre la ville ; d'un autre côté, par l'archevêque qui travaillait à rentrer dans ses droits; ayant en face le flot populaire qui s'agitait et grossissait d'une manière menaçante, ayant derrière lui la garnison qui se plaignait de sa misère et menaçait de défection, sa position était des plus délicates. Il ne s'en tira qu'à force de fourberies, d'artifices et de concussions.

Il commença par s'emparer des deniers publics, puis fit main basse sur les trésors des églises, sur les vases sacrés et les reliquaires précieux ; il créa de nouveaux impôts sur le vin et sur la bierre, s'appropria tous les deniers municipaux, fit casser tous les baux accordés aux fermiers de l'archevêché, et les renouvela moyennant des sommes énormes qu'il exigea à titre de pots-de-vin. Il fit fondre un nombre considérable de pièces d'artillerie qui lui semblaient moins nécessaires à la défense de la place qu'à la solde de ses gens.

Outre ces dilapidations qui frappaient la généralité, une foule de vexations particulières s'exerçaient contre les individus et contre les communautés.

Il ne reculait devant aucune turpitude et l'on comprendra que l'homme qui n'hésitait pas à se montrer publiquement revêtu d'un manteau ducal, fait du velours violet destiné aux ornemens d'églises, ne devait pas mettre le moindre scrupule à se saisir des propriétés des citoyens sous le plus frivole prétexte. Ce prétexte d'ailleurs, était toujours prêt. On vous déclarait partisan de l'Espagne, et l'on vous spoliait. Il suffisait même d'être *suspect*. C'est ainsi que de tout temps l'usurpation et la tyrannie, de quelque nom qu'elles se soient décorées, de quelque chaperon qu'elles se soient couvertes, ont dû appeler à leur aide l'absurde, l'arbitraire, le pillage et la proscription. Les maîtres ne s'imposent à un peuple que par la violence et la terreur; il ne suffit pas que quelques bandits de haut ou bas étage aient déclaré leur règne propice à la nation, bientôt la grande voix populaire jette des cris de réprobation, et telle est leur misérable position, qu'ils ne peuvent s'y maintenir qu'à force de rigueurs, de brigandages et souvent d'assassinats.

Cependant Alexandre, duc de Parme, qui avait succédé à dom Juan dans le gouvernement des Pays-bas, s'occupait activement de la pacification de ces contrées, et cherchait à rallier les populations à la domination espagnole. Il essayait de le faire par toutes les voies possibles de douceur et de conciliation; mais il savait en temps et lieu employer également l'énergie; ce fut de ce dernier moyen qu'il crut devoir se servir à l'égard du baron d'Inchy.

On savait que le duc d'Alençon avait pris possession du duché par procureur; les postes administratifs et militaires étaient trop bien occupés par les créatures du prince français, pour que l'on pût espérer qu'une réaction populaire se tentât et surtout réussît dans la ville. Néanmoins l'archevêque-duc, Louis de Berlaymont, essaya à tout hasard une dernière exhortation. Une proclamation aux habitans de Cambrai fut envoyée dans la ville. Louis de Berlaymont y rappelait aux Cambresiens leurs libertés, leurs privilèges, leur prospérité passés; il appelait leur attention sur leur misère actuelle et surtout sur les orages qui grondaient encore dans l'avenir. Il terminait en promettant l'oubli de leur révolte, et en leur offrant en échange de la tyrannie de d'Inchy, la clémence du duc de Parme et la sienne.

Certes, cette pièce importante était de nature à ébranler considérablement la bourgeoisie, mais maintenue, opprimée comme elle l'était, dépourvue de force et de moyens d'employer le peu qui lui en restait, la bourgeoisie qui, quelques mois plus tôt, eût encore été redoutable à l'usurpateur, demeura alors dans cette torpeur de l'esclave qui sommeille dans les fers et soulève à peine sa tête hébétée quand on prononce les mots sacrés, les mots électriques de nationalité et de liberté.

Le duc de Parme enfin se décida à entreprendre le siège de Cambrai, et fit approcher son artillerie. A ces premiers mouvemens, le duc d'Alençon qui avait conjuré, ou plutôt bravé les mauvais vouloirs de son frère, envoya du secours au baron d'Inchy. Il devait bien cela, plus qu'à tout autre, au baron qui parmi les seigneurs révoltés, s'était sans contredit, le plus compromis pour sa cause.

Il fit prendre les devans au comte de Fervaques, premier gentilhomme de sa chambre, à qui il confia un corps de quatre mille hommes, dont le quart parvint à pénétrer dans la ville, sous la conduite de Balagny; Balagny qui entrait alors comme simple lieutenant dans la cité, où plus tard il devait régner à son tour en maître et seigneur.

Le marquis de Roubaix, sous les ordres du duc de Parme, parvint à empêcher le reste de la troupe d'arriver à sa destination. Pour investir complètement la ville, on fortifia du côté de la France trois postes avancés, que l'on garnit de bonnes troupes. L'un était à Marcoing, l'autre à Crèvecœur et le troisième à Vaucelles. Un poste respectable occupa les hauteurs de Ste-Olle, et avec le reste de son armée, le duc de Parme se plaça sur la route de Valenciennes. Ainsi cernée de tous côtés, Cambrai se trouva bientôt en proie à une affreuse disette. Une vache s'y vendait 300 francs, une brebis 50 francs, un œuf 40 sols. L'once de sel s'y vendait 8 sols (1). Tous ces prix étaient exhorbitans, eu égard à la valeur de l'argent à cette époque. Mais bientôt ces dernières ressources manquèrent, on en vint à manger des chevaux, des chats et des rats.

De son côté, d'Inchy avait mis la ville dans un état de défense très préjudiciable à une foule de citoyens : pour dégager les abords de la place, il avait fait détruire les abbayes de Cantimpré et de Prémy, l'église de St-Sauveur et tous les édifices de ce faubourg.

Le comte de Chamois ne tarda pas à suivre Fervaques, avec un nombre considérable de troupes. Le marquis de Roubaix n'en fut pas plutôt instruit, qu'il alla à sa rencontre pour l'empêcher d'approcher trop de Cambrai. Instruit

---

(1) Mémoires chronologiques.

que Chamois devait se rendre au village de Prémont, il alla l'y trouver. L'action fut chaude et les Français furent défaits ; mis en fuite par l'infanterie de Roubaix, ils furent hachés par ses cavaliers ; très peu parvinrent à s'échapper, et presque tout ce qui ne fut pas tué fut fait prisonnier. Ainsi furent ramenés au fort de Marcoing, le comte de Chamois lui-même, le vicomte de Turenne, père du grand Turenne, le comte de Vantadour, Chappes, Lafeuillade et plusieurs autres officiers de distinction.

Le duc d'Alençon ne laissa pas que d'être très affecté de cette défaite, mais enfin il voulut faire les choses par lui-même et tenter un dernier effort. Il arriva cette fois avec un tel nombre de troupes, que le duc de Parme comprit que le poste du marquis de Roubaix n'était plus tenable ; en conséquence une diversion, faite à propos, favorisa la levée du blocus, et toutes les troupes du duc de Parme se retirèrent sur Valenciennes.

La ville se trouva ainsi livrée au duc d'Alençon, qui y entra par la porte de Cantimpré avec une pompe magnifique. Le baron d'Inchy et les partisans qu'il avait dans la ville lui firent une brillante réception. Le duc d'Alençon avait un train extrêmement riche. Les gens de sa suite étaient tout chamarrés d'or et d'argent; et contre l'usage de France, ses gardes faisaient faction chapeau-bas.

Le soir de son arrivée, il reçut ces plats hommages que les girouettes politiques sont toujours prêtes à rendre au plus fort; le chapitre et le magistrat, composés des créatures de d'Inchy, vinrent solennellement saluer l'usurpation; et au milieu de ces fêtes, à travers ces paroles mensongères de liberté dont on cherchait à étourdir la ville esclave, la dame de Balagny, la fière et adroite Rénée d'Amboise, fixait déjà sans doute son regard d'aigle sur les murailles redoutables de la Citadelle cambrésienne.

Deux jours après, le duc d'Alençon prêta le serment de conserver les priviléges de la ville. Cela se fit à peu près en ces termes :

« Nous très haut et très puissant, etc...

» Promettons et jurons sur les Saintes Evan-
» giles de Dieu et sur les Reliques ici présentes

» de maintenir et entretenir cette ville de Cam-
» brai et pays de Cambresis en la Religion ca-
» tholique et romaine, sans permettre l'exer-
» cice d'une autre contraire, ni qu'aucun
» changement ou scandale soit fait au préjudice
» d'icelle; ensemble que les successeurs à l'Ar-
» chevêché, l'Eglise Métropolitaine et autres
» avec la dite ville et pays de Cambresis seront
» maintenus dans leurs droits, priviléges, li-
» bertés, immunités et franchises anciennes,
» comme ils ont été de temps immémorial.

» Ainsi Dieu nous aide et ses Saintes Evan-
» giles. »

Après ce serment où l'on faisait grandement la part des circonstances, sauf à apporter plus tard des variantes dans son application, le duc fut définitivement reconnu pour chef souverain de la citadelle et protecteur de la ville. Les complices et les dupes applaudirent... Le duc venait de prendre possession de sa souveraineté des Pays-bas.

Chapitre XIV.

Suppression du Flot de l'Cayère.—Mont-Luc de Balagny succède au baron d'Incby. — Protection de Catherine de Médicis.—Balagny, duc et souverain de Cambrai.—Henri IV à Cambrai.—Retour de la domination espagnole.

AVANT de reprendre le cours des événemens politiques, disons quelques mots, puisque la date l'exige, de ce Flot de l'Cayère dont il a été plusieurs fois question dans le cours de cette Histoire. Cette vaste retenue d'eau qui séparait le grand marché du Pré-d'amour, auprès de laquelle se trouvait la *Cayère d'infamie* où l'on exposait les criminels, et dont les bords étaient occupés par le Marché-au-Poisson, avait l'avantage de recevoir toutes les eaux pluviales des quartiers supérieurs de la ville, et évitait ainsi ces inondations et ces torrens rapides qu'elles forment aujourd'hui en roulant jusqu'à l'Escaut. Elle était sous ce rapport d'une incontestable utilité; mais d'un autre côté cette mare limoneuse, salie d'immondices de toutes espèces, mise par fois presqu'à sec par les chaleurs de l'été, ne devait pas peu contribuer à exciter, chez les habitans du voisinage, les maladies pestilentielles qui affectaient si fréquemment la ville. Cela fut sans doute un des motifs qui déterminèrent sa suppression.

Ce fut en 1581, quelque temps avant l'arrivée du duc d'Alençon, que *toutes les maisons et autres petites places que l'on appelait les changes, et les portions d'icelles avec autres waraichaix et le flot que l'on disait de l'Cayère... furent baillés à tour de rente pour y bâtir et édifier des maisons qui y sont pour le présent* (1). Le premier qui commença à y faire bâtir fut Jean Tronchault, hôte de *l'épervier* aujourd'hui hôtel St-Martin.

Revenons aux événemens politiques. Le duc

---

(1) Manuscrit de la Bibliothèque de Cambrai n. 670.

d'Alençon comprenait trop bien de quelle importance lui était la possession de Cambrai, pour ne pas chercher à se l'assurer d'une manière définitive. Le baron d'Inchy qui l'avait servi en lui livrant la place, n'était néanmoins à ses yeux qu'un homme peu loyal, un fourbe de haute lignée dont il s'était utilement servi, mais dont il avait aussi à se défier. Le prince pouvait et devait craindre que celui qui avait pratiqué l'intrigue et la trahison à son profit, n'usât des mêmes moyens au profit d'un autre. On se sert de ces gens là pour arriver; mais une fois parvenu au but, on les supprime; tant il est vrai que les traîtres sont odieux même à ceux qui les employent.

Le duc voulut donc avoir à la tête de la ville un homme dont il fût plus sûr, et pour cela il jeta les yeux sur Jean de Mont-Luc, sieur de Balagny. Nous avons dit ailleurs que ce seigneur avait pour femme la fière et intrigante Renée d'Amboise. Quant à lui, bâtard de Jean de Mont-Luc, homme débauché, et par conséquent sans grande énergie, mais soumis à la mâle influence de sa femme, il était sincèrement attaché au duc son maître, et lui offrait beaucoup plus de garanties que le baron d'Inchy.

On avait donc fait à ce dernier quelques ouvertures au sujet du gouvernement de la citadelle. Mais il se montrait peu disposé à en faire la cession. Le duc comprit alors qu'il fallait qu'en cette circonstance la ruse vînt en aide à la politique : il l'employa.

Voici comment les choses se passèrent. Un jour le duc fit prévenir le gouverneur qu'il avait à conférer avec lui sur des matières très importantes, et que pour cela il irait dîner chez lui à une heure qu'il indiquait. Il le prévenait que cela devait se faire sans appareil ; qu'il désirait qu'il n'y eût de part et d'autre, ni garde d'honneur, ni officiers de service, mais que le repas fût servi par les gens ordinaires de la maison. Une marque d'intimité aussi flatteuse plut trop au baron d'Inchy pour qu'il songeât à s'en défier; il attendit donc le prince avec toute la simplicité qu'il avait désirée. Celui-ci vint au jour convenu et laissant sa garde à la porte de la Citadelle, pénétra seul dans la forteresse. Le prince était sans doute ami des arts, car ce fut aux accords mélodieux d'une bonne musique, que l'on commença le festin. Mais bientôt un des gens du gouverneur vint lui dire quelques mots à l'oreille : celui-ci répondit tout naïvement : *hé bien ! hé qu'on les laische eintrer, il n'y a mie deinger, m'est à vir.* Et s'adressant au duc : *che chont*, dit-il, *les gardes de votre Altesse qui veulent eintrer, et ch'est bien fait : car vous avez tout pouvoir chiens* (céans). Le prince sourit et tout fut dit, jusqu'à ce que le même valet revint parler bas à son maître qui du reste ne parut pas plus touché que la première fois. Mais le valet revint encore, puis encore; et enfin à son quatrième avis, le gouverneur s'émut violemment. *Hé commeint*, s'écria-t-il, *commeint chela ! éteindre le mesche de mes geins, et désarmer ma soldatesque ! et chela n'est mie la raison. Hé ! monchieur, hé qu'esche chechy ? hé ! je ne peinse mie que votre Altesse enteinde chela. Car je ne l'ai mie deservie. Che cherait me faire trop de tort et mal récompeincher mes cherviches.*

Cela n'est rien, reprit le prince, soyez tranquille, justice vous sera faite avant mon départ. Et en effet, quand il fut sûr que ses gens étaient maîtres de la Citadelle : J'ai voulu, lui dit-il, récompenser vos services, et pour vous épargner tout contact désagréable avec l'Espagne qui vous en veut beaucoup, j'ai pensé agir prudemment en vous donnant la ville et le duché de Château-Thierry en toute propriété. Ainsi donc, M. le duc de Château-Thiéry, à partir de ce moment, vous êtes ici remplacé par Mont-Luc de Balagny.

Le gouverneur se retira fondant en larmes, et en maudissant secrètement le procédé déloyal du duc d'Alençon. Certes, il n'y avait rien de louable dans ce piège tendu au pauvre gouverneur, et la dignité du prince aurait dû y répugner; mais on ne peut s'empêcher de remarquer que le baron d'Inchy perdait son gouvernement de la même manière qu'il l'avait acquis : par une trahison; avec cette différence encore, que de gouverneur il devenait duc, tandis que le pauvre Deliques qu'il avait dépossédé quelques années auparavant, n'avait trouvé en échange de ce qu'il perdait, que des gardes et une prison.

Le baron d'Inchy ne jouit pas de sa nouvelle dignité. Il périt quelques temps après dans une escarmouche.

Ainsi fut installé Mont-Luc de Balagny, dont

nous aurons à parler bientôt et à raconter les méfaits. Quant au duc d'Alençon, il ne tarda pas à s'emparer des forts de l'écluse et d'Arleux, de la ville du Câteau et autres postes militaires aux environs de Cambrai ; ce qui en débusqua entièrement les Espagnols et enleva à l'archevêque les derniers vestiges de souveraineté qu'il gardait dans le pays.

Ces débuts brillans du duc d'Alençon ne furent pas suivis de semblables succès dans le reste du Pays-bas. Bientôt ses troupes manquant de paye se débandèrent ; la noblesse française qui l'avait suivi, croyant avoir assez fait pour lui, se retira en France, et le duc presqu'abandonné, laissant dans Cambrai une garnison de quinze cents cavaliers et cinq mille hommes de pieds qui lui restaient, alla en Angleterre, espérant se consoler de cette subite défection, dans les négociations de son mariage avec la reine Elisabeth, et laissant Balagny maître de Cambrai et chargé de ménager une trève avec le duc de Parme.

Cette trève fut accordée, mais violée de part et d'autre, suivant l'occurrence. Les Espagnols faisaient dans le pays des courses auxquelles les

Français répondaient par d'autres courses. Les campagnes étaient couvertes de troupes ; il n'y avait plus de sûreté dans les chemins, on y détroussait les voyageurs, on s'emparait des convois de marchandises, on emmenait prisonniers les paysans et les laboureurs. Partout on portait le fer et le feu. Ce que les armes espagnoles avaient épargné, n'échappait pas aux troupes Françaises. Le pays était dans la plus horrible confusion ; il semblait en vérité que la vengeance céleste s'appesantît sur nos tristes contrées ; et en présence de ce siège épiscopal, vide du premier pasteur, en présence de ces persécutions religieuses, de ces progrès toujours croissans de l'hérésie luthérienne ; il n'est pas étonnant qu'une partie des populations ait regardé de telles calamités comme des châtimens directs et immédiats.

Le duc d'Alençon qui, rebuté par les hésitations de la reine d'Angleterre, était revenu dans les Pays-bas, pour s'y voir proclamer duc de Brabant et comte de Flandre, ne marcha plus que de retraite en retraite. Il perdit successivement le Câteau, le fort de l'Ecluse et d'autres postes dont il s'était originairement emparé. D'un autre côté, les états le maintenaient dans une contrainte continuelle à l'égard de sa nouvelle principauté. Il tenta de s'émanciper, et pour cela mit le siège devant Anvers et plusieurs autres villes; mais il échoua encore dans son entreprise; et humilié, désespéré de cette déchéance incessamment croissante qui en était arrivée à ne lui plus laisser guères que Cambrai, il prit le parti de se retirer à Château-Thierry, où il mourut le 10 de juin 1584; laissant par testament au roi son frère, la cité de Cambrai où Balagny régnait toujours en son nom.

A la nouvelle de sa mort Balagny se serait bien arrangé d'exploiter, pour son propre compte, le duché de Cambrai; mais Catherine de Médicis était trop habile et trop prévoyante pour ne pas mettre immédiatement la main sur cette importante souveraineté. Balagny comprit sa position et aima mieux laisser venir les événemens, sauf à en tirer parti, que de s'exposer à une folle tentative qui pourrait le compromettre.

Deux échevins de Cambrai, Robert Bloquiel et Hiérôme de Sart (1) furent députés vers le

---

1) Manuscrit de la Bibliothèque de Cambrai, n. 670.

roi Henry III. Ils en rapportèrent des lettres qui furent publiées à Cambrai, lesquelles annonçaient aux bourgeois que la reine-mère à qui le roi avait cédé le duché de Cambrai, prenait les dits bourgeois sous sa protection, et que Henry III appuyerait cette protection de toutes les forces nécessaires.

En conséquence, le lundi 10 de septembre 1584, le gouverneur, Mont-Luc de Balagny, descendit de la Citadelle accompagné d'environ 150 arquebusiers et 35 *tambourins*, et s'en alla à l'église de Notre-Dame, où l'on chanta une messe solennelle et le *Veni Creator*. Ensuite il reçut de la part des trois états de la ville, le serment de fidélité prêté sur les évangiles, et enfin « proféra haut et clair au nom de ladite reine, la protection de la ville et pays de Cambresis en forme que s'en suit : »

« Catherine par la grâce de Dieu, Reine de France, mère du Roi, à tous présens et à venir. Comme, après avoir entendu avec beaucoup de regrets, ennuis et déplaisir la mort de notre très-cher et amé fils le duc d'Anjou, nous remettans devant les yeux la fidélité, affection et bonne volonté que lui avoient porté les prévots et eschevins, manans et habitans d'icelle ville, qui depuis que notre dit fils a voulu embrasser leur conservation se sont montrés en toute chose pleins d'une entière dévotion, non seulement envers lui, mais aussi envers la couronne de France; nous avons estimé comme chose digne de nous, inclinée de bénignité de recommencer d'embrasser et de recueillir lesdits de Cambrai, comme gens affligés, et qui ayant fait perte de notre dit fils, se sentirent destitués de tout appui, et exposés à recevoir plus d'inimitiés qu'auparavant, s'il ne leur eût été par nous subvenu, et par ce leur ayant déclaré par nos lettres notre bonne et droite intention, elles auroient été fort bien reçues, par tous les états, manans et habitans de cette cité, qui auroient rendu ample témoignage de la joie qu'ils en ressentoient, de quoi voulant ainsi qu'il est besoin faire encore une plus ample et entière déclaration, qui puisse être connue à un chacun, sçavoir faisons, que pour les causes susdites, et pour autres bonnes, justes et raisonnables considérations, à ce nous mouvans, même par l'affection singulière que lesdits de Cambrai par leurs lettres et députés envers nous, ont fait connoître, nous rendans grâces de la résolution qu'avons prise en cet endroit, avec déclaration de leurs désirs, qu'ils ont de nous porter toute obéissance, selon qu'ils espèrent de nous, tous bons et gracieux traitemens à la conservation de leurs biens, moïens et facultés, avons ladite ville de Cambrai, et ce qui en dépend, et la comté de Cambresis, ensemble tous, et chacun les manans et habitans, preins et receus, prenons et recevons sous notre protection et sauvegarde, pour vivre sous icelle, en tout ordre, police et sincérité de justice, à la conservation d'eux, de leurs familles, biens et richesses et facultés, à la défense de la ville et cité, et ce qui en dépend contre quelque personne que ce soit qui les voudroit envahir, assaillir et offenser, comme aussi à l'entretenement de leurs franchises, libertés, priviléges et immunités, dont ils ont joui de tous temps, que nous promettons en bonne foi et parole de Reine par ces présentes signées de notre main leur garder, entretenir et observer, faire entretenir inviolablement, et sans souffrir ne permettre qu'il y soit contrevenu en quelque sorte et manière que ce soit. En témoignage de quoi nous avons signé ces présentes de notre main et fait apposer notre scel. Donné à Fontainebleau, au mois de juillet 1584.

> Signé sur le replis Catherine, et dessus icelui : Par la Reine, mère du Roi,
>
> Brulart.

Et scellés en lachets de soïe rouge et verde et sigille en cire verde du grand scel de ladite Reine. »

Tandis que la malheureuse ville de Cambrai tombait, comme on vient de le voir, de protection en protection, ou plutôt d'esclavage en esclavage ; tandis que de puissantes intrigues s'en disputaient la jouissance, et que, sous des prétextes plus ou moins spécieux de bienveillance, chacun s'efforçait de l'exploiter à son profit ; son souverain légitime, le duc de Cambrai, réfugié à Mons, administrait du mieux qu'il pouvait les affaires du diocèse. Mais ce n'était pas sans de nombreuses entraves que cela se faisait, car le clergé divisé par les opinions politiques, ce qui veut presque toujours dire par les intérêts particuliers, ne secondait point partout les vues de l'archevêque. Les passions ambitieuses ou vénales profitaient des troubles du moment, et en appelaient souvent à l'usurpation des décisions du chef légitime.

Balagny secondait merveilleusement ces dispositions hostiles du parti de l'apostasie; lui bâtard d'un mauvais évêque, n'hésitait pas à conférer ou du moins à faire conférer des prébandes, des charges ecclésiastiques influentes; en un mot il s'était fait un clergé à lui. Et il savait très bien ce qu'il faisait en agissant ainsi : le grand rêve de Balagny, où plutôt de Rénée d'Amboise, sa femme, était la souveraineté de Cambrai; il connaissait l'influence des prêtres sur le peuple; c'est donc ainsi qu'en attendant que l'occasion se présentât de ceindre cette couronne ducale tant désirée, il cherchait à prendre une position morale qui préparât et remplaçât même jusqu'à un certain point, le grade suprême auquel il aspirait et que les événemens ne pouvaient manquer de lui jeter un jour en passant. Mais ces efforts, tous dirigés vers une puissance forcée, ne tendaient nullement à la popularité : tyran, avare, cupide, injuste et sévère; sans caractère mais soumis à la domination violente de l'ambitieuse Rénée, Jean de Balagny ne gardait pas, même dans son intérêt, assez de réserve, assez de mesure dans ses exigences comme dans ses actions. Loin de chercher à attirer à lui les esprits irrités, il faisait subir des vexations de toutes espèces aux partisans de l'archevêque ; ses gens pillaient, volaient à leur aise, et si par hasard on punissait quelqu'acte de rapacité ou de violence, c'est que se trompant de victimes, les fauteurs s'étaient adressés à des créatures du gouverneur. Les femmes, les filles n'étaient pas à l'abri des grossières entreprises des gens de la citadelle ; le gouverneur lui-même, en dépit de sa femme, qui, selon les bruits publics, prenait de son côté large revanche, le gouverneur lui-même n'était pas sans reproche ; aussi ne se conservait-il, dans le peuple, des partisans qu'à force d'intrigues et de belles promesses. Les honnêtes gens, les hommes loyaux de toutes les classes le détestaient cordialement ; mais il était fortement étayé par le parti qui l'aidait à dévorer les ressources du pays, parti d'autant plus dangereux, d'autant plus fort qu'il occupait tous les postes, toutes les charges, et qu'il joignait à la force brutale cette autre force qui résulte du prestige de la puissance.

Cependant Balagny, adroit à ménager l'accomplissement de ses projets, avait embrassé le parti de la ligue, ce qui était déjà comme un préliminaire à l'indépendance qu'il cherchait et à sa séparation du pouvoir français. Henry IV non moins adroit à traiter ses affaires, poursuivait après la mort de Henry III, la possession du trône de France, que les ligueurs lui contestaient vigoureusement. Le roi Huguenot finit par reconnaître que *Paris valait bien une messe* et fit son abjuration. Alors Balagny dut changer de procédé et jugea qu'il était convenable, (toujours à ses intérêts), de faire à Henry une espèce de soumission.

Rénée sa femme, se chargea de cette importante mission, elle partit avec un train extrêmement riche et alla trouver le roi du côté de Beauvais. Elle eut avec lui une première entrevue dans laquelle elle lui offrit la protection de Cambrai. Bien que l'affaire ne se conclut pas ce jour-là, les choses se passèrent à merveille, et trois jours après, la grande dame s'étant rendue dans la petite ville de Gerberoy, le roi fit vingt lieues tout exprès pour l'y venir retrouver. Cet acte de galanterie était de fort bon augure : la dame de Balagny, d'ailleurs, avait des manières auxquelles on ne résistait point. Aussi s'en revint-elle avec les plus belles promesses du roi, promesses qui bientôt réalisées, furent données au public par Balagny, sous le titre de CHARTRES DE CAMBRAI. Le traité de protection fut signé à Dieppe, par le roi, le 29 de novembre 1593 ; il contenait plusieurs articles pour les franchises des Cambresiens. Mais ce qui importait bien plus au gouverneur, ce furent des lettres datées de St-Germain-en-Laye, qui l'élevaient au titre de duc de Cambrai et du Cambresis, sous la protection de la couronne, et le chargeaient de tenir, en qualité de lieutenant du roi, les châteaux de Marle, de Beaurevoir, de Bohain et de Ribemont, dont il s'était saisi pendant la guerre. A toutes ces faveurs, le roi joignit le bâton de maréchal de France, et rien ne manqua plus à l'ambition de Balagny, ni à la cupidité de sa femme.

Le duc de Retz vint immédiatement à Cambrai pour faire et recevoir au nom du roi les sermens requis. Le clergé, la noblesse, les prévots et échevins de la ville, les magistrats-conseils, quatre hommes, chefs et capitaines représentant tous les corps, ordres et membres de la cité et duché de Cambrai (1), reconnurent le roi pour protecteur de la ville, et le sire de Balagny, *maréchal de France*, pour souverain, avec tous les droits et honneurs qui appartenaient à l'archevêque.

Cette double reconnaissance fut suivie d'une fête dans laquelle on alluma un feu de joie sur le grand marché. Un mannequin bizarrement costumé et représentant la ligue, y fut brûlé aux acclamations générales du peuple, qui s'efforçait d'étaler de grands sentimens royalistes, mais qui en secret conservait quelque doute sur la sincérité de la conversion du monarque.

Balagny ainsi parvenu au comble de ses vœux et jaloux de donner au roi une preuve de son zèle, ordonna immédiatement la levée de nouvelles troupes pour la garnison de Cambrai, et s'en alla à la tête de sept mille hommes d'infanterie et de huit cents chevaux, le rejoindre au siège de Laon, où le fils du duc du Maine s'était enfermé avec des troupes espagnoles. La petite

---

(1) Manusc. de la Bibliothèque de Cambrai, n. 883.

armée de Balagny, pour être arrivée à la fin de ce siège, n'en fut pas moins utile au roi, et décida peut-être la prise de la ville. Henry IV reconnut ce service en venant visiter la cité de Cambrai, et en y confirmant en personne les promesses qu'il avait faites par procureur.

Balagny ne négligea rien pour rendre magnifique la réception du roi. La cavalerie et presque toute l'infanterie l'attendirent hors de la ville, rangées en bataille entre Niergnies et la *porte-neuve* (1), celle par laquelle le roi devait entrer. Là les compagnies bourgeoises commençaient une haie qui s'étendait jusqu'à la grande place, et sur la place étaient de forts piquets d'infanterie de Balagny. Cela n'avait rien de choquant, mais ce n'était probablement pas sans quelqu'arrière pensée que le nouveau duc avait conservé dans la ville, et notamment sur la place, des troupes dont il était plus sûr que de la milice bourgeoise.

---

(1) La Porte-Neuve avait porté le nom de Berlaymont qui l'avait fait construire ou restaurer. Mais on comprend que dans ce moment où l'on cherchait à anéantir toute trace, tout souvenir du duc légitime, la porte dût changer de désignation.

L'arrivée du monarque fut annoncée par des salves d'artillerie, les prévôts et échevins qui l'attendaient sous la Porte-Neuve, lui présentèrent les clefs de la ville, et après une courte harangue, il se mit en marche. Le héros au blanc panache montait un beau cheval blanc, et s'avançait sous un immense dais de damas blanc à franges d'or, porté par les membres du magistrat. Le cortége passa sur la place et s'achemina en longeant l'église de St-Aubert vers la vieille métropole, sous les voûtes de laquelle le monarque converti voulut aller faire sa prière à Dieu et à Notre-Dame de Cambrai. Cette démarche, outre qu'elle était chrétienne, était sans contredit très adroite, et à cause de ce fait la population catholique de l'antique cité de St-Géry conçut immédiatement pour le roi l'estime qu'elle n'avait pu jusque là lui accorder.

Après sa prière, le roi parcourut la ville, visita les fortifications et la citadelle, puis ensuite soupa chez le duc de Cambrai Mont-Luc de Balagny. Ce fut à l'issue du souper qu'il ratifia les sermens prêtés en son nom par le duc de Retz. L'acte de ratification qu'il signa alors et data de Cambrai, est du 12 août 1594.

Le soir même, Henry IV partit pour Péronne; et la dame de Balagny qui venait de traiter un grand roi, poursuivait sans doute dans l'ivresse de sa joie, ces rêves ambitieux qui devaient avoir un terme, ces songes d'or et de gloire qui devaient s'éteindre dans l'humiliation et dans la tombe de la duchesse de Cambrai.

Plus ébloui que jamais de sa puissance, Balagny se mit à l'exploiter en homme avide et cruel. Faisant payer l'impôt en bonne monnaie d'or et d'argent, et forçant les marchands à recevoir je ne sais quelle chétive monnaie de cuivre à laquelle il lui avait plu d'attacher telle ou telle valeur de convention; faisant inhumainemen trancher la tête aux hommes indépendans qui se montraient rebelles à ses ordres, et poussant l'atrocité jusqu'à suspendre ces têtes sanglantes aux portes de la citadelle comme à un gibet d'infamie (1); respectant peu, comme nous l'avons dit, l'honneur des femmes ou des filles bourgeoises; faisant subir mille vexations à la cité et au pays; poussant plus loin ses actes de rapacité; pillant à main armée les terres de Hainaut et

(1) Mémoires chronologiques.

d'Artois, cet homme exécrable par lui-même, plus exécrable par sa femme qui l'excitait à tous ces méfaits, cet homme planait sur la contrée comme un vautour insatiable, pourvoyant les cachots et les cimetières, semant la ruine et la terreur. Lâche comme le sont les tyrans, c'était de sa forte citadelle, du milieu d'une bonne arde, qu'il lançait ses ordres malfaisans; et dans l'étourdissement des fêtes ou de la débauche, il trouvait moyen de se soustraire à l'importunité des cris de malédiction, des voix de réprobation qui s'élevaient de toutes parts contre lui. Telles étaient la position et la conduite du duc de Cambrai, lorsque sonna pour les bourgeois l'heure des représailles.

L'archiduc Ernest qui commandait pour le Roi d'Espagne dans les Pays-Bas, était mort, et avait laissé pour son successeur provisoire le comte de Fuentes, l'un des meilleurs capitaines de son temps. Ce choix avait été confirmé par le roi d'Espagne, pour valoir jusqu'à l'arrivée du prince Albert, frère de l'archiduc décédé. Le roi Henry, de son côté, était occupé en Bourgogne à effacer les derniers vestiges de la ligue, et laissait jusqu'à un certain point Balagny à découvert. L'archevêque et le comte de Fuentes comprirent les avantages de cette circonstance ; ils savaient combien le nouveau souverain de Cambrai s'était rendu impopulaire dans la cité, ils savaient qu'un parti timide mais nombreux y regrettait de plus en plus l'ancienne administration ; ils ne doutaient pas du concours actif qu'ils trouveraient chez les populations voisines s'il s'agissait de renverser le tyran du pays ; et forts de toutes ces considérations, ils résolurent le siège de Cambrai. Le comte de Fuentes qui voyait dans cette expédition beaucoup de gloire pour lui et un grand bénéfice pour l'Espagne, ménagea son entreprise avec tout le soin et tout le mystère possibles.

Il commença par diriger son armée assez faible par elle-même vers Corbie, ce qui jeta tellement l'alarme dans Amiens, que les habitans envoyèrent vers le duc de Nevers qui commandait en Picardie, pour le conjurer de se jeter dans la place ; ce qu'il fit. Alors le rusé Espagnol se dirigea du côté de Péronne, annonçant l'intention d'en faire le siège. Le duc de Nevers détacha pour la défendre un nombreux corps de troupes. C'était ce que le comte de Fuentes demandait ; et cela fait, il tourna du côté de St-Quentin, ce qui divisa encore davantage les troupes du duc de Nevers. Ces diversions firent croire au Français que le général espagnol n'osait s'attaquer à lui, et finirent par lui inspirer une fatale sécurité. Cependant un fort détachement de troupes arrivait du Brabant pour renforcer l'armée du comte de Fuentes. De plus, cinq mille hommes et une subvention de deux cent mille florins lui étaient fournis par le Hainaut; Tournay lui envoyait une somme égale; Arras mettait cent mille florins à sa disposition; Douai et Lille lui envoyaient aussi leur contingent. Enfin l'archevêque lui offrait quarante mille florins ainsi que de l'artillerie, des munitions et des pionniers. Tous ces secours combinés et dirigés avec ensemble, lui permirent de se jeter précipitamment sur Cambrai et d'en entreprendre régulièrement le siége avec une puissance formidable surtout pour le temps (10 août 1595). Jamais on n'avait vu en présence de nos murailles une si nombreuse artillerie, soixante-dix bouches à feu étaient prêtes à vomir sur la ville la mitraille, le fer et la mort.

Balagny alarmé, non sans raison, de ces redoutables préparatifs, dépêcha courrier sur courrier vers le duc de Nevers, pour en obtenir du secours; le duc d'abord assez embarrassé à cause du petit nombre de ses troupes, finit par se résoudre à lui envoyer un renfort qu'il ne détermina à partir qu'en mettant à sa tête le jeune duc de Rhételois, son fils. Quatre cents hommes de cavalerie légère et cent arquebusiers à cheval, sous les ordres des sieurs de Bussy et de Tommelet, arrivèrent dans la nuit du 16 août en vue de la ville; et parvinrent dans la place, après quelques escarmouches, avec une perte de trois chevaux légers, de huit arquebusiers et quelques hommes de suite. Un chemin creux les protégea considérablement (1).

Ce faible secours joint à une faible garnison, n'offrit pas à Balagny un moyen bien puissant de défense. Il ne pouvait en aucune façon compter sur les bourgeois qu'il savait lui être hostiles depuis long-temps. Sa position était donc fort critique, il chancelait même dans ses résolutions, donnait ordre et contre-ordre; il est probable que sans les suggestions de l'ambitieuse et

---

(1) Manuscrit de la Bibliothèque de Cambrai n. 883

fière Rénée, il n'aurait pas affronté les périls d'une défense et aurait préféré une capitulation ; mais enfin le sort en était jeté, il fallait résister.

Le comte de Fuentes, après avoir donné à son armée une nuit de repos dans le village d'Inchy-en-Artois, avait fait faire des reconnaissances dans les villages de Marcoing, Cantaing, Noyelles et autres circonvoisins. Dans cette expédition préliminaire, le château de Cantaing fut forcé et la petite garnison qui le défendait fut conduite au comte ainsi que tous les paysans qui s'y étaient réfugiés avec leurs bestiaux que l'on saisit également.

Bientôt après, les dispositions suivantes étaient prises pour le siège. Le prince de Chimai avec huit cents Wallons, sa compagnie d'hommes d'armes et une compagnie d'arquebusiers, occupait les hauteurs de Niergnies, où l'on avait construit un fort. A une portée de canon de ce fort, du côté d'Escaudœuvres, était un autre fort destiné au quartier-général. Sept redoutes gardées de nuit par une compagnie d'infanterie wallone, garnissaient les lignes d'attaque. Un corps nombreux d'infanterie occupait ces lignes. La cavalerie légère était placée vers l'Escaut, probablement au marais de Selles, et communiquait avec les forces précédentes par un pont défendu par un fort où étaient des compagnies d'Allemands et de Wallons. De distance en distance des redoutes liaient les travaux précédens au village de Ste-Olle, sur la place duquel on avait construit un fort. Quatre cents Allemands avec de la cavalerie y furent placés sous les ordres du baron d'Ausi. Une chaine de redoutes allait ensuite aboutir à l'abbaye de Prémy (aux environs de la Buse) où s'élevait encore un fort plus grand que les autres et confié au comte de Via avec 500 Allemands de son régiment. Des lignes et des redoutes liaient encore ces travaux au quartier du prince de Chimai, qui comme nous venons de le dire, occupait les hauteurs de Niergnies. En cet endroit qui était le plus exposé, fut placée l'infanterie espagnole sous le commandement d'officiers de cette nation (1).

La ville était donc complètement cernée et environnée de travaux redoutables ; les assiégés

---

(1) Les détails que nous venons de donner sur la disposition des troupes autour de Cambrai, nous ont paru curieux ; et, bien qu'un peu longs, nous n'avons pas hésité à les faire connaitre.

de leur côté démolissaient, incendiaient les malheureux faubourgs, afin de dégager les abords de la place. Les haies des jardins, les arbres fruitiers étaient abattus et se formaient en fascines pour les retranchemens et défenses de la ville. La milice bourgeoise faisait un service extrêmement dur; tous les citoyens jeunes et vieux étaient employés aux fortifications; et dans la citadelle, pour donner l'exemple du courage, Rénée d'Amboise et ses femmes maniaient la pioche et remuaient la terre.

Tant de zèle parmi les bourgeois pourrait peut-être étonner. Ce n'était pas qu'ils fussent partisans de Balagny; nous avons dit déjà qu'ils n'avaient nulle raison pour cela; mais outre qu'ils pouvaient craindre certaines rancunes de la part des Espagnols, on leur avait fait croire, par des lettres supposées qui arrivaient coup sur coup, que Henry IV venait à grandes journées pour les secourir; et dans la crainte de se trouver alors entre deux feux, ils avaient pris le parti le plus naturel : celui de défendre d'abord leurs foyers, sauf, plus tard, à voir venir les événemens et à s'éclairer sur leurs véritables intérêts.

Cependant les assiégeans poussaient activement leurs travaux. La première batterie placée près de la *justice de la cité*, non loin des pierres jumelles, commença à tirer sur la citadelle et sur la ville. Plusieurs boulets entamèrent les édifices de St-Julien, de St-Jean, de St-Jacques-au-Bois, de la Madeleine. Diverses maisons bourgeoises furent également endommagées.

Bientôt après, la cloche de la tour de St-Géry et plusieurs autres étaient brisées par les boulets ennemis, des dévastations de tous genres se pratiquaient dans la ville. Les assiégés eux-mêmes démolissaient un moulin à blé élevé sur le Bastion-Robert, une élégante tourelle qui couronnait le château de Selles (1), la tour du Guet de la citadelle, l'ancien palais épiscopal et plusieurs autres portions d'édifices. Balagny prenait pour prétexte le besoin qu'il avait de matériaux, mais il n'était que trop visible qu'il agissait par une lâche et vindicative prévoyance,

---

(1) Cette tourelle assez haute et de magnifique structure en brique, (dit le manuscrit de la Bibliothèque de Cambrai, n. 670) avait été construite par ordre de Robert de Croy. On la démolit sous prétexte qu'elle pourrait être renversée par les assiégeans, et causer du dommage.

et en vue de laisser des ruines si, comme il commençait à le craindre, il était forcé de quitter la partie.

Des sorties plus ou moins heureuses s'exécutaient contre l'ennemi.

Aux dangers extérieurs se joignaient le désordre de l'intérieur. Balagny épuisé d'argent, forçait plus que jamais la circulation de sa monnaie de cuivre : la bourgeoisie s'en indignait, et le magistrat, vendu d'ailleurs à Balagny, obligé de faire ouvrir de force les magasins et les greniers, portait à son comble l'irritation publique. Les soldats étaient fort mal vus, parce qu'ils étaient exigeans, déjà une fermentation extrême régnait dans la ville, Balagny ne la contenait qu'en annonçant à chaque instant l'arrivée de nouveaux secours. La soldatesque, fière de cet espoir, annonçait aux bourgeois qu'une fois en force, elle les dompterait, les pillerait, violerait leurs femmes et leurs filles. En attendant elle agissait brutalement avec eux : des soldats allaient jusqu'à frapper de leurs armes des jeunes filles inoffensives.

De leur côté les assiégeans annonçaient du

bord des fossés que si la ville était prise d'assaut, ils en feraient autant et allumeraient l'incendie. Des flèches apportaient dans la ville des lettres, des proclamations de l'archevêque par lesquelles il la pressait de se rendre, lui promettant paix et réconciliation. Le peuple commençait à manifester hautement ses intentions pacifiques, mais le magistrat le retenait par toutes les voies possibles de persuasion et de menace.

Telle était la position critique et misérable des bourgeois, lorsque le sieur de Vicq, gouverneur de St-Denis, parvint à pénétrer dans la ville avec 400 chevaux. Ce pauvre secours fut accueilli par le parti de Balagny, comme l'eût été un renfort de vingt mille hommes; on chanta le *Te Deum* en actions de grâce, et la dame de Balagny se faisant, comme les autres, illusion sur la puissance de ce renfort, se livra à d'extraordinaires mouvemens de joie, et se répandit en atroces menaces contre la bourgeoisie.

Cette circonstance, en intimidant les Cambresiens, ranima un peu le courage de la garnison. On fit de nouvelles sorties dans différentes directions, on essaya de renverser divers forts, mais les batteries de siège étaient formidables et les ruines et les décombres et les cadavres s'amoncelaient dans la ville.

Enfin le 25, vers sept heures du matin, d'énormes feux furent dirigés contre le Bastion-Robert, contre le rempart et la porte du Mâle, contre les boulevards de St-Sépulcre, contre la citadelle; enfin contre la cité entière qu'une ceinture redoutable étraignait de toutes parts, que soixante-dix bouches de fer couvraient de flammes, écrasaient de pierres et de mitraille.

La position des assiégés devint si alarmante, que Balagny songea à isoler la citadelle de la ville. Le bruit d'un assaut général et prochain se répandit avec rapidité; les officiers du duc faisaient transporter leurs meubles et objets précieux dans la citadelle. Les bourgeois virent alors qu'il était temps de se préparer à une capitulation. Un nommé Normand, brasseur, accompagné de quelques-uns de ses concitoyens, alla trouver les diverses compagnies bourgeoises qui étaient en armes dans différens endroits des remparts, et leur exposa énergiquement la situation des choses et le remède à y apporter.

Mais Balagny bientôt instruit de la démarche de Normand, parcourut à son tour les remparts, cherchant à ramener les bourgeois ; affirmant qu'il était faux qu'il songeât à abandonner la ville, et en donnant pour preuve que sa femme et ses enfans n'étaient pas à la citadelle. La dame de Balagny, de son côté, menaçait de mort et Normand et tous ceux qui l'avaient écouté. Elle aurait même voulu qu'on les exécutât sur le champ. Mais l'intrépide brasseur n'en continuait pas moins sa tournée auprès des diverses compagnies. Une d'elles qui occupait le rempart entre les portes de Selles et de Cantimpré, se laissa persuader et vint sur le champ s'emparer de cette dernière porte où elle chercha à se retrancher à l'aide de l'Escaut, en barricadant les ponts. Balagny prévenu à temps, y envoya le sieur de Vicq, avec deux cents chevaux et fit avorter le projet des bourgeois.

Les bourgeois manquèrent d'ensemble dans cette entreprise. Neuf compagnies échelonnées sur le rempart, depuis la porte de Selles jusqu'à la porte de St-Sépulcre, étaient toutes prêtes à un mouvement, mais la plupart de leurs chefs étaient absens, et il ne se trouva pas là un homme énergique qui sût s'improviser incontinent chef de parti et capitaine.

Les Cambresiens se résignèrent et attendirent la suite des événemens. Quant à Normand, il s'était évadé de la ville et était allé conférer avec le comte de Fuentes et l'informer des dispositions du peuple. On ne put croire en haut lieu que ce brasseur eût agi ainsi de lui-même, et la terrible Rénée d'Amboise voulut lui trouver un complice, ou plutôt un instigateur. Son génie infernal lui désigna pour victime un noble et généreux homme de guerre, Leoffre, seigneur de Ligny et de Villers-au-Tertre. Le seigneur de Ligny avait en effet promis au parti hostile à Balagny de se mettre à sa tête et de lutter contre le duc si plusieurs compagnies bourgeoises voulaient se mettre sous ses ordres ; mais il était sûr de la discrétion de ses amis, et il était impossible que rien eût transpiré.

La sanguinaire Rénée n'avait donc agi qu'à tout hasard en donnant ordre qu'on se saisît de Leoffre et qu'on l'étranglât. Mais celui-ci averti par un ami, paya d'audace et monta droit à la citadelle. Il alla trouver la terrible duchesse et lui parla à peu près en ces termes : « Madame, » je viens d'apprendre qu'on me soupçonne de » trahison. Me voici, je me constitue prison- » nier et j'attends les accusateurs. » La duchesse frappée de cette franchise et surtout de cette hardiesse qui plaisait à son caractère, s'excusa, l'embrassa, l'invita à dîner et le renvoya libre. Etait-ce feinte? était-ce justice?.. Quatre jours après on le cherchait pour lui trancher la tête !

Balagny profita du moment de stupeur où les bourgeois étaient tombés après leur échauffourée pour leur demander un emprunt de douze cents écus. Il promettait de les leur rendre bientôt : quant à lui qu'on savait regorger d'or, il déclara ne pouvoir faire aucune avance, parce qu'il n'avait pas de fonds. Les bourgeois comprirent ce nouveau piège et n'y donnèrent pas. On se contenta alors de continuer à piller chez eux tout le blé qu'on y trouvait.

Tous les jours des bourgeois succombaient sur les remparts et de nouvelles ruines s'amoncelaient sur les premières. Las enfin de cette pitoyable position, de cet état précaire et déplorable, le seigneur

de Ligny et quelques-uns de ses amis résolurent d'y mettre fin. Ils décidèrent que le lendemain 2 octobre, de grand matin, « on exciterait le
» peuple à prendre les armes, ce qui serait
» promptement exécuté dès qu'on lui montre-
» rait un chef, et que Leofre se déclarerait ou-
» vertement et avec hardiesse, chef et capitaine
» des bourgeois contre Balagny et ses suppots ;
» que le capitaine Quelleries avec sa compagnie
» et les quatre autres plus proches de la porte
» de Cantimpré s'empareraient de cette dite
» porte et de tout ce quartier, qu'ils tiendraient
» la porte ouverte tandis que les autres compa-
» gnies se rendraient sur le marché. Après
» cette bonne résolution chacun se retira chez
» soi, pour prier Dieu afin que tout réussit
» selon ses désirs (1). »

Mais cette entreprise présentait les plus grandes difficultés dans son exécution : Balagny avait donné un soin tout particulier aux mesures conservatrices qu'il avait prises à l'intérieur. Il était défendu de sonner le tocsin pour quelque motif que ce fût. Trois cents suisses, trois com-

---

(1) Manusc. de la Bibliothèque de Cambrai, n 670.

pagnies de cavalerie française et deux compagnies wallones armées de piques et de cuirasses occupaient le grand marché. Tous les corps-de-garde bourgeois, depuis la première émeute, étaient séparés par des postes de troupes de ligne qui avaient l'œil sur eux ; et ces corps-de-garde d'abord composés d'une compagnie entière, avait été réduits à cinquante hommes. Enfin une batterie d'artillerie était prête à se porter sur tous les points où le besoin s'en ferait sentir.

Avec de pareilles précautions, une insurrection populaire paraissait impossible. Néanmoins le lundi 2 octobre, dès la pointe du jour, la fermentation se manifesta dans la cité. Le peuple prit les armes, et comme se réveillant d'une longue léthargie, se souvint de ses vieilles libertés, de son premier courage. Le signe de ralliement était l'écharpe rouge, en un instant des compagnies entières furent formées. Suivant les ordres du sire de Ligny, les unes s'emparèrent de la porte de Cantimpré, et les autres se rendirent sur le grand marché. Le bruit de ce mouvement ne fut pas plutôt parvenu aux remparts, qu'un grand nombre de bourgeois quittèrent leurs postes forcés pour aller rejoindre ceux de l'indépendance. Balagny était alors sur la place : Leoffre de Ligny lui annonça le but des bourgeois et déclara qu'il se mettait à leur tête. Incessamment les rangs des insurgés grossissaient. Balagny était indécis sur le parti qu'il avait à prendre : sa femme n'était pas là. Cette hésitation fut une faute : elle laissa aux enseignes bourgeoises le temps de prendre position.

Les trois cents suisses étaient le principal obstacle que l'on rencontrât sur le marché, et les insurgés n'étaient pas sans les craindre beaucoup, lorsque les deux compagnies de cavalerie wallonne désertant leur poste, vinrent se joindre aux bourgeois et se rangèrent derrière les suisses qui occupaient l'espace compris entre la chapelette et la rue de l'Arbre d'Or. La position des suisses devint alors fort critique et le courage des bourgeois s'accrut d'autant.

Balagny avait jugé prudent de se retirer dans la citadelle, c'est alors que sa femme l'intrépide Rénée, descendit sur la place, armée d'une pique, escortée seulement de quelques officiers, et se mit à haranguer le peuple, cherchant à le ramener par les plus belles promesses... par les plus beaux mensonges! Rien ne fit; loin de là, les suisses déjà fort mécontens de leur paye, se voyant d'ailleurs cernés de toutes parts, défectionnèrent, et le firent en hommes d'honneur, car ils se contentèrent de demeurer neutres. Ils laissèrent agir la bourgeoisie, alors la partie fut gagnée.

Des barricades s'élevèrent dans toutes les rues voisines du grand marché qui devint ainsi une espèce de fort. Les canons pris sur la place furent braqués vers la Porte-Robert et du côté de la citadelle, pour tenir à distance la cavalerie française que Balagny avait envoyée contre l'émeute. L'insurrection se poursuivait, le canon vomissait la mitraille par les rues de l'Ange et des Trois-Pigeons. Des escarmouches se livraient en d'autres issues de la place, et les suisses immobiles, auprès de la chapelette, au milieu de cette bagarre insurrectionnelle, observaient religieusement leur neutralité.

Vainement on parlementa, Balagny resta entier dans sa résolution de garder la ville, le peuple demeura ferme dans sa pensée d'affranchissement. Or, durant ces graves débats, le siège se poursuivait et les murailles commençaient à s'écrouler.

On jugea qu'il était temps d'entrer en pourparlers avec l'Espagne. Deux des principaux bourgeois, MM. Du Fagnolet et Bernimicourt descendirent du rempart de St-Sépulcre à l'aide d'une corde, pour abréger le chemin qu'il y aurait à faire par la porte de Cantimpré, et se rendirent auprès du comte de Fuentes pour négocier la capitulation. Le général espagnol reçut les bourgeois avec empressement et délégua des fondés de pouvoir qui sans ôtage et sans caution aucune, vinrent avec les députés cambresiens traiter de la capitulation dans l'Hôtel-de-Ville de Cambrai.

Ils y étaient à peine arrivés que les batteries espagnoles recommencèrent le feu sur la ville. Elles ripostaient en cela au canon des Français qui avaient imaginé de rallumer cette guerre afin de faire manquer le traité. Il se fit néanmoins en peu de mots, en voici la substance :

Il était convenu

1° Que Sa Majesté catholique recevrait la ville

de Cambrai en sa protection, pour la maintenir et entretenir en toutes ses anciennes coutumes.

2° Qu'elle pardonnerait à tous et aux biens.

3° Qu'il n'y aurait de garnison espagnole dans la ville que jusqu'à l'expulsion de l'ennemi hors du pays.

4° Que ceux qui voudraient se retirer, auraient pour cela un délai de quatre mois.

5° Qu'ils auraient la faculté de vendre ou transporter leurs biens.

6° Que les soldats wallons jouiraient du bénéfice de ce traité.

Dans ces entrefaites, Balagny qui ignorait ce qui se passait, avait essayé de nouveaux pourparlers avec les bourgeois. Inutile de dire que c'étaient de nouveaux pièges qu'il leur tendait. Mais il ne réussit pas. Le canon cessa de tirer, et des troupes espagnoles entrèrent dans la ville, pour soutenir les bourgeois et les préserver des vengeances des compagnies huguenotes qui voulaient réaliser avant de partir les menaces qu'elles avaient faites de mettre la ville à feu et à sang.

Ainsi se passèrent les événemens du 2 octobre qui fut un jour de joie pour la cité. On déplora néanmoins la mort d'un brave capitaine bourgeois, nommé Quelleries, qui avait pris une grande part à l'acte d'indépendance des Cambresiens, et qui périt par le dernier coup de canon tiré sur la ville. Il agitait du haut d'une tour l'écharpe rouge pour prévenir la batterie de la Neuville que la paix était faite. Un coup partit encore et frappa le brave et malheureux bourgeois.

Restait alors la citadelle armée d'une manière effrayante et bien pourvue de troupes, mais sans moyens de subsistance. La duchesse avait fait des magasins un trafic odieux, et l'on manquait de vivres. Force fut donc à Balagny de capituler. Rénée d'Amboise voulait que la garnison s'ensevelît sous les ruines du fort; le duc jugea plus sage de se retirer sain et sauf. Il obtint du comte de Fuentes une capitulation très honorable, portant entre autres conditions : que la citadelle serait remise avec toute son artillerie et ses munitions de guerre entre les mains du général espagnol; que le maréchal de Balagny, le duc de Rhételois, le seigneur de Vicq et autres, ainsi que tous les officiers et soldats de la garnison pourraient se retirer, tambour battant et mèche allumée; que l'on rendrait aux Français les chevaux, les armes et les bagages qu'il leur restait dans la ville; que la dame de Balagny et toutes les autres femmes, ainsi que les enfans pourraient sortir de la citadelle; que tous les prisonniers de guerre seraient mis en liberté; que les dettes et obligations, même celles concernant la monnaie, contractées par Balagny, lui seraient remises sans qu'on pût jamais l'inquiéter pour ces causes; qu'aucun des méfaits de l'ex-duc, de sa femme, de ses enfans, de ses soldats ou de ses gens ne seraient recherchés ni poursuivis par le roi d'Espagne ou par les bourgeois.

Heureux d'un si bel arrangement, le 9 d'octobre 1595, Balagny avec toute sa maison et toute sa troupe quittait la citadelle tambour battant et mèche allumée. Un char funèbre suivait ce convoi; il portait la dépouille mortelle de Rénée d'Amboise. Cette princesse extraordinaire, qui joignait aux vices, à l'astuce, à la cruauté d'une méchante femme, les vertus, la noblesse et le courage d'un héros, n'avait pas voulu survivre à sa déchéance, et jalouse de *mourir princesse*, elle avait mis fin à ses jours.

Les chroniqueurs ne s'accordent pas sur la nature de sa mort ; ils ont rendu alternativement complices de ce suicide, le poison, le fer et le désespoir.

Il semblait qu'alors rien ne s'opposât plus au retour de l'archevêque : le peuple le désirait, les Espagnols eux-mêmes s'y attendaient; la justice, l'intérêt national, les droits du duc légitime, tout le rappelait sur l'antique siège des comtes de Cambrai : mais un obstacle surgit tout-à-coup. C'était encore l'intérêt personnel qui prenait hypocritement le masque du bien public.

Le magistrat formé par Balagny après la destitution des partisans de Berlaymont, sentit bien de suite sa fausse position. Il comprit que, les choses une fois remises dans l'état primitif, les anciens échevins destitués pour avoir soutenu le bon droit, devaient être rappelés et remis en possession de leurs charges. Un grand nombre de seigneurs qui avaient embrassé chaudement le parti de Balagny et qui avaient pris part au banquet du pillage, qui avaient grossi leurs fortunes aux dépens de l'archevêque, craignaient le redoutable chapitre des restitutions; et pour avoir suivi le torrent, et avoir ensuite, avec la bourgeoisie, tourné le dos à Jean de Mont-Luc, ils n'en étaient pas moins fort disposés à conserver ce qu'ils avaient acquis. De ces scrupules du magistrat, de ces intérêts privés des grands seigneurs (1), il jaillit tout à coup une pensée de *bien public* qui leur fit considérer que le duc de Cambrai n'était pas d'un caractère assez fort, ni d'une puissance assez énergique pour mettre la cité à l'abri des entreprises françaises. En conséquence ils offrirent au comte de Fuentes, pour Sa Majesté Catholique, le titre de souverain de Cambrai; le général pléni-

---

(1) L'opinion que nous venons d'émettre sur L'INTÉRÊT PRIVÉ du magistrat et de quelques hommes puissans qui agirent en cette circonstance, n'est pas seulement la nôtre, mais encore celle de Dupont et celle de l'auteur du manuscrit de la Bibliothèque n. 883, qui s'en explique fort longuement; et d'ailleurs elle découle si naturellement de la force des choses et de la faiblesse des hommes, que personne sans doute ne nous la contestera.

potentiaire accepta, et en cela il agissait dans les intérêts de son maître. Néanmoins cette acceptation entraînait avec elle quelque chose d'odieux. Certes, les armes du comte de Fuentes avaient été la cause majeure de la chute de Balagny, mais l'argent du duc Louis de Berlaymont, son influence sur les provinces voisines qui avaient fourni de grands secours, son influence plus grande encore sur les bourgeois de Cambrai, en un mot sa puissante intervention, avaient incontestablement agi avec efficacité sur les événemens. Le comte espagnol dépassait alors au nom de son maître les pouvoirs que la loyauté lui accordait. Son rôle à lui, était celui de protecteur, il n'aurait pas dû en changer. Louis de Berlaymont fut dupé.

L'accord passé entre les Cambresiens et le comte de Fuentes, en date du 22 octobre, contenait les clauses ci-après :

« 1° Pardon et oubliance générale à tous et chacun les Nobles, Prevost, Magistrat, Eschevins, Bourgeois et Habitans naturels de ladite Ville et Pays de Cambresis, ou autres subjects originels de Sa Majesté présens et absens, mesmes ceux qui sont présentement en France, sans exception quelconque de tous excès, fautes, désordres, crimes de lèze-Majesté et autres par eux commis audit Cambrai et Pays de Cambresis depuis l'an 1578, jusqu'à présent, dont la mémoire demeurera esteinte et assoupie comme de chose non advenue, sans jamais en estre inquiétez. »

« 2° Que Sa Majesté les maintiendra en tous leurs priviléges, franchises, libertez et coustumes desquels ils ont jouy de temps immémorial. »

« 3° Que les dessus nommés présens et absens rentreront pleinement en la jouissance de tous leurs biens et droits en quelque place de l'obéissance de Sa Majesté qu'ils soient situez, dont Sadite Majesté n'auroit disposé. Nonobstant tous saisissemens et sans qu'il soit besoing obtenir main-levée, ou autre provision que les présentes. »

« 4° Que ceux qui ont eu maniment des deniers publics, quelqu'ils soient, ne seront inquiétez pour les sommes et parties qu'ils monstreront avoir furny par charge et ordonnance du Conseil des Seigneur et Dame de Balagny ou du Magistrat etc. »

« 5º Pour éviter confusion de toutes les procédures, debvoirs de Loy et relief de fiefs faits depuis l'an 1578, par le Conseil establi en cette Cité par le feu Duc d'Alençon, par l'Official, le Magistrat, Cours féodales, et autres Cours subalternes, Sadite Majesté tient pour vaillables lesdites procédures etc., pourveu que les parties ayent esté présentes. Et quant aux sentences rendues par deffaut et coutumace, les parties absentes seront réintégrées et remises en leurs actions et receptions. »

« 6. Toutes successions escheues ab intestat pendant ledit temps suivront les prochains héritiers comme si elles fussent advenues à présent. »

« 7º Les revenus des immeubles, arriérages de rente deus par les particuliers, receus et employez par don du dit Duc, la Reine sa mère et Balagny par charge et authorité du Conseil et du Magistrat ne s'en pourra prétendre restitution en conformité du texte des saisines; saulf des particuliers qui en auront fait leur proufit sans auctorité publique. »

« 8° Que tous lesdits bourgeois etc. ayant vescu en l'exercice de notre sainte Religion, ancienne Catholique Apostolique et Romaine, pourront continuer leur résidence. Et ceux qui voudront se retirer, le pourront faire dans quatre mois sans qu'il leur soit donné empeschement ou qu'il soit besoing avoir passe-port. »

« 9° Toutes marchandises et vivres pour l'usaige de ladite Ville pourront librement estre tirées hors des aultres Pays et Villes de Sa Majesté sans payer aucun impost à Sa Majesté non plus que les aultres naturels sujets. »

Quatre jours après l'archevêque Louis de Berlaymont publia une protestation contre cet acte fait en violation de tous ses droits.

Et en effet, dans cette circonstance, nous ne pouvons être de l'avis de ceux qui prétendent que les bourgeois avaient le droit de se soustraire à la domination de l'archevêque. Nous faisons ici toute abstraction du prêtre, mais nous considérons le duc, le prince légitime, et sous ce rapport rien n'autorisait les Cambresiens à violer le serment qu'ils avaient fait à Louis de Berlaymont. Les évêques de Cambrai légalement créés comtes de Cambrai en 1007 par l'empereur suzerain; légalement élevés au rang de ducs souverains en 1510, par Maximilien d'Autriche; légalement reconnus pour tels, par tous les ordres de la ville, pendant une longue suite d'années, ne pouvaient être dépouillés de leurs droits par une simple déclaration de la bourgeoisie. Cette injustice était d'autant plus criante qu'on n'articulait contre eux aucun grief, qu'on ne mettait en avant que la faiblesse de leurs moyens de défense, et qu'en bonne conscience il suffisait que l'Espagne remplît loyalement ses engagemens comme protectrice, pour assurer Cambrai contre les armes de la France. Duc ou simplement protecteur, le roi d'Espagne pouvait fournir des troupes; ce ne fut donc évidemment de la part des meneurs qu'un calcul hypocritement mais grossièrement caché sous une apparence spécieuse. Du reste, s'il nous est permis d'émettre ici une opinion indépendante du droit des ducs de Cambrai que tout homme loyal doit reconnaître, il nous semble que les bourgeois faisaient un acte anti-national en se plaçant sous une domination étrangère. Que, réduits comme ils l'étaient à une conjoncture extrême, ils se soient servi de l'intervention de l'Espagne pour recouvrer leur indépendance et leur liberté, c'est chose très admissible; mais qu'une fois libres d'agir selon leur volonté, ils aient préféré le joug de l'étranger à la domination paternelle de leur prince qui promettait le pardon et l'oubli du passé, c'est une erreur que nous ne pouvons que déplorer. Et dans cette circonstance on peut dire que, comme dans bien d'autres, les véritables intérêts, la dignité et l'honneur du pays ont été sacrifiés à la cupidité et à l'ambition de quelques intrigans qui, plus adroits que le peuple à qui l'on bande facilement les yeux, firent merveilleusement leurs affaires au dépens du pays.

Le chapitre de Cambrai ne tarda pas à joindre sa protestation à celle de l'archevêque, et cependant il n'est pas inutile de noter qu'en général et de tout temps le chapitre s'était montré assez froid à l'égard des intérêts du duc de Cambrai. Mais ici il combattait une injustice, pas autre chose.

Ainsi fut établie la domination espagnole sur des bases bien plus fermes que la première fois, puis qu'en cette dernière circonstance, elle pouvait s'appuyer sur cette grande dérision qu'on appelle le vœu national, bien qu'en réalité la volonté nationale n'ait été nullement conssultée et pour bonnes raisons.

L'Archevêque ne borna pas ses réclamations à une stérile protestation, il envoya vers le roi d'Espagne pour obtenir la réparation des torts; mais la mort qui se joue des projets des hommes et qui n'a que faire de leurs tristes querelles, la mort emporta Louis de Berlaymont le 15 février suivant, avant qu'aucune solution eût été donnée à cette grande affaire. Il fut inhumé à Mons, dans l'église des Sœurs-Noires.

Louis de Berlaymont avait, comme on l'a pu voir, résidé peu de temps dans la ville de Cambrai. Néanmoins il avait fait construire plusieurs ouvrages, et entre autres la porte dont nous avons déjà parlé, et qui après avoir porté son nom, fut appelée porte-neuve, désignation qu'elle conserve encore aujourd'hui. Il avait aussi entrepris et accompli un travail politique extrêmement important, en formant une espèce de code du Cambresis, qu'il composa de la réunion, avec concordance, de toutes les coutumes du pays. Cet ouvrage est intitulé : COUSTUMES GÉNÉRALES DE LA CITÉ ET DUCHÉ DE CAMBRAY, ET DU PAÏS ET CONTÉ DE CAMBRESIS : *Emologuées et décrétées par Mgr. l'illustrissime et révérendissime Messire* LOYS DE BERLAYMONT, *Archevêque et Duc de Cambray, Prince du Saint-Empire, Comte de Cambresis, etc., etc.*

Cet ouvrage avait apporté une lumière extraordinaire, et par conséquent une bienfaisante influence sur les affaires et les actes judiciaires. Se conformant du reste aux principes de liberté et de représentation nationale en usage de tout temps chez les Cambresiens, le duc n'avait procédé à l'homologation de ces coutumes qu'après avoir convoqué à cet effet et pour avoir leur approbation, le clergé, la noblesse et le tiers-état.

Louis de Berlaymont eut une foule de déboires, fit un grand nombre d'actes ecclésiastiques dont le détail ne convient qu'à son histoire particulière. Il fut le dernier des évêques qui battit monnaie. Les monnaies des évêques de Cambrai et celles du chapitre qui avait le droit de battre le billon, c'est-à-dire les blancs d'un, de deux et de quatre deniers, avaient cours dans tout le Pays-bas et même dans d'autres contrées (1).

---

(1) **Mémoires chronologiques.**

Chapitre XV.

Décadence de la cité de Cambrai. — Jean Sarrazin, Guillaume de Berghes, Jean Richardot, François Buisseret. — L'Espagnol se fortifie. — Passage de l'archiduc Albert. — Modification dans les Etats-Généraux. — Plusieurs ordres religieux s'établissent dans Cambrai. — Vanderburgh, Ste-Agnès. — Œuvres de Rubens et de Barthelemy Marsy.

Depuis long-temps s'écroulait le grand édifice de la nationalité cambresienne : chaque jour une pierre tombait de son faîte orgueilleux, chaque jour la ville libre voyait s'éteindre une de ses franchises, s'évanouir un de ses priviléges; les fils du Cambresis, ces premiers nés de la liberté, s'acheminaient lentement vers l'esclavage, semant la route de débris et de souvenirs, jetant à chaque pas une pièce de leur armure et recevant en échange un anneau de plus à ces chaines qui déjà entravaient leurs mains héroïques. En même temps, hélas ! s'engourdissait leur noble fierté ; à peine tournaient-ils de temps à autre un regard sur ce passé si brillant, perdu sans retour ; néanmoins quand cela arrivait, leur cœur battait encore, ils secouaient rudement leurs entraves, mais bientôt ils retombaient inertes et se laissaient garoter davantage. Ainsi leur advint-il à l'occasion des événemens dont nous venons de parler. Ils avaient fait une noble prouesse, ils avaient poussé leurs vieux cris de guerre et de liberté ; puis tout-à-coup après la victoire, étonnés de respirer à l'aise, entraînés par les fallacieux raisonnemens d'une poignée d'intrigans, ils avaient remis leurs destinées aux mains d'une nation étrangère ; et cette fois, hélas ! sans y être contraints ni par la force des choses, ni par la force des armes, ils avaient de gaîté de cœur signé leur déchéance. C'est que ce peuple était mûr, c'est qu'il allait où vont tous les peuples en décrépitude : il périssait et avec lui toutes ses institutions, ou plutôt il périssait pour n'avoir pas conservé ses institutions. Le

Cambresis voulut disparaître, il se fit Espagne jusqu'à ce qu'il devint France.

En effet, l'Espagne revêtue de sa souveraineté nouvelle, prétendit prendre l'initiative en toute chose. Les archevêques successeurs de Louis de Berlaymont, furent présentés ou plutôt imposés à l'élection du chapitre (1). On dut presque lui savoir gré d'avoir conservé des apparences de formes dans ces importantes nominations, et le chapitre comme pour mieux constater sa dépendance, alla jusqu'à déclarer que son *choix libre* était dicté par le désir de plaire à l'Espagne. Néanmoins il arriva que par un reste d'énergie, nous n'oserions dire d'instinct national, ces archevêques ne cessèrent de réclamer en faveur de leurs anciens droits. Leurs prétentions du reste furent reconnues légitimes, et un siècle s'écoula en pourparlers, en négociations, en projets de transactions dans lesquels les papes, les empereurs et les princes de l'empire intervinrent chaleureusement ; à

---

(1) Ceux dont l'élection n'avait pas été littéralement imposée, n'étaient du moins choisis que sous le bon plaisir du roi d'Espagne.

Madrid, à Rome, en Allemagne, les destinées du Cambresis furent agitées dans de graves conseils, mais rien ne fit. L'Espagne en possession de la haute et générale administration du pays, ne voulut faire jamais assez de concessions, et trouva bonne à garder la puissance qu'on lui avait laissé prendre.

Le temps ayant fini sinon par légitimer, du moins par consacrer cette demi-usurpation de l'Espagne, et les graves débats qu'elle suscita ayant dégénéré en une question d'intérêt privé pour les archevêques, nous ne croyons pas devoir rapporter ici les pièces sans nombre qui s'y rattachent; et si, à ce qui vient d'être dit, nous ajoutons que les évêques et le chapitre ne cessèrent de protester jusqu'à ce que Louis XIV fût venu trancher la question à sa manière; nous aurons probablement donné à ce point politique le développement que comporte notre histoire telle que nous l'avons conçue.

L'Espagne nommait donc le magistrat, recevait serment de fidélité, provoquait l'assemblée des états, levait les tailles et les impôts, en un mot gouvernait. Il y avait loin de là au temps où le peuple cambresien prenait lui-même part à l'élection de son premier chef en vertu de cette maxime du bon vieil Hincmar : TOUS DOIVENT ÉLIRE CELUI A QUI TOUS DOIVENT OBÉIR (1). Il faut rendre néanmoins cet hommage au discernement de l'Espagne, qu'elle choisit généralement bien ses hommes, et que notamment les archevêques furent dignes du siège qu'ils occupèrent.

Ainsi, Jean Sarrazin qui mourut la seconde année de son épiscopat (1598), Guillaume de Berghes qui bénit en 1602 le chœur de St-Sépulcre, tint au concile diocésain (1604), et mourut le 27 avril 1609; Jean Richardot d'abord évêque d'Arras, homme de grande piété et de profonde érudition, qui mourut en 1614; François Buisseret, évêque de Namur, ancien doyen de Cambrai, qui s'était fait remarquer par sa généreuse renonciation à une première nomination en concurrence avec Guillaume de Berghes, afin de mettre le chapitre à l'aise envers leurs Altesses espagnoles qui protégeaient Guillaume; ainsi disons-nous, ces prélats ap-

---

1 Voyez la présente Histoire, tome 1, page 57.

portèrent tous de grandes vertus sur le siège épiscopal de Cambrai.

François Buisseret surtout était un homme d'un mérite et d'une énergie remarquables. Né à Mons en 1549, il avait fait ses études à l'Université de Louvain, avait été reçu docteur en droit à Boulogne, et fait chanoine à Cambrai en 1574. L'usurpation d'Inchy avait mis en relief son caractère loyal et son indépendance : demeuré fidèle à l'archevêque et s'étant constamment refusé à prêter serment à l'usurpateur, il fut chassé un soir de Cambrai avec plusieurs de ses confrères, sans pouvoir aller prendre chez lui ni argent ni vêtemens. Traqué par les gens du baron, fugitif et sans ressource, il arriva à Paris où il donna des leçons de jurisprudence; puis revint en 1580 à Mons, où résidait l'archevêque. Ce fut lui que le prélat députa plus tard vers le comte de Fuentes pour les négociations du siège de Cambrai; ce fut lui encore qui parcourut les provinces voisines pour en obtenir des secours d'hommes et d'argent; qui fit parvenir à l'aide des flèches espagnoles ces proclamations aériennes, qui durant le siége, invitaient les bourgeois à secouer un joug odieux.

Enfin devenu archevêque de Cambrai, il s'occupa activement des affaires spirituelles de son diocèse, confirma plus de huit mille personnes à Cambrai, et consacra l'église des Capucins. Moins heureux encore que ses prédécesseurs, il occupa le siège moins longtemps, et l'année même de sa nomination, il trépassa dans une tournée pastorale (1615).

Le deuil et la consternation furent unanimes, il ne fallait rien moins que la promotion de Vanderburgh pour effacer un peu les pénibles impressions causées par ces disparitions successives et rapprochées de prélats recommandables. La carrière de Vanderburgh (1) fut plus longue, nous parlerons bientôt de cet immortel archevêque, mais auparavant, nous allons reprendre notre histoire à l'avénement du comte de Fuentes dans Cambrai.

A peine le général espagnol fut-il installé dans la ville, qu'il s'occupa d'y assurer son séjour. Il fit réparer les brèches, fit construire un château sur la porte de Cantimpré, et abattre

---

(1) Nous avons adopté cette manière d'écrire VANDERBURGH, parce que c'est ainsi qu'on l'écrit dans les anciens ouvrages.

plus de 600 maisons sur l'Esplanade pour en faire une place d'armes (1). Les chanoines de Cantimpré dont l'abbaye fut rasée pour faire place aux fortifications, se retirèrent alors à leur prieuré de Bellinghem (2). La paix entre la France et l'Espagne ne tarda pas à être conclue, et le traité fait à Vervins le 2 mai, fut publié à Cambrai le 7 juin suivant. Cette publication se fit dans nos murs en français, en espagnol et en

---

(1) Il importe, pour l'intelligence des chroniqueurs, de fixer le lieu de la place d'Armes qui n'était pas le grand marché (place d'Armes aujourd'hui) comme l'ont pensé quelques écrivains. Il est hors de doute pour nous que la place d'Armes occupait alors une portion du terrain voisin de la citadelle qu'on appelle de nos jours Esplanade. Sans parler des preuves nombreuses que nous en avons trouvées ailleurs, nous nous contenterons de citer ces deux passages du manuscrit de la Bibliothèque de Cambrai n. 670 : « Je dirai que c'était » chose pitoyable à voir que l'abattement et ruine de » de 600 maisons DEVANT LA CITADELLE pour faire UNE » PLACE D'ARMES. ».... « Le 6 de juin 1615, nuit de Pente-» côte, EN LA PLACE D'ARMES, DEVANT LA CITADELLE, fut » arquebusé un gentilhomme, etc. »

Auxquels nous ajouterons cet autre passage des MÉMOIRES CHRONOLOGIQUES à la date de 1709: « L'archevêque fut obligé de bénir un endroit SUR LA PLACE D'ARMES pour servir de sépulture aux soldats, ce cimetière est PROCHE LE BASTION-ROBERT. »

(2) Mémoires chronologiques.

allemand, à cause sans doute des soldats de différentes nations qui formaient la garnison.

En 1600, l'archiduc Albert et l'infante Isabelle sa femme, firent leur entrée dans Cambrai où ils arrivèrent le 16 février, vers six heures du soir. Pour donner un certain lustre à cette entrée, le magistrat avait enjoint à tous les fonctionnaires de la ville (1) de se munir de torches, et les avait ensuite rangés comme autant de candélabres vivans le long des rues de Cantimpré, de St-Julien, des Clefs, puis le long de St-Aubert jusqu'à la porte de cette abbaye où leurs Altesses devaient loger. La lumière répandue par cette gigantesque illumination égalait presque celle du jour. Le clergé métropolitain vint processionnellement au-devant du prince, qui ne se présenta néanmoins à l'église que le lendemain. De là il alla visiter la citadelle qui le salua d'une décharge de quatre-vingts pièces de canon. Il reçut à St-Aubert le serment de fidélité et quitta la ville pour aller en Belgique.

Nous ne devons pas omettre de mentionner ici

---

(1) Manuscrit de la Bibliothéque de Cambrai, n. 670.

une modification qui depuis le retour de la domination espagnole s'était introduite dans le mode de convocation des états de Cambresis. Composés auparavant de la noblesse, du clergé et du magistrat de la ville, ils ne s'assemblaient que quand l'évêque, pour quelque affaire particulière, jugeait à propos de les appeler. Si l'objet qui devait les occuper ne regardait que la cité ou la banlieue, les seigneurs du Cambresis n'y assistaient point, et les nobles de la ville n'y prenaient place qu'en qualité de notables ; mais quand l'objet de la séance avait une importance générale, alors toute la noblesse du pays était convoquée dans la personne des baillis. Ces dispositions constitutives furent changées en 1597 ; dans une assemblée générale des états, on choisit des députés de la noblesse, du clergé et du magistrat, c'est-à-dire du tiers état, qui furent chargés de se réunir une fois la semaine pour régler les affaires qui pourraient survenir. Ce tribunal complexe fut pourvu d'un greffier et d'un receveur.

L'historien Dupont fait remarquer à ce sujet que la noblesse commença alors et continua depuis à ne tenir plus que le second rang dans les états (1) et le magistrat à représenter exclusivement le tiers-état, quelle que fût d'ailleurs la qualité de chacun de ses membres (2).

Tels furent les événemens remarquables qui suivirent le retour des Espagnols. Cependant s'introduisaient à Cambrai les religieuses de Prémy (1597) dont le couvent, situé près de Proville, avait été détruit par la guerre ; l'ordre des Récollets, en 1600 ; et les Capucins en 1613. Julien Deligne, natif de Cambrai, chroniqueur remarquable, chapelain de N.-D., mourait en 1606. Les casernes de Cantimpré et de Selles s'élevaient au grand préjudice de quelques bourgeois que l'on expropriait (1601). On plaçait

---

(1) L'abbé Dupont ajoute : « Le premier rang appartient sans contredit à la noblesse, qui le cède par respect à l'église. »

(2) Le même auteur, à l'époque à laquelle nous sommes arrivés, entre dans une longue digression sur les diverses transmissions de la chatellenie de Cambrai et des seigneuries de Crévecœur, d'Arleux, de Ramilly et de St-Souplet. Cette digression n'ayant pas trait à l'histoire générale et populaire du pays, et ne concernant que les propriétaires successifs des biens dont il est question, ne sera point reproduite dans notre ouvrage.

dix-neuf cloches (1) dans la tour de St-Géry (1601). Les jésuites établissaient le collége (1603) dans le lieu où est aujourd'hui le grand séminaire. Enfin l'on procédait à l'élection du successeur de François Buisseret, et ce successeur fut le bon et bienfaisant Vanderburgh, le plus vénérable de nos archevêques, comme Fénélon en fut le plus illustre. Au nom de Vanderburgh toutes les pensées, tous les souvenirs de bienfaisance se réveillent. Des monumens attestent son passage et son goût éclairé pour les arts; mille bouches s'ouvrent pour le bénir et cent jeunes filles, cent familles secourues par sa prévoyante et perpétuelle charité, proclament en tout temps leur amour, leur reconnaissance pour ce père des pauvres.

Vanderburgh était véritablement un saint et digne pasteur. Prévoyant, actif, zélé, ferme et indulgent selon le besoin, il apporta une heureuse réforme dans la discipline de son clergé; il voulait tout voir par lui-même et chaque année il tenait une assemblée synodale à laquelle assistaient tous les doyens des campagnes. Ses libé-

---

(1) Manuscrit n. 670.

ralités allèrent enrichir les autels, les tabernacles sacrés jusque dans les chapelles des plus humbles villages; et en même temps un don magnifique attachait son nom à la reconstruction de l'église des Jésuites. Cette église, la plus élégante des trois qui existent maintenant à Cambrai, porte encore fièrement sur ses voûtes le nom béni de Vanderburgh. Fils de noble famille, modeste et bienveillant pour le peuple, il fit de grandes choses et affectionna les petits. Père du peuple, il voulut lui donner le bienfait de l'éducation : l'école dominicale fondée jadis par maître Standon, fut par ses soins restaurée et dotée largement. Mais son institution favorite était la belle, la sainte maison de Ste-Agnès, dont les bâtimens furent achevés en 1627. Il y mit pour première supérieure Mademoiselle Hattu, native de Douai, qui fixée dans notre cité, y avait ouvert un petit couvent pour l'instruction de la jeunesse (1).

La maison de Ste-Agnès, destinée à l'instruction et l'entretien de cent pauvres filles, fut encore enrichie par le testament de son fondateur

---

(1) Mémoires chronologiques

d'un grand nombre de rentes et de revenus qui en ont fait un des plus riches établissemens charitables du pays.

Avouons-le : chaque page de l'histoire donne un démenti formel à ces injustes déclamations qui accusent l'ordre religieux d'obscurantisme. Partout où une école, un collége se fonde; partout où les arts reçoivent des couronnes ou des encouragemens, un nom s'y rattache qui appartient à cet ordre; et tandis qu'une aride et stérile philanthropie trace sur le papier, dans le faste orgueilleux de ses cabinets, des plans plus ou moins réalisables d'émancipation intellectuelle, la charité moins bruyante, moins vaniteuse, se met à l'œuvre, instruit l'enfant du pauvre, forme la jeune fille à la vertu, bâtit des asiles pour le vieillard, dresse des lits pour le malade, prépare l'hospitalité au pauvre voyageur et répond aux dédains du philosophe par ses belles et bonnes œuvres dont la récompense n'est pas sur la terre. Rendons enfin justice à qui le mérite, et discernant les actions d'avec les utopies, tirons toutes les conséquences raisonnables d'un fait qu'on ne remarque pas assez généralement : c'est que depuis long-temps il y a des *sœurs de la charité*, et qu'on attend encore *les sœurs de la philanthropie.*

L'institution de Ste-Agnès fut établie sur des bases si sages, si régulières, que Louis XIV lui-même ne trouva pas de meilleur modèle quand il fonda la célèbre maison de St-Cyr. Le grand monarque imita le saint prélat, et les nobles demoiselles de France furent traitées comme les jeunes filles pauvres de Cambrai.

Vanderburgh si prodigue envers les humbles églises, ne le fut pas moins en faveur de la Métropole. Les arts du peintre et du statuaire furent mis par lui à contribution et le temple de Notre-Dame et le palais archiépiscopal conservèrent jusqu'au dernier jour les traces de son passage.

Il mourut à Mons, le 23 de mai 1644, la 28me année de son pontificat.

De son temps vivait un homme éclairé, chanoine de Notre-Dame, nommé Sébastien Briquet, dont les artistes doivent bénir la mémoire. Ce fut lui qui fit peindre par Rubens et donna en 1616 aux capucins de Cambrai le magnifique tableau de la descente de croix qu'on admire aujourd'hui dans l'église de St-Aubert. Rubens avait peint le christ nu : un autre peintre se chargea de jeter un voile sur ce que la décence voulait que l'on cachât (1). Le même chanoine, messire Briquet, fit faire encore une belle statue d'albâtre représentant St-Sébastien, laquelle orna plus tard dans la Métropole le monument funéraire de cet ami des arts. Une chose remarquable à cette occasion, c'est que ce morceau de sculpture, le plus beau qui existât dans la ville (2), était dû au ciseau d'un enfant de Cambrai, le célèbre Barthelemy Marsy (3). Le prêtre généreux et savant, par un mouvement d'amour national, d'autant plus frappant que ce sentiment est rare de nos jours, alla chercher jusques dans Florence un talent, un ciseau cambresien pour lui demander un ouvrage précieux, pour lui offrir un noble sa-

---

(1) Mémoires chronologiques.
(2) Idem.
(3) Barthelemy Marsy, dont parle le chroniqueur, était très probablement le père de Gaspard et Balthasar Marsy; ces deux illustrations cambresiennes qui ont laissé des chefs-d'œuvre de sculpture, et dont Versailles atteste les talens et la célébrité.

laire; l'artiste répondit par un chef-d'œuvre. Ce chef-d'œuvre parmi tant de chefs-d'œuvre échappa à l'acte effroyable de *régénération* qui, il y a un demi-siècle, replongea les productions des arts et du génie dans le néant, d'où nos grands hommes, si puissans qu'ils soient, sont hélas! impuissans à les rappeler. La statue de St-Sébastien existe dans la chapelle de Ste-Agnès, où celle de Vanderburgh a aussi trouvé un abri.

Chapitre XVI.

Guerre entre la France et l'Espagne ; ses conséquences dans le Cambresis.—Démantèlement d'Honnecourt. — L'abbaye de Vaucelles souffre de la guerre. — Défaite du maréchal de Guiche. — Siège de Cambrai par le comte d'Harcourt. — Siège de Cambrai par le vicomte de Turenne.

La paix avait régné pendant quelques vingt ans dans le pays et le peuple avait joui d'un de ces repos si rares qui aident à son développement et à ses progrès. Vanderburgh, comme nous l'avons dit, y avait puissamment contribué et les Cambresiens avaient fait un grand pas sur le terrain fertile de la civilisation.

Mais la guerre se déclara de nouveau en

1635, entre la France et l'Espagne. Il faut lire dans l'histoire de France les causes et les détails de ces grandes luttes où Louis XIII et Richelieu eurent tant à faire.

Le pays de Cambrai souffrit beaucoup du passage et des excursions des troupes ennemies. Les plaines de Masnières, de Crèvecœur et de Rumilly furent dévastées; le Cateau n'échappa à ces mauvais traitemens qu'en fournissant des vivres à l'armée française. Cependant, comme si ce n'eût point été assez de pareilles calamités, à la faveur des troubles de la guerre, une bande nombreuse d'aventuriers picards et artésiens s'était organisée sous les ordres d'un chef redoutable nommé Marotel. Ces audacieux pillards exploitaient le pays, mettant à contribution les villages voisins de la petite ville d'Honnecourt où ils s'étaient fortifiés, quelque fois même poussant leurs expéditions malfaisantes jusque sous les murs de Cambrai. Ces brigandages ne furent point tolérables aux yeux du gouverneur de la ville, qui chargea le sieur de Maugré de les réprimer. Le sieur de Maugré était un officier remarquable par son intrépidité, un de ces hommes au caractère chevaleresque et aventureux, pour lesquels toute entreprise périlleuse est une bonne fortune. Il accepta avec empressement sa mission et partit avec une petite troupe de soldats déterminés. Les flibustiers renfermés dans Honnecourt leur opposèrent une vigoureuse résistance : mais l'attaque fut plus rude encore : on fit sauter la porte à l'aide de la poudre, et une fois dans les murs, le chevalier cambresien fit bon marché des pillards. Ce fut alors (1636) que pour la dernière fois Honnecourt fut démantelé ; il fallait pour prévenir de nouveaux pillages, ôter aux aventuriers tout moyen de défense, aussi les soldats cambresiens ne quittèrent-ils la petite ville que lorsqu'elle fut hors d'état de servir jamais de repaire à des hommes armés.

Depuis lors Honnecourt a perdu toute son importance et n'est plus de nos jours qu'un village pittoresque, sans autre illustration que ses ruines.

Le Cateau qui, en 1635, n'avait échappé à une dévastation complète qu'en fournissant des vivres à l'armée française, tomba en son pouvoir en 1637, après trois jours de siège. Le gouvernement en fut remis à un sieur de Cantoux. Le comte espagnol de Fuensaldagne, qui venait d'être nommé gouverneur de Cambrai, ne voulut pas exposer Landrecies au même sort et y envoya son frère, Dom Alvaro de Viveros, avec un corps de cavalerie. Mais surpris par le colonel Gassion, Dom Alvaro fut fait prisonnier avec beaucoup de ses cavaliers. Bientôt après, traité par les Français avec une politesse toute chevaleresque, il fut relaché même sans rançon. Cependant les armes de France étaient funestes au pays : au mois d'octobre de la même année 1637, le village de Lesdain fut complètement incendié, plusieurs autres eurent le même sort. Vainement des corps de cavalerie faisaient-ils des sorties de Cambrai sous le commandement du brave colonel Druhot; on poursuivait l'ennemi même avec du canon, mais les sorties aboutissaient à des escarmouches qui l'inquiétaient, sans le chasser ni l'abattre. Heureusement la ville était pourvue de telle sorte qu'on jugea inutile d'en faire le siège.

L'année suivante, les Français occupés au siège de St-Omer, laissèrent le Cambresis à peu près en paix, jusqu'à la fin d'août, époque à laquelle sous les ordres des maréchaux de Laforce et de Chatillon, ils vinrent camper à Vaucelles, dont la belle abbaye fut transformée en hôtel militaire. Le but des généraux était d'observer le prince de Picolomini, qui lui-même était venu camper près de Cambrai et couvrir le siège du Catelet. Toutes les chambres du monastère furent envahies par les officiers supérieurs, de telle sorte que les religieux durent coucher dans les corridors. Le blé, les denrées de toutes espèces furent en quelques jours consommés par les hommes et les chevaux. Alors ce fut aux officiers, à leur tour, de pourvoir les religieux ; ils firent les choses généreusement, et pour les indemniser du déplorable embarras où on les avait mis, on leur donna du moins des marques sans nombre de politesse et l'on pourvut abondamment leur table de mets et de vins exquis. La plus rigoureuse discipline fut imposée aux troupes pendant leur séjour dans l'abbaye ; défense fut faite sous peine de mort de pêcher dans les étangs. Les chevaux et les bestiaux demeurèrent tous dans les écuries, aucun dégât ne fut fait dans la maison ni dans ses dépendances. Les officiers français poussaient les égards jusqu'à rendre service : à l'arrivée de l'armée, un grand nombre de paysans effrayés s'étaient réfugiés dans l'enclos avec leurs femmes et leurs enfans, et comme cet enclos était envahi par la troupe, ils avaient cherché un refuge sur les voutes de l'église. Mais bientôt, ainsi resserrés dans un espace étroit, plusieurs étaient tombés malades. Alors les religieux demandèrent pour ces pauvres gens la faculté de se retirer près de Cambrai. Les généraux ne se contentèrent pas d'accorder un sauf-conduit, mais encore donnèrent une escorte considérable pour les accompagner.

La campagne se termina sans autres particularités que quelques escarmouches entre les Français et les Espagnols, qui, les uns et les autres se comportaient d'ailleurs en vrais chevaliers, comme on en pourra juger par le fait qui va suivre. Les deux capitaines s'étant trouvés en présence, l'Espagnol avec deux cents chevaux, le Français plus faible de moitié, le combat n'en fut pas moins très opiniâtre, et le plus grand nombre finit par céder. Le général espagnol, supérieur aux faiblesses d'amour-propre, conçut pour le colonel de Gassion une estime qu'il voulut lui témoigner de vive voix.

Il lui envoya donc un trompette pour l'inviter à s'avancer lui deuxième comme il le ferait luimême. L'invitation fut acceptée, et les deux officiers ennemis eurent l'avantage d'échanger des paroles d'estime et de considération. Puis ils se séparèrent.

Mais là ne se bornèrent pas les preuves de déférence; Picolomini, à peine rentré dans son camp, renvoya au colonel français trois de ses officiers qu'il avait faits prisonniers. Ils furent conduits à Crèvecœur dans le carosse du prince; le carosse était attelé de six chevaux blancs, couverts de harnois dorés et de housses richement brodées. Un trompette ouvrait la marche et quatre valets de pied suivaient la voiture. Les officiers ne faisaient que précéder de deux jours tous les prisonniers qu'on avait faits à M. de Gassion.

En échange de ce magnifique procédé, le colonel français restitua vingt-sept prisonniers espagnols, et rendit à Picolomini ses veneurs et ses fauconniers qu'il lui avait enlevés, y ajoutant une permission générale de chasse dans le pays. L'officier qui portait cette permission, et qui, par une délicatesse facilement appréciable, avait été choisi parmi les prisonniers de Picolomini, fut chargé de remettre au prince, de la part du colonel, deux fusils d'Abbeville d'un fini extraordinaire.

On ne peut s'empêcher de remarquer que de pareils officiers n'étaient pas de grossiers traîneurs de sabre, et qu'ils savaient exercer noblement leur état.

Les trois campagnes suivantes : celles de 1639, 1640 et 1641 furent de peu d'importance pour notre pays, qui vit s'éloigner le théâtre de la guerre ; mais en 1642, les troubles et les inquiétudes reparurent jusqu'à ce que la victoire complète remportée par les Espagnols sur le maréchal de Guiche, délivrât entièrement le pays des armées ennemies. Le maréchal français avait formé près d'Honnecourt un camp dont la tête seule fut couverte par des retranchemens, parce que l'aile droite lui paraissait suffisamment protégée par un bois, et l'aile gauche par une ravine.

Le 26 mai 1642, l'armée espagnole parut sur

les hauteurs de Bonavis, d'où elle vint prendre position entre Honnecourt et Villers-Guislain. Puysegur et l'illustre Rantzau comprirent de suite que l'armée française, beaucoup inférieure en nombre, était compromise, et firent auprès du maréchal toutes les instances possibles pour le déterminer à mettre l'Escaut entre les Espagnols et lui. Le duc de Guiche s'obstina à demeurer en place et à attendre la bataille. Funeste persistance qui amena la désastreuse défaite du maréchal, lequel laissa sur le champ de bataille et entre les mains de l'ennemi, presque tout son corps d'armée, toute son artillerie, son bagage et cent mille écus destinés à la solde des troupes; il se retira dans Guise avec six escadrons, maigres débris de cette armée avec laquelle quelques heures auparavant il promettait de battre l'Espagnol.

Le lendemain de cette victoire, l'armée espagnole campa à Crèvecœur, où elle resta huit jours, et borna là ses exploits de l'année, sans songer même à reprendre le Cateau qui, comme nous l'avons dit plus haut, était tombé au pouvoir des Français. Les Français comprirent mieux l'utilité que les Espagnols pourraient tirer de l'occupation du Câteau, et démantelèrent cette ville avant de la quitter.

La bataille de Rocroy vint enfin rendre aux armes françaises une supériorité dont les avait dépouillées le sort des combats (1). Quant au Cambresis, il demeura assez paisible jusqu'en 1649, époque la plus importante pour nous de cette longue guerre qui occasionna le siège de Cambrai par le comte d'Harcourt.

Cambrai était une cité trop belle et trop importante pour qu'elle n'attirât pas les regards de la France qui avait d'ailleurs tout intérêt à en expulser les Espagnols. L'armée française s'était formée aux environs d'Amiens et arriva en vue de Cambrai le 24 de juin 1649.

---

(1) Ce fut à la bataille de Rocroy que périt le comte de Fuentes qui en 1595, avait fait le siège de Cambrai à jamais mémorable, l'avait reprise aux Français, et y avait, les bourgeois aidant, rétabli la domination espagnole. Le noble général, qui avait commandé les armées d'Espagne pendant trente ans, se faisait alors porter dans les rangs sur un fauteuil, à cause de son grand âge. Le duc d'Enghien qui commandait l'armée française, dit en voyant, après la victoire, le comte de Fuentes couché sur la poussière : « Si je n'avais pas vaincu, j'aurais voulu mourir comme lui! »

Nous donnerons les détails de ce siège dont la relation a été longuement écrite par un bourgeois de Cambrai qui vivait alors.

A la nouvelle du mouvement de l'armée française, le comte de Garcies, gouverneur de la ville, avait garni de troupes la rive droite de l'Escaut, dont on avait coupé les ponts à Noyelles, Masnières, Proville, etc. Ces troupes divisées en différens postes, avaient mission de s'opposer au passage du fleuve par l'ennemi. Et en effet, une colonne ennemie ne tarda pas à se présenter au pont d'Aire, avec l'intention d'aller s'emparer du chemin de Valenciennes, afin de couper les secours qui pourraient chercher à se jeter dans la ville. Ce fut là qu'eut lieu la première escarmouche : un piquet d'infanterie soutint le choc de la colonne française avec intrépidité, et donna ainsi à deux régimens qui se trouvaient aux environs de Bouchain, le temps d'entrer dans Cambrai.

Cependant une autre colonne française avait passé l'Escaut à Vaucelles, et poussait son avant-garde assez près de la ville. Quand le gouverneur vit que le passage était opéré, il fit rentrer dans les murs les troupes qu'il avait échelonnées sur le fleuve, et se disposa à la plus vigoureuse résistance.

La religion, dans ce temps-là, mêlait ses pompes aux appareils guerriers; les opérations militaires étaient toujours accompagnées ou précédées de prières ferventes. Une procession générale eut donc lieu à la demande du gouverneur. Le prix des denrées fut réglé afin qu'aucun spéculateur ne pût exploiter les circonstances pénibles dans lesquelles on était exposé à tomber; une taxe fut imposée et fixée par les états pour la solde des soldats. Ces dispositions administratives n'étaient pas les seules que le comte de Garcies eût eu à prendre. La garnison était faible et ne formait guères, même en comptant les deux régimens nouvellement arrivés, qu'un effectif de 2,400 hommes. Cette minime armée était beaucoup trop faible pour la défense de la place et les travaux qui s'y rattachaient. Une circonstance favorable se rencontra : Un nombre considérable de paysans s'étaient réfugiés dans la ville, on en forma un régiment de 800 hommes qui furent divisés en douze compagnies auxquelles l'on donna des officiers expérimentés. Un autre régiment de 2,000 hommes fut formé par les bourgeois qui se trouvèrent divisés en seize compagnies ; et enfin le clergé fournit du sein de sa juridiction un régiment de 500 hommes ; ce qui fit monter la garnison à environ 5,700 hommes.

Tristes nécessités de la guerre ! les premiers travaux de cette nouvelle armée furent consacrés à la dévastation des faubourgs. On renversa les maisons, on abattit les arbres ; bientôt ce ne fut plus qu'un désert chargé de ruines. La chapelle de St-Druon et l'église de la Neuville seules restèrent debout, et encore l'église fût-elle également tombée sous la pioche, si les Français en avaient laissé le temps aux travailleurs. Mais de leur côté, les travaux avançaient aussi rapidement : de nouveaux ponts jetés sur l'Escaut facilitaient les communications et les opérations de l'armée de siège.

La ceinture militaire partant du village de Tilloy où était le comte d'Harcourt, traversait Ramilly, Escaudœuvres, allait chercher Crèvecœur en passant par Awoingt et Niergnies ; puis revenait par Cantigneul, Fontaine-Notre-

Dame, Ste-Olle, et rejoignait Tilloy. Différens généraux commandaient ces diverses positions.

Dans ces conjonctures, la cité courait grand risque de tomber aux mains des Français; mais bientôt les choses changèrent de face; l'archiduc Léopold qui, à la faveur des troubles de la Fronde, venait d'obtenir des succès en Belgique, ne tarda pas à arriver au secours de Cambrai. Il se trouva le 27 à Bouchain, avec une armée de 14,000 fantassins et 8,000 hommes de cavalerie. Il avait alors deux partis à prendre : soit attaquer l'ennemi de prime abord, soit tenter de faire parvenir des troupes dans la place. Ce dernier moyen prévalut. Le comte de Fuensaldagne qui marchait sous les ordres de l'archiduc et l'avait précédé de quelques jours, avait déjà, mais en vain, essayé de faire pénétrer dans la ville des corps détachés qu'il expédiait pendant la nuit. Tantôt un pont rompu, tantôt un orage, tantôt une surprise avaient fait échouer ces entreprises.

De son côté, le gouverneur opérait des sorties, taillait en pièces quelques postes détachés, et facilitait la rentrée d'un émissaire qui lui rapportait des lettres de l'archiduc, dont une à l'adresse des Etats contenait ce qui suit :

« Très-Révérends Pères en Dieu; Vénérables,
» très-chiers et bien Amés Nobles : Ayant sçu
» que l'ennemi a déclaré son dessein sur Cam-
» brai, nous avons fait marcher au même ins-
» tant toutes les troupes pour vous aller secou-
» rir; auquel effet vous pouvez être assurés que
» ferons le dernier effort, n'ayant rien plus à
» cœur que la conservation de cette place; pour
» laquelle nous promettons aussi, qu'ensuite de
» votre zèle et affection au service du Roi et à
» votre propre bien, vous ferez tout ce qui sera
» humainement possible; comme nous vous,
» très-sérieusement et au nom de Sa Majesté,
» ordonnons en particulier de donner au comte
» de Garcies toute l'assistance d'argent, pro-
» vision et autres choses nécessaires qu'il vous
» demandera et aura de besoin; vous assurant
» que de tout ce qu'aurez frayé en cette occasion
» si importante, vous sera donné entière satis-
» faction en la forme et manière que le dési-
» rerez.

» Du Camp, le 25 Juin 1649. »

De nouvelles lettres adressées au gouverneur tombèrent entre les mains des Français, qui, apprenant par là que deux corps considérables de troupes devaient tenter de forcer les lignes, et qu'en cas d'échec on était décidé à en venir à une action générale, prirent les mesures nécessaires pour se trouver prêts à tout événement.

Néanmoins, un émissaire était parvenu à s'introduire dans la ville, et avait prévenu le gouverneur des intentions de l'archiduc. Le comte de Garcies, pour seconder les dispositions du prince, plaça des troupes dans les pièces de fortifications avancées, et forma même quelques postes non loin des lignes ennemies, afin de soutenir les secours qui devaient forcer ces lignes.

De deux corps destinés à cette expédition, l'un réussit complètement. Il était commandé par le sieur de Bruck. Ce brave colonel en recevant de l'archiduc Léopold cette commission périlleuse, avait dit au prince : *Monseigneur, ou demain matin je serai avec Dieu, ou je boirai à votre santé avec le gouverneur de la ville.*

Parti de Bouchain, le corps d'expédition gagna le village d'Esne, et delà à travers mille obstacles, après s'être égaré, marchant du reste à la faveur d'un brouillard fort épais, il franchit non loin du chemin de Crèvecœur, la circonvallation française, après avoir mis en déroute un gros de cavalerie.

Au point du jour, le brouillard se dissipa, et ivre de joie, la troupe du colonel de Bruck aperçut à peu de distance les murailles de la ville... Son arrière-garde seule n'avait pu franchir les obstacles, parce qu'elle s'était égarée. Quoiqu'il en fût, le chef et les soldats furent reçus comme des libérateurs; un grand nombre de troupes vinrent au-devant d'eux et leur firent une espèce d'ovation.

Deux heures après toutes les armes de la garnison, cavalerie, infanterie et milice bourgeoise étaient rangées en bataille sur les murailles élevées des remparts et de la citadelle, afin de décourager le comte d'Harcourt, et de lui faire prendre le parti de la retraite, à la vue d'un si grand nombre de défenseurs.

Le colonel de Bruck voulut rendre grâce à

Notre-Dame du succès de son entreprise, et se rendit pour cela dans la Métropole avec ses principaux officiers, tant alors, comme nous le disions plus haut, les principes religieux dominaient tous les cœurs.

Le comte d'Harcourt, instruit de l'entrée du secours dans la cité, voulut voir l'endroit où les lignes avaient été franchies, et se transporta sur les lieux. En revenant de cette visite, il rencontra l'arrière-garde du colonel de Bruck qui n'avait pu pénétrer, et qui retournait au camp de l'archiduc. Trompé par cette manœuvre forcée, et croyant que ces quatre ou cinq cents hommes ne s'en retournaient que parce que la ville était suffisamment pourvue, il fut pris d'un découragement subit qui ne le quitta plus; il assembla son conseil, fit décider la levée du siège et nonobstant les observations de quelques officiers qui ne connaissaient que trop la faiblesse des fortifications, il ordonna immédiatement la levée des tentes. Le soir même, la campagne était libre, et le lendemain le prince Léopold entrait dans Cambrai au milieu d'un brillant état-major.

Le comte de Garcies alla à sa rencontre, et le

colonel de Bruck présenta fièrement à l'archiduc les troupes qui avaient secouru la ville. *Vous avez tenu parole*, dit gracieusement Léopold au vieux colonel. *Oui*, reprit celui-ci, *oui Monseigneur, j'ai bu hier à votre santé avec le comte de Garcies.*

Ainsi fut levé le siège de Cambrai, lequel, repris huit ans après par le vicomte de Turenne, n'eut pas plus de succès pour les armes de France. Le grand général, pour se dédommager des pertes que lui avait fait essuyer le prince de Condé (1), avait conçu le projet de s'emparer de la ville de Cambrai, ce qu'il espérait exécuter autant par ruse que par force. En effet, ayant feint d'attaquer quelques autres places, il était parvenu à diminuer la garnison de Cambrai au moyen des secours qu'elle avait envoyés; puis, encouragé par ces heureux préludes, il avait investi la place avec toutes ses forces, à la fin de mai 1657. Il avait pour cela si bien pris son temps, que la garnison ne se composait que de

---

(1) On sait que le prince de Condé mécontent, non sans motif, de la cour de France, s'était jeté momentanément dans les Pays-bas, où il soutenait le parti de l'Espagne.

la *morte-paix* (quelques fantassins), et une cinquantaine de cavaliers. Cet état de faiblesse se compliquait d'une mauvaise intelligence survenue entre les bourgeois et le gouverneur. En un mot, l'occasion ne pouvait jamais être plus favorable ; Turenne le savait, et en habile capitaine, en avait profité.

Le gouverneur expédia immédiatement à Mons un officier pour demander au commandant de cette ville l'envoi d'un secours avant que la cité fût entièrement cernée. Le hasard voulut que le prince de Condé eût donné rendez-vous à sa cavalerie près de là. Il rencontra l'officier qui lui confia l'objet de sa mission : le prince résolut de se jeter lui-même dans Cambrai qu'il voyait fort en danger d'être prise s'il ne lui arrivait un prompt secours.

Il partit donc avec ses troupes sans leur apprendre l'objet de l'expédition. A l'entrée de la nuit, il s'arrêta quelques instans dans un village où il prit un guide, et ce fut là seulement qu'il fit connaître le danger qui menaçait Cambrai. Le guide faillit compromettre le succès de cette expédition : il engagea malencontreusement la cavalerie dans un bois où il l'égara, des lieux impraticables entravèrent la marche de la troupe ; les hommes furent obligés de descendre de leurs chevaux et d'errer la nuit par une obscurité profonde, dans des chemins humides et des clairières inconnues. Enfin l'on parvint à retrouver la route, et le prince arriva dans une plaine où il put mettre sa petite armée en bataille. De là il la dirigea sur Cambrai, en trois corps différens, composés chacun de six escadrons. Le premier corps traversa le camp ennemi sans obstacle et à la faveur de la nuit ; mais le bruit qu'il fit en passant, donna l'éveil ; de sorte que le second corps commandé par le prince lui-même éprouva quelque résistance ; néanmoins le prince força l'obstacle, et toute sa troupe le suivit à l'exception de quelques-uns de ses domestiques qui furent pris auprès de lui. Le troisième corps franchit de même le camp français, et bientôt une salve d'artillerie annonça que le prince de Condé était entré dans Cambrai.

Turenne n'hésita plus alors, regarda la partie comme perdue et décampa, après avoir expédié un courrier à Mazarin pour lui faire connaître que le prince et ses dix-huit escadrons rendaient vain tout espoir d'entrer dans Cambrai.

La cité voulant témoigner sa reconnaissance au libérateur, fit frapper une médaille avec cet exergue :

VIRGINI SACRUM ET CONDEO LIBERATORI.

Chapitre XVII.

Coup-d'œil rétrospectif. — Joseph de Bergaigne. — Gaspar Némius. — Peste de 1663. — Ladislas Jonart. — Jacques de Bryas. — Siège de Cambrai par Louis XIV. — Cambrai devient ville Française.

Les fastes militaires auxquels nous avons consacré une grande partie du chapitre précédent, et dont nous n'avons pas voulu interrompre le cours, nous ont forcé à laisser quelques lacunes que nous allons combler. Jetons d'abord un coup d'œil rétrospectif sur les temps que nous venons de traverser, et plaçons à leur date les événemens secondaires dont nous avons d'abord écarté le récit, après quoi nous poursuivrons nos études historiques.

Après la mort de Vanderburgh, qui eut lieu en 1644, il y eut un grand conflit entre l'autorité espagnole, le chapitre de Cambrai et la cour de Rome. Chacun de ces trois pouvoirs prétendait être seul en droit de nommer l'archevêque de Cambrai. Il aurait pu résulter de là une longue vacance pour le siège; mais, tout en protestant contre les prétentions d'autrui, ils s'entendirent tous pour choisir Joseph de Bergaigne (1). Il est même probable qu'on ne s'accorda si bien sur le personnage, que par la crainte que chacun avait de succomber dans le conflit.

Joseph de Bergaigne, natif d'Anvers, religieux de l'ordre de St-François, frère mineur observantin, fut d'abord élevé au siège de Bois-le-Duc, c'est de là qu'il passa à Cambrai (en 1646), par la grâce de l'Espagne à laquelle il avait rendu de grands services diplomatiques. Il mourut le 24 octobre 1647, sans avoir résidé dans Cambrai, sans même y être venu en visite pastorale.

---

(1) L'abbé Dupont dit Joseph de BOURGOGNE. C'est une erreur : le successeur de Vanderburgh s'appelait de Bergaigne.

A Joseph de Bergaigne succéda Gaspar Némius, dont la nomination suscita probablement les mêmes difficultés que celle de son prédécesseur. Némius était un homme remarquable. Docteur en théologie, il avait été professeur à l'Université de Douai et président du Séminaire du Roi ; puis élevé au siège d'Anvers, il y avait 17 ans qu'il l'occupait, quand il fut appelé à celui de Cambrai.

Actif, plein de zèle et de vertus, il remplissait par lui-même tous les devoirs de sa charge. Il était fort affable, surtout envers les pauvres dont il se montrait le père. Ce bon vieillard s'endormit dans le Seigneur à l'âge de quatre-vingts ans, le 22 novembre 1667, et fut enterré dans l'église de Notre-Dame.

Quatre ans s'écoulèrent alors avant qu'il eût un successeur.

Du temps de l'évêque Gaspar, en 1663, la peste fut apportée de St-Omer, où elle faisait des ravages, par des cavaliers espagnols qui prirent logement à l'hôtellerie de la Bombe, sur la Place-au-Bois. La première victime à

Cambrai fut l'hôtesse de cette auberge. Le médecin appelé pour la soigner, ne tarda pas à s'apercevoir de la présence de l'épouvantable fléau; il en donna immédiatement avis au magistrat, qui prit aussitôt toutes les mesures possibles de préservation. On plaça un cordon sanitaire autour de la fatale hôtellerie; le prêtre qui avait assisté la mourante fut invité à faire une sévère quarantaine. Vaines précautions! les maladies ont des ailes, et la pique de l'homme d'armes et les décrets du magistrat n'arrêtent pas leur vol. En quelques jours la ville fut entièrement infectée. Un grand nombre de bourgeois échappèrent au fléau en se retirant à la campagne ou au Cateau, qui en fut exempt. On remarqua comme un fait singulier, que les paysans qui apportaient leurs denrées au marché ne contractèrent point la maladie. Le chroniqueur auquel nous empruntons ces détails (1) ajoute cette autre particularité : que ceux-là seuls succombaient chez qui la maladie se manifestait par un violent mal de tête; les autres guérissaient ordinairement.

Les convalescens étaient obligés de porter

---

(1) Mémoires chronologiques.

dans les rues une baguette blanche à la main, afin que les passans, ainsi prévenus, pussent éviter leur contact. Mais hélas ! on voyait cheminer plus de noirs cercueils que de blanches baguettes. Huit mille personnes furent emportées par ce redoutable fléau.

Ladislas Jonart monta à son tour sur le siège archiépiscopal de Cambrai (1671). C'était un homme vertueux, remarquable surtout par son désintéressement. Du temps qu'il n'était encore que doyen et vicaire-général à Cambrai, une révolte se manifesta dans la garnison, parce qu'elle manquait de paye; le prêtre intervint, et par le sacrifice d'une grande somme d'argent, rétablit à ses frais la discipline chez le soldat. Plus tard, devenu évêque, il donna encore une preuve louable de désintéressement. A l'occasion des comptes qu'il avait à recevoir en entrant en dignité, on lui présentait les revenus de trois années, pendant lesquelles le siège avait été vacant. « Cet argent ne m'appartient pas, dit-il, et comme il n'est à personne, il doit être distribué aux pauvres. » Cela fut fait (1).

---

(1) Mémoires chronologiques.

Le 22 septembre 1674, ce digne prélat rendit son ame à Dieu, laissant les pauvres seuls héritiers de tout son bien. Il était âgé de plus de 80 ans.

Enfin arriva Jacques-Théodore de Bryas, prédécesseur de Fénélon. Bien que nous écrivions principalement l'histoire du peuple, nous entrerons dans quelques détails relatifs à ce vénérable prélat, qui, s'il ne fut pas illustre par les lettres, le fut du moins par les vertus. On remarquera d'ailleurs que la nationalité cambresienne s'est presque effacée sous la domination espagnole, que l'étoile du peuple a pâli et que l'historien cherche vainement des traces de cette grande famille fière de sa neutralité, puissante par son indépendance. Si le peuple souffre, c'est d'un fléau apporté par des Espagnols; s'il se donne un prélat, un duc qui n'en a plus que le nom, c'est sous le bon plaisir de l'Espagne; s'il soutient des sièges, s'il combat, s'il triomphe, c'est pour le compte de l'Espagne. L'Espagne! toujours l'Espagne! bientôt ce sera la France.... Puisque nous ne trouvons plus le peuple de Cambrai, parlons de son archevêque, ou plutôt laissons parler M. de Franqueville, vicaire-général et doyen de Notre-Dame. Voici en quels termes il s'exprimait sur M. de Bryas dans le billet mortuaire qu'il adressait aux diverses paroisses du diocèse.

« . . . . . . Jacques-Théodore de Bryas était né à Mariembourg de très noble seigneur Charles Henry comte de Bryas, et de très vertueuse dame d'Immeselle sa mère, de la maison des comtes de Bouchouve. Il se distingua dans ses premières études qu'il fit sous les RR. PP. jésuites, et fit dans la suite des progrès si considérables dans les sciences de philosophie et de jurisprudence dans les écholes de la célèbre université de Louvain, qu'il fut promu avec un applaudissement général à la qualité de fisque et de doyen des bacheliers. Sa réputation le fit connaître à Messire François Vilain de Gand, évêque de Tournay, qui le fit chanoine dans son église cathédrale; il exerça dans le parlement de Malines la charge de conseiller ecclésiastique. Le roi d'Espagne le nomma à l'évêché de St-Omer, et quelque temps après sa majesté catholique secondant les vœux du chapitre de la Métropole de Cambray, il fut élevé par un consentement unanime sur le trône archiépiscopal de cette église. Comme il ne fut redevable de son élévation qu'à ses rares vertus, elles le soutinrent dans ce comble de grandeur où il conserva toujours les sentimens de modestie, d'humilité et de douceur qui lui étaient si naturels. Il sut tempérer la gravité de ses mœurs et la majesté d'un poste qui inspirait de la vénération par les charmes d'un abord doux et facile, et par les graces de cette honnêteté engageante qui le rendait maître de tous les cœurs, et qui faisait que personne ne sortait de chez lui mécontent. Avec quelle bonté n'écoutait-il point les plaintes des misérables; avec quelle tendresse ne reçut-il point dans le sein de sa piété les gémissemens des affligés? Il eut toujours un soin très particulier des pauvres, et sa grande charité le fit entrer dans les chaumières et dans les lieux les plus malsains pour y visiter les malades, pour les consoler et pour leur donner des assistances spirituelles et temporelles qui surpassaient de beaucoup leurs espérances. Ceux-là ont heureusement expérimenté combien il était de facile accès, et quel était son habileté à manier les affaires les plus difficiles et les plus épineuses qui l'ont choisi pour être l'arbitre de leurs différens. A qui peut-on dire que ce vigilant pasteur ait refusé ses soins et son entremise? Les grands et les petits, les riches et les pauvres, les prêtres et les laïques ont également ressenti l'effet de son ardente charité; et ce qui est digne d'une singulière admiration, c'est que dans un siècle tel qu'était celui de son temps, sans employer la sévérité des loix, ni la rigueur des chatimens, il ait trouvé le moyen de maintenir la discipline de son église qui était en vigueur, et de rétablir ce qui en pouvait être relaché, par les seules voies de la douceur et par l'exemple d'une conduite pleine de sagesse et de modération. C'est par ces excellentes qualités, qu'il gagna l'affection du clergé et du peuple, et qu'il se rendit vénérable à tous. Louis-le-Grand notre invincible monarque dont le juste discernement est connu de toute la terre, a bien voulu lui même plusieurs fois faire l'éloge de la prudence et de la piété du prélat dont nous pleurons encore aujourd'hui la perte; mais ce qui est de plus surprenant, c'est que dans cet applaudissement universel et dans cette tempête de gloire, comme parle St-Cyprien, qui est le plus dangereux écueil de tous les grands hommes, rien ne fut capable d'altérer sa modestie; son esprit fut toujours éloigné du faste d'une ambitieuse domination, et les désirs d'une vaine ostentation n'entrèrent jamais dans son cœur, ce qui a paru évidemment par les dispositions de ses dernières volontés, où il défendit surtout qu'on fit aucune oraison funèbre à sa louange après sa mort. Aussi ne pouvait-il souffrir d'être harangué en chaire durant sa vie : mais les magnifiques monumens de sa libéralité et de sa piété qu'il a laissés, et au Cateau Cambresis pour ses successeurs et à Beuvrage pour l'instruction des ordinans, publieront à jamais ses louanges. »

Nous venons de voir ce que l'on en disait dans l'église ; voici maintenant comment on le jugeait dans les camps. Ce qui suit est extrait d'une lettre écrite du camp de Condé le 11 mai 1677, par M. Pélisson.

« Personne n'est ici plus à la mode que l'archevêque de Cambrai; et ce qui vous surprendra, c'est par une chose qui n'est peut-être pas trop à la mode, qui est de faire admirablement bien son devoir d'évêque; mais la grande vertu se fait toujours admirer. M. de Louvois, le Chevalier de Nogent, et tous les autres qui ont été avec lui à Cambrai durant quelques jours, ont rapporté tant de bien de ce prélat, que le Roi a dit publiquement qu'il en était ravi. Il se lève dès quatre ou cinq heures du matin, va dire la messe, passe tout le reste de la matinée dans l'église, soit aux offices ou en oraison ; donne à dîner à qui veut, au sortir de là, en vaisselle d'étain fort nette, et de bonnes viandes, mais sans aucun excès, ni pour la délicatesse, ni pour la quantité; passe l'après-dînée à visiter des malades, ou des prisonniers, ou d'autres affligés ; excepté qu'il rend visite soigneusement au moindre capitaine d'infanterie qui a été chez lui ; fait beaucoup d'aumônes, et ne laisse personne dans Cambrai sans l'assister, au moins sans lui aller donner sa bénédiction. Cela est tellement établi, que les gens du plus bas peuple envoyent dire à M. l'archevêque qu'ils se meurent et qu'il leur vienne donner sa bénédiction. »

M. de Bryas mourut le 6 novembre 1694, à l'âge de 63 ans. Il fut enterré dans le sanctuaire de l'église de Notre-Dame, puis transféré, après la construction du nouveau chœur dans le caveau sous le maître-autel (1).

---

(1) Mémoires chronologiques.

Les temps sont passés !... Où donc est l'indomptable fille des Flandres, cette intrépide et brillante héroïne qui avait vu se briser contre son pavois les flèches du Normand sauvage, et l'épée du Français invincible ? Où sont ces bourgeois-guerriers qui défendaient leur liberté au-dedans comme au-dehors de leurs murailles ? Où sont ces moines-chevaliers qui couraient de l'autel à la brèche pour en précipiter l'ennemi dans les flots bouillonnans de l'Escaut ?.. Où donc cette cité libre qui se donnait ses princes, ses chefs, ses protecteurs ? Où ses franchises et ses chartes ? Où ses illustres pairs ? Où ses échevins populaires dont la puissance balançait celle des prêtres et des rois ? Où donc est tout cela ? Le canon gronde, la place est investie, l'Espagnol garde ses tourelles, et le roi de France les bat en brèche.

Hélas ! il n'est que trop vrai : les temps sont passés, et la grande hôtellerie militaire de Jules César va servir de caserne aux soldats de Louis XIV. Entre deux esclavages un immense intermède de gloires, de libertés et de puissance ; entre deux maîtres absolus, un peuple indépendant et fier ; entre les deux guerriers, le moine et la bourgeoisie; voilà l'histoire de Cambrai. L'épée de Louis XIV va graver sur ses créneaux le mot FRANCE, et puis un siècle après, à qui cherchera le duc de Cambrai au vêtement violet, au riche manteau de velours et d'hermine, à la couronne d'or, au magnifique palefroi, un représentant du roi de France, un sous-préfet en fraque répondra : *me voilà !*

Louis-le-Grand faisait ses rêves de gloires, et voulant étonner par un coup hardi les alliés ligués contre lui, quitta subitement les plaisirs de la cour et partit de St-Germain au milieu de l'hiver (février 1677). Il alla mettre le siège devant Valenciennes qui formait avec Cambrai le boulevard de la monarchie espagnole dans le Nord. Il enleva Valenciennes d'assaut en plein midi, le 17 mars, et le 22 il arriva de bonne heure devant Cambrai, à la tête de son armée.

Sept mille paysans de Picardie, levés pour les travaux de siège, furent immédiatement employés aux lignes de circonvallation. Le roi avait établi son quartier-général à Awoingt; différens corps de troupes investissaient la ville. La tranchée fut ouverte devant le roi le 27, elle partait d'Escaudœuvres et était dirigée par les soins du maréchal de Vauban. Les travaux furent poussés avec tant d'activité, que le 1er avril les assiégeans étaient maîtres du chemin couvert et de plusieurs pièces de fortifications extérieures. Alors le roi fit attaquer deux demi-lunes situées entre la porte de Selles et celle de Notre-Dame; elles furent prises incontinent, et sans coup-férir, car les troupes qui les occupaient se retirèrent précipitamment dans la ville. Le lendemain les assiégeans firent de nouveaux progrès et l'on parvint à placer des mineurs contre les murs de la porte de Selles.

Les officiers de Louis XIV n'étaient point des pillards et des massacreurs : ils faisaient la guerre en gentilshommes et en comprenaient la dignité. Il entrait dans les plans du roi de prendre la ville, mais non de la détruire. Il avait suffi d'une démarche du chapitre, pour obtenir que l'on ne tirât aucune bombe pendant le siège ; on faisait ce siège avec toutes les formes et tous les égards possibles; tout le monde comprenait cela, aussi dès que l'on en fut venu à préparer la mine, M. le comte d'Auvergne qui était sur les lieux fit-il lui-même battre la chamade pour entrer en pourparlers avec les bourgeois. En effet, deux députés sortirent de la ville pour savoir ce que l'on demandait d'eux. « Le roi ne vous demande rien, répondit M. de Luxembourg qui venait d'arriver : pour prendre la ville nous avons des canons et des soldats. Mais vous, dans ce danger imminent, n'avez-vous rien à demander? »

Les députés n'ayant reçu aucune mission à cet égard, l'un d'eux alla conférer avec les assiégés, puis revint demander une suspension d'armes, laquelle fut accordée à la condition néanmoins que l'on continuerait à percer la mine. Alors Don Pédro de Saval (1), gouverneur de la place, craignant pour la cité les horreurs d'une prise d'assaut, ne songea plus qu'à se retirer dans la citadelle, laissant aux bourgeois le soin de capituler. Et en effet, le 4 avril le roi recevait Cambrai à composition. Il fut convenu que le lendemain la garnison composée de 4,000 hommes se retirerait dans la citadelle, où elle défendrait autant qu'elle le pourrait l'autorité

---

(1) Don Pedro de SAVAL et non de RAVALA comme l'écrit Dupont, en plusieurs endroits.

espagnole. En conséquence, une porte de la ville fut livrée immédiatement aux troupes françaises qui s'emparèrent le lendemain de tous les postes à mesure que les Espagnols les abandonnaient.

Il est probable que si les Cambresiens se souvenant de leurs vieilles gloires et de leur ancien courage avaient fait une résistance déterminée, le roi de France aurait échoué devant Cambrai comme cela était arrivé à Turenne ; mais, nous l'avons dit : la lassitude, le découragement étaient entrés dans leurs cœurs ; une fois Espagnols, peu leur importait d'être Français. Quand un peuple, petit ou grand, a laissé sortir de sa mémoire le culte de la patrie, le feu sacré de la nationalité, ce peuple appartient au plus fort... Louis XIV était le plus fort.

Le lecteur trouvera ici avec intérêt, nous n'en doutons pas, la capitulation signée au camp du roi, devant Cambrai, le 5 d'avril 1677. Ce document est d'autant plus important, qu'il donne une idée exacte de l'état politique où fut placée la ville à cette époque.

TRAITÉ ET CAPITULATION

Accordée par Sa Majesté Très-Chrestienne aux Prevots, Doyen et Chapitre de la Métropolitaine, Prélats et autres Chapitres et Communautés, composant le Clergé de la Ville, Cité et Duché de Cambrai, Pays et Comté de Cambresis, et aux Prevots, Eschevins, Manans et Habitans de ladite Ville, à la réduction d'icelle à son obéissance.

POINTS ET ARTICLES PROPOSÉS PAR LA CITÉ A LA SANCTION DU ROI.

1.

Que la foy Catholique, Apostolique et Romaine sera gardée, observée et maintenue dans toute l'estendue de la ville, banlieue, pays de Cambresis, terres y enclavées et les autres lieux du diocèse, sans y permettre en aucune manière la liberté de conscience et presche, soit secrète, ou publique, ny aucune construction de Temples.

RÉPONSES DU ROI.

Sa Majesté a accordé et accorde le contenu en cet article, pour en estre usé comme il a été fait à Lille, et dans les autres places conquises par Sa Majesté en Flandres.

2.

Le Roy est très-humblement supplié de n'y establir aucuns Gouverneurs, Commandans, Officiers, et Soldats d'autre Religion que Catholique, Apostolique et Romaine.

Accordé à l'esgard des Gouverneur, Commandant, et autres Officiers Majors.

3.

Que le Concile de Trente y sera maintenu, et observé en la forme et manière qu'il y a été receu, et pratiqué jusques à maintenant.

Il en sera usé à cet esgard comme à Lille et à Tournay.

4.

L'Archevesque, Chapitre Métropolitain et autres, Abbez et Abbesses, Religieux et Religieuses canoniquement y establys, Hospitaux, fondations pieuses, Bourgeois et Habitans des Villes et Pays, et tous autres de quels estats et conditions ils puissent estre, Ecclésiastiques, séculiers, réguliers et autres, joüiront pleinement et paisiblement de tous leurs priviléges, immunitez, franchises, exemptions, et autres droicts qui leurs compettent, et appartiennent de droict, et accordez par les SS. Canons, grâces et priviléges donnez par les SS. Pontifes, Conciles et Supérieurs Ecclésiastiques, octroyez par les Empereurs, Roys, Princes et autres Souverains.

Les dénommez en cet article, recevront tous les mesmes bons traittements qu'ont receus jusques à présent les Ecclésiastiques et Gens de mesme qualité de Lille et de Tournay.

5.

Lesdits Archevesque, Chapitres et Abbez, seront restablis et réintegrez dans tous ceux qui par laps de temps et autrement leur auroient esté ostez, et empeschez de joüir cy devant; et nommément l'Archevesque avec son Chapitre conjointement ou séparément, supplient en tout respect Sa Majesté d'agréer et permettre qu'ils luy en puissent faire leurs très humbles remonstrances.

Sa Majesté entendra avec plaisir les remonstrances des Dénommez en cet article, et y aura tout l'esgard que son service pourra permettre.

6.

Les Dignitez, Prébendes, Bénéfices, Cloistres, Monastères et Chapelles et autres fondations pieuses venantes vacantes, il y sera pourveu par les Collateurs et Patrons en les formes accoutumées et permises de droicts et Concordats d'Allemagne sans les pouvoir ériger ou bailler en commande.

Il en sera usé de mesme qu'à Lille et à Tournay.

7.

L'Archevesque sera libre de rentrer dans son Eglise pour y tenir sa résidence, et en toutte telle autre Ville ou lieux de son Diocèse qu'il trouvera plus convenir, quoique d'autre domination si pourra faire, et exercer ses fonctions archiépiscopales, visites, administrations des Sacremens, et touttes autres dans l'estenduë d'iceluy par soy et les Vicaires Généraux, Officiaux, et autres siens Officiers conjointement ou séparément selon les occurrences, sans permettre luy estre donné aucun empeschement dans les exercices spirituels et temporels, directement ny indirectement, ny à ceux par luy commis, voire mesme es autres quatre Diocèses de sa province, selon que le permettent les SS. Canons, mais bien leur sera donné toutte ayde.

faveur, et supports par les Officiers de Sa Majesté, en estans requis et priez.

En prestant par ledit Archevesque le serment de fidélité à Sa Majesté, il sera receu tant à Cambray qu'aux autres lieux de son Diocèse pour y exercer ses fonctions, et recevra en sa personne tout le bon traittement qu'il pourra raisonnablement desirer.

8.

Qu'on ne pourra visiter sa maison, papiers, coffres et bagages en faisant sortir pour sa commodité, ains seront transportez, et renduz en toutte seureté où il se trouvera.

Comme il n'y a point d'apparence que ledit Archevesque manque de se rendre à son Eglise, il est inutile de faire sortir ses hardes et papiers.

9.

Iceux Chapitres et Ecclésiastiques ne seront subjects à aucuns logemens effectifs ou virtuels dans leurs maisons ou autrement à leur charge de gens de guerre et militaires, Officiers, soldats, et de telle autre qualité que ce puisse estre.

Il en sera usé en cet esgard comme il s'est fait

du temps que la place estoit en la domination du Roy Catholique.

10.

Et retiendront lesdits Villes et plat Pays avec tous les Habitans et Manans, sans aucunes différences de qualitez, soient ils Ecclésiastiques, séculiers, Militaires, Réguliers, Rentez, Mendians, Nobles, Bourgeois, Manans comme dict est, ainsi que seront les Chapitres, Chapelles, fondations pieuses, Cloistres, Hospitaux, Communautez, Pauvretez génèralles et particulieres, Maladries, Confrairies, Béguinages, Mont de Picté, aussi les Estrangers, tous leurs biens meubles, immeubles, droicts, noms, actions, terres, rentes, vaisselles, or, argent monnoyez et non monnoyez, Cloches, Cuivres, Estaings, Plombs, Férailles et tous autres métaux travaillez et non travaillez, bagues, joyaux, ornemens, vazes sacrez, Image de N. Dame de Graces, Corps saints, Reliques, Fierles, Bibliothèques, et génerallement tous leurs biens, Offices, Bénéfices de quelle nature et condition et en quel lieu qu'ils soient situez et exigibles avec leurs chevaux et tous autres bestiaux, sans estre tenus à aucun rachapt non plus envers les Officiers de l'Artillerie qu'aucun autre quel il soit.

Accordé en payant toutes fois au grand Maistre de l'Artillerie ce dont on sera convenu avec lui pour le rachapt des cloches et autres métaux qui lui appartiennent de droict dans les Villes contre lesquelles il a fait tirer le canon.

11.

Si rentreront tous en général et un chacun en particulier, sans autre déclaration que la presente, Séculiers, Militaires, Réguliers et autres, dans la propriété et joüissance de leurs biens meubles et immeubles, noms et actions qui pourroient avoir esté confisquez ou annotez par la présente guerre, et en pourront plainement percevoir les fruicts, rendages et eschéances non payez ny satisfaits si aucuns y en a, ou qu'ils soient situez dans le Royaume, Pays cédez ou conquis ou ailleurs, comme aussi dans les héréditez et biens auxquels *ab intestat* ils pourroient succéder s'il n'a disposition au contraire, appréhendez par d'autres à cause de la présente guerre.

Accordé pour en jouir du jour de la présente capitulation seulement.

12.

Que tous ceux qui ont dépositez ou réfugiez leurs biens en cette Ville, les pourront retirer, vendre et en percevoir les deniers jaçoit qu'ils fussent subjects du Roy Catholique.

Sa Majesté n'a pas estimé raisonnable d'accorder la demande faite par cet article.

13.

Que la justice sera administrée comme elle a esté cy devant par l'Official, les Chapitres, Officiers tant de l'Archevesque que des Chapitres et feûdaux, Magistrat et autres ayans juridiction, esquelles ils seront maintenus chacun à son esgard.

Accordé, pourveu que par leur fidélité et bonne conduite, ils se rendent dignes de cette grâce.

14.

Les appellations des sentences des Officiaux de la Province, Chapitres, et autres rendües par Ecclésiastiques ressortiront pardevant l'Official de Cambray, et celles des Eschevinages subalternes au Magistrat de ladite Ville ainsi qu'il s'est prattiqué cy devant, celles dudit Magistrat et autres Juges Lays au Parlement de Tournay, sans estre tirez ailleurs.

Les appellations des Ecclésiastiques ressortiront où elles le doivent de droict, et à l'esgard des Laïques par devant le Conseil Souverain establiy à Tournay.

15.

Sa Majesté est suppliée très-humblement de jurer l'observance des droicts, usage, stile, anciens privilèges et immunitez desdits Ecclésiastiques et Ville, et que tous Bourgeois et Manans ny leurs biens ne seront traictables en première instance que pardevant leurs Juges ordinaires.

Sa Majesté promet de faire inviolablement garder et observer tout ce qu'elle accorde par la présente Capitulation.

16.

Que les Gouverneurs et Lieutenans de ladite Ville et Chasteau seront obligez de jurer et prester le mesme serment.

Les Gouverneurs et Lieutenans, tant de la Ville que du Chasteau, promettront la mesme chose marquée par l'apostille cy dessus.

17.

En considération de la pauvreté de la Ville, et que le logement effectif des maisons des Bourgeois est leur totalle ruine, Sa Majesté est très humblement priée d'accorder et consentir que les soldats qu'elle y mettra en garnison, seront logez dans la Citadelle, Rocquettes, et Baraques ou Cazernes, comme il s'est prattiqué jusques à présent.

Sa Majesté fera loger dans la Citadelle autant de trouppes qu'il y en pourra contenir et le reste dans les cazernes, lesquelles les Habitans de la Ville seront tenus de meubler de lict et d'y fournir le chauffage aux Soldats qui y seront logez aussi bien qu'à ceux de la Citadelle.

18.

Qu'en tous cas de logements à faire en laditte Ville, à raison de l'arrivée de Sa Majesté ou autre de sa part, les Chanoines, Bénéficiez et Magistrats en seront exempts et affranchis, et des frais en résultans.

19.

Qu'aux Ecclésiastiques, Nobles, Gentilshommes et Bourgeois, seront gardez tous tels droicts et privilèges dont ils ont jouys tant dans laditte Ville que plat Pays, et que possédans fiefs ne seront chargez de ban et arrière ban, ne l'ayans esté du passé.

Il en sera usé à l'esgard de ces deux articles de la mesme manière qu'il s'est prattiqué du temps de la domination du Roy Catholique.

20.

Que tous Gentilshommes et Officiers principaux demeureront en la possession des armes convenantes à leur qualité, comme aussi de celles servantes à leur seureté dans les voyages à la campagne, comme ils en ont joüy cy devant.

Accordé, pourveu que par leur bonne conduitte ils se rendent dignes d'un pareil traittement.

21.

Que les Manans et Habitans de laditte Ville de Cambray et Pays du Cambresis joüiront de la liberté de la chasse, comme ils en ont fait de toutte ancienneté.

Sa Majesté fera examiner leurs droicts à cet esgard et y pourvoira ensuite en la plus favorable manière que la Justice le luy pourra permettre.

22.

Que les maisons ny biens des Manans demeurans en laditte Ville ny de ceux qui en sortiront ne pourront estre visitées en aucune façon pour telle cause ou prétexte que ce fust.

Sa Majesté ne peut accorder cet article.

23.

Que sera permis à ceux y demeurans, d'aller et venir quand bon leur semblera en France, villes cédées et conquises, et plat Pays d'icelles, et qu'à ces fins pourront prendre passeports de Sa Majesté Catholique pour n'encourir d'estre pris prisonniers de guerre et assujectis à quelque rançon.

Ils seront traittez à cet esgard comme les habitans des autres Villes conquises par Sa Majesté.

24.

Que la taille des aisez ni la gabelle de Sel ne seront prattiquées dans la Ville, banlieue, pouvoir et plat Pays du Cambresis.

Accordé.

25.

Que les Religieux et Religieuses, estans es Couvents de ladite Ville, soient ils naturels, ou non, Novices ou Professes, y demeureront librement, et soubs leurs mesmes Supérieurs, quoique demeurans soubs l'obéissance du Roy Catholique, sans pouvoir estre envoyez ailleurs que par l'ordre de leurs Supérieurs, ny obligez de recevoir d'autres Religieux de nation estrangère.

Ils seront traittez à cet esgard comme les Religieux des autres Villes conquises par Sa Majesté.

26.

Que le Mont de Piété érigé en cette Ville avec tous les deniers que lui compétent, seront maintenus et conservez au proffit du publicque, et demeureront particulièrement affectez avec leurs bastiments, et génerallement tout ce qui en dépend pour y estre régis, gouvernez et administrez par ceux présentement y establys, ou autres à establyr par ceux du Magistrat, ensemble tous les meubles, et l'argent y prestez tels qui ils soient y engagez y seront conservez au proffit de ceux à qui ils appartiennent pour leur estre restitué ou rendu, et les deniers employez suivant l'intention dudit Mont.

27.

Que ledit Mont, ensemble les Officiers d'iceluy, seront entièrement subjetcs à la jurisdiction des Eschevins, sans que les Surintendants des Monts de Piété establys en France, y puissent prétendre aucune supériorité ny connaissance.

Le Mont de Pieté sera administré comme ceux de Lille et de Tournay.

28.

Que les sentences rendües par coutumace pendant la guerre contre les Habitans de la Ville et plat Pays, seront annullées, en telle sorte qu'ils pourront alléguer leurs exceptions, comme ils l'auroient pû faire avant ladite coutumace et guerre.

Les Magistrats de Cambray s'expliqueront plus clairement de ce qu'ils peuvent desirer par cet article, et ensuitte Sa Majesté y pourvoira ainsi qu'elle verra estre à propos.

29.

Que les Monnoyes continueront suivant l'évaluation présente.

Accordé.

30.

Ensuitte de quoy tous remboursemens, payemens de Cours, arriérages de rentes et touttes autres debtes seront payées et acquittées en semblable monnoye qu'elles auront esté constituées ou vendües.

Accordé.

31.

Et au cas que Sa Majesté seroit servie ou trouveroit bon de reduire l'évaluation présente des monnoyes pour l'advenir au pied de celle de France, toute debte contractée auparavant telle réduction pour lettres de changes, cédulles, obligations, rentes et capitaulx, héritières et viagères, tant en Capital qu'en Cours, en cas de rachapt, rendage de Cens, louages de Maisons, et génerallement toute autre débuance se payeront avec augmentation à proportion du rehaussement d'icelles.

Accordé.

32.

Qu'il sera permis aux Ecclésiastiques de ladite Ville de Cambray, de tirer vins du royaume de France sans payer aucuns droicts de sortie ny entrée.

Ils seront traittez à cet esgard comme les Ecclésiastiques de Lille et de Tournay.

33.

Que toutes marchandises et manufactures de cette Ville pourront passer par la France pour estre conduites es pays estrangers, par forme de transit sans payer aucuns droicts.

34.

Que ne seront establys dans ladite Ville, Pays et Comté aucuns autres Conseils, Sièges de Justice et Police que ceux y estans, ny pour les droicts d'entrée, et sortie sur toutes sortes de denrées et marchandises.

35.

Que Sa Majesté tres-Chrestienne ny ses Officiers soubs prétexte ou raison de quelque nécessité publicque ne pourront lever ny s'approprier les deniers d'icelle ville, estats, fondations, ny des particuliers.

36.

Que tous tiltres, papiers, Chartres et enseignements de l'Archevesché, Chapitres, Abbayes, Fondations pieuses, et autres concernans l'Estat, ville, Domaine, Sièges de Justice, police, demeureront dans leur entier et seront régis, gouvernez et conservez ainsi que du passé.

Il en sera usé à l'esgard des choses demandées par ces quatre articles comme il s'est prattiqué et se prattique dans lesdittes Villes de Lille et de Tournay.

37.

Que tous réfugiez et enfermez de quelque qualité ils soient, Ecclésiastiques, Nobles, Lays, Militaires et autres Officiers de Sa Majesté Catholique, leurs femmes et enfans, pourront continuer leur demeure l'espace de deux ans, sans estre inquiétez ny recherchez pour choses que ce soit se conformans aux ordonnances de Sa Majesté tres-Chrestienne, et après ledit terme continuer leur demeure, ou se retirer comme bon leur semblera, mesme les femmes, enfans et domestiques des Officiers et Soldats retirez dans la Citadelle après ou devant ledit terme de deux ans, avec tous leurs meubles et effetes.

38.

Et audit cas parmy la jouissance et propriété qu'ils auront de leurs biens, leur sera donnée la liberté de vendre, changer et aliéner et en disposer à leur volontez, les faire administrer par celuy qu'ils voudront, et venant à mourir succéderont aux héritiers *ab intestat*, au cas qu'ils n'ayent fait aucun testament ou disposition, de quoy ils seront libres, observant les formalitez requises sans subjection aucune des droicts d'aubène, ny autres empeschans les successions légitimes, ou testamentaires.

39.

Les absens qui désireront rentrer en la Ville et plat Pays dans deux ans, y seront receus avec leurs meubles et aultres biens, à charge d'y vivre comme dessus, et pourront lesdits absents pendant ledit temps disposer de leurs biens comme ils trouveront bon, et venans à mourir soit qu'ils soient rentrez ou non, leurs biens succéderont à leurs héritiers légitimes ou testamentaires.

Sa Majesté ne peut accorder le contenu en ces trois articles.

40.

Et que s'il arrivoit que le munitionnaire général, ou autre particulier des armées de Sa Majesté auroit besoing de quelque quantité de grains, iceluy ne les pourra prétendre qu'en payant comptant sa valeur sur le prix qu'il vaudra au marché, sans s'adresser à une seule personne, ains en tirant d'un chacun à proportion.

Accordé.

41.

Qu'en considération des grandes charges supportées, frais, misères et ruynes des biens en ville et aux champs, ladite ville et pays seront exemptez et affranchis d'accords d'aydes, subsides et autres tailles et gabelles, pour le terme de dix ans, de quoy Sa Majesté est très-humblement suppliée.

Sa Majesté ne peut accorder cet article.

42.

Qu'il ne sera mis aucune imposition, ou capitation dans la Ville et plat Pays et inhabitans que par convocation et consentement des trois membres de l'Estat, en la manière accoutumée, et comme l'on en a usé jusques à présent.

43.

Les chambres desdits Estats et Commis seront maintenues en leurs formes accoustumées, et gouvernées par le nombre des Députez et Officiers ordinaires.

Il en sera usé (à l'esgard de ces deux articles) comme du temps de la domination du Roy Catholique.

44.

Que tous les imposts et moyens courans servans à acquitter les charges anciennes et nouvelles remboursées des capitaux, payement des Cours et arriérages des rentes héritières, ou viagères, se lèveront pour estre employez aux mesmes fins, et en cas de courteresse, s'en lèveront d'autres pour y fournir par accord uniforme des trois membres des Estats pour lesdits Chambres et Magistrats, pour le Domaine parmy l'authorisation qu'en donne Sa Majesté par cette.

Accordé à la charge touttefois de prendre une authorisation de Sa Majesté pour chaque nouvelle imposition.

45.

Que les comptes des entremises des Estats, Commis et Domaines, se rendront à l'accoustumée pardevant les députez ordinaires, et que ceux-cy devant rendus clos et arrestez ne seront sujects à aucune revenue, que les ordonnances, descharges et accords passez et allouez demeureront vaillables et sortiront effect.

Sa Majesté fera entendre les intéressez au présent article pour ensuite y pourvoir ainsi qu'elle le trouvera juste et raisonnable.

46.

Qu'il sera loisible au Receveur des deniers Royaux, et autres Officiers de Sa Majesté Catholique de se retirer en toutte liberté de cette ville avec leur famille et meubles, et remporter tous les papiers, et enseignements concernant leur entremise dont ils rendront compte pardevant les Ministres de Sa Majesté Catholique seulement.

Sa Majesté a creu devoir refuser la demande faite par cet article.

47.

Que ceux du Magistrat qui se trouvent présentement créez et establys en nombre de quatorze, seront continuez dans leurs charges de Magistrature, le temps et terme ordinaire.

Sa Majesté le trouve bon pourveu qu'ils le méritent par leur bonne conduite.

48.

Que les Prevost, Conseilliers, Pensionnaires, Greffiers, Receveurs, Collecteurs et autres Officiers ayans charge en ladite Magistrature et dépendans, seront conservez en leurs estats et Offices, ainsi qu'il a tousiours esté fait avec les mesmes droicts, privilèges et émolumens dont ils ont jouy et jouyssent présentement, et la disposition à qui il appartient.

Sa Majesté l'accorde à la condition que dessus.

49.

De plus que lesdits ville, plat pays, Communautez, Habitans d'icelle, ont et auront privilège de Regnicolles et de naturalité en vertu duquel seront tenus en tout et partout pour originaux subjects de Sa Majesté très-Chrestienne, et d'y succéder et en ordonner comme ils trouveront convenir, ensemble estre habiles d'impétrer, avoir, jouir et tenir tous bénéfices et Offices.

Ils seront traittez à cet esgard comme les Habitans des susdites Villes de Lille et de Tournay.

50.

Le résidu des debtes et aydes deues à Sa Majesté Catholique, s'il y en a, à cause des accords à elle faicts, demeurer esteint, sans en pouvoir estre recherchez, soit qu'ils fussent acceptez, ou non.

Sa Majesté fera entendre le Magistrat sur cet article pour y pourvoir en suitte comme elle le jugera à propos.

51.

Que les Corps et Communautez des métiers de ladite Ville seront conservez et maintenus sous la jurisdiction et police, comme ils ont esté du passé, et que nuls desdits stils, ny Manans et

Habitans d'icelle pourront estre transportez en autre ville pour colonie.

Il en sera usé comme il se fait à Lille et à Tournay.

52.

Qu'en cette conjoncture de guerre avec l'Espagne, les effects, biens et marchandises qui se trouveront en cette ville appartenant aux subjects de Sa Majesté Catholique et de ses alliez, ne pourront estre saisis, ny arrestez, à raison de la présente guerre.

53.

Que toutes les marchandises chargées pour compte des Habitans de cette ville, pour tels lieux, ou places que ce soit, ayantes esté prises, ou arrestées par les subjects de Sa Majesté, seront rendues libres sur les attestations qu'en donneront les Propriétaires, soubs le Scel de ladite ville.

Sa Majesté ne peut accorder le contenu en ces deux articles.

54.

Que tous Marchands et Négotiants, demeurans en cette ville, pourront librement trafiquer et négocier avec les subjects de Sa Majesté Catholique, nonobstant la présente guerre.

Il leur sera permis en la mesme manière que font les Marchands de Lille et de Tournay.

55.

Que la propriété et demeure des Cours et lieux de Justice, sera conservée en la forme et manière qu'elles sont occupées maintenant, sans pouvoir estre distraites de l'occupation d'icelle, en tout ou en partie, pour quelque cause que ce fust.

56.

Que celuy qui commandera en ladite ville, ou chasteau, ne pourra rien exiger à quelque tiltre que ce puisse estre, sur les grains et marchandises entrantes, ou sortantes d'icelle.

Il en sera usé touchant ces deux articles comme il s'est pratiqué par le passé.

57.

Que toutes rentes deues par ladite ville, Estats, Commis et Communautez, tant conjointement que séparément, seront conservées aux propriétaires, comme aussi toutes debtes créées devant et durant la présente guerre et siège, seront acquittées et payées de bonne foy.

Sa Majesté fera entendre le Magistrat sur cet article pour y pourvoir en suitte comme elle le trouvera juste et raisonnable.

58.

Les Manans et Inhabitans, pourront aussi poursuivre leurs debtes, par procez et autrement, à la charge de tous débiteurs demeurans soubs l'obéissance du Roy Catholique, pardevant le Juge qu'il appartiendra, le tout jusques à sentence et exécution d'icelle.

Accordé.

59.

Les Paysans, avec leurs familles, bestiaux et ustensiles de labeur, pourront retourner chez eux, et vaquer en toute liberté à leurs labeurs.

Accordé.

60.

Toutes les rentes et debtes deues tant par les Seigneurs particuliers, qu'autres hypothéquées ou non, sur tel bien que ce soit, seront conservées aux créditeurs en leur force et vertu, lesquels pourront les faire payer soit par action personnelle, ou réelle sur l'hypothèque à leur choix.

Accordé pourveu toutefois que ceux ausquels il sera deub soient subjects de Sa Majesté.

61.

Les deux Hospitaux fondez pour les Bourgeois malades, leur seront conservez comme il s'est fait jusques à présent, ainsi que les autres fondations pieuses, demeureront dans leur mesme estat et seront exécutées suivant l'intention des premiers fondateurs.

Il en sera usé à cet esgard aussi favorablement qu'à Lille et à Tournay.

62.

Et générallement leur consentir les advantages que leurs Majestez très-Chrestiennes ont esté servies d'accorder à ceux d'Arras, Tournay, Douay, Lille et autres à leurs redditions, qui seront tenus pour répétez comme s'ils estoient insérés.

Les réponses que Sa Majesté a données aux articles ci-dessus ont suffisamment pourveu à la demande faite par celui-cy.

63.

Que toutes offences et actes d'hostilitez commis devant et durant le Siège, seront entièrement oubliez et pardonnez, et que les troupes de Sa Majesté entrant dans la ville, s'y comporteront en toutte modestie et bonne discipline sans commettre aucun désordre, n'y estre à charge des Bourgeois, non plus pour les vivres que pour autres choses, pendant le Siège de la Citadelle et en aprés.

Accordé.

64.

Sa Majesté est très-humblement suppliée, que tous prisonniers faits par ses trouppes de la ville de Cambray et Pays de Cambresis, de quels estats et conditions qu'ils soient, seront relaxés et rendus libres sans aucune rançon, moyennant payer leurs despenses.

Accordé en prestant par eux le serment de fidélité qu'ils doivent à Sa Majesté.

65.

Et d'accorder que tout ce que dessus, sorte son plein et entier effect, en dérogeant à ces fins à tout ce qui pourroit faire au contraire, et sans que la généralité des clauses puisse préjudicier à la spécialité d'aucunes, non plus que celle cy à la généralité.

Fait au Camp devant Cambray, le 5 d'avril 1677.

Signé, LOUIS.

Et plus bas, Le Tellier.

Le lecteur remarquera sans doute avec nous l'importance que l'on attachait dans ces temps si décriés, au sort et au bien-être des classes inférieures et pauvres. En effet, si l'on remonte à l'article 10 de la précédente capitulation, l'on verra que l'on stipule au profit du mendiant comme du *renté*, du manant comme du noble. Personne n'est oublié, les droits de tous sont protégés et l'on veut que *sans différence de qualités*, chacun soit également bien traité par le roi. Aujourd'hui on parle beaucoup plus peut-être, mais on ne fait pas d'avantage pour le peuple.

Tandis que les Cambresiens réglaient ainsi leur avenir avec un nouveau maître, Don Pédro de Saval se préparait dans la citadelle à une longue et vive résistance. La cavalerie lui devenant à charge, il fit égorger tous les chevaux et transforma les cavaliers en mousquetaires. De leur côté, les Français ne perdaient pas de temps : dès le 5 au soir, une tranchée fut ouverte devant la citadelle sur l'Esplanade, tandis que l'on poussait vers la gauche celle qui avait été faite au-dehors contre la ville. Toutes les rues du voisinage furent gabionnées et changées en postes d'attaques.

Enfin le 17 du même mois, le roi se disposant à livrer un assaut général, fit insulter les dehors de la forteresse qui se défendit avec un courage égal à l'acharnement de l'attaque. Dès le 15, une brèche avait été pratiquée; c'était par ce chemin de décombres que l'on espérait pénétrer dans la place ; mais Don Pedro ayant épuisé tous ses moyens de défense, se rendit au roi en mettant pour condition qu'il sortirait avec la garnison, par la brèche, tambour battant, mèche allumée et enseigne au vent, afin qu'il fût bien constaté qu'il n'avait cédé qu'à la dernière extrémité. Le roi accéda facilement à ce désir, et en effet le 18, en présence de Sa Majesté, le brave gouverneur blessé et porté en litière, quitta la citadelle à la tête de 2,000 hommes, tous exténués de fatigue et en fort mauvais état. Cinquante chariots emportèrent les blessés capables de supporter le transport; quant aux autres le roi se chargea de les faire soigner.

Le roi voulut voir un vieux guerrier que l'on appelait vulgairement *grand'père des Croates*. C'était le colonel d'un régiment de Croates, qui s'était signalé d'une manière toute particulière dans des sorties qu'il avait faites pendant le siège.

Louis XIV qui aimait les hommes de cœur, lui proposa un emploi éminent dans son armée, mais le brave colonel répondit qu'*il ne connaissait qu'un Dieu et qu'un roi*, et partit avec son régiment. Plus d'une fois cette noble réponse a été faite par de nobles Français!

LES DESTINÉES DE CAMBRAI SONT ACCOMPLIES; LE DRAPEAU BLANC FLOTTE SUR SES MURAILLES ET LA FRANCE S'ÉTEND BIEN AU-DELA DU CAMBRESIS.

Le clergé qui était fort attaché à l'Espagne qui jadis l'avait délivré du joug des Huguenots, s'exécuta néanmoins de bonne grâce. On chanta le *Te Deum* dans la Métropole, tous les chanoines y assistèrent en riches chapes d'or. Après le *Te Deum*, on chanta le *Domine salvum fac regem*, en y ajoutant le nom du roi : *regem nostrum Ludovicum*... moyen assez puéril d'ailleurs de faire savoir pour qui l'on prie, afin sans doute que le ciel ne s'y trompe pas.

L'archevêque complimenta le roi dont il reçut une gràcieuse réponse et l'assurance de toute sa bienveillance. Le magistrat lui adressa aussi l'hommage de la cité, et lui demanda son portrait pour en orner le palais-de-justice. Le roi le promit et tint parole. Ce portrait de Louis XIV donné par lui-même à la ville de Cambrai, existait encore, à l'époque de la révolution ; nous ignorons ce qu'il est devenu.

Malgré la sincérité et la franchise assez générales avec lesquelles on accepta la domination française, le roi fit un acte de défiance, prit une mesure de précaution qui flatta peu les Cambresiens. Aussitôt après le siège, il fit désarmer la milice citoyenne, tous les bourgeois durent mettre leurs armes à leurs portes, des charettes circulèrent dans les rues, furent chargées de ce redoutable arsenal et allèrent le déposer à la citadelle où des troupes françaises en eurent la garde. « C'est ainsi, dit l'auteur des *Mémoires chronologiques*, que les bourgeois qui avaient toujours porté les armes pendant la souveraineté des archevêques et du temps des Espagnols, furent obligés de quitter leurs arquebuses et leurs mousquets.

Le premier gouverneur de Cambrai nommé par Louis XIV, fut le comte de Césan, major des gardes françaises. Il y commanda jusqu'en 1681, époque de sa mort (1). Le gouverneur de la citadelle fut M. de Choisy.

Le traité de paix conclu à Nimègue l'année suivante (1678), ratifia la prise de Cambrai par le roi de France. L'article XI de ce traité, porte « qu'il retiendra, demeurera saisi, et jouira effectivement de Cambrai et du Cambresis ; » et le suivant ajoute, « qu'ils demeureront, avec toutes les apparences, dépendances et annexes, de quels noms qu'elles puissent être appelées ;

---

(1) Ses successeurs furent le comte de Montbron, le maréchal de Biron, le marquis de Biron son fils, les comtes de la Mark, père et fils.

item, avec tous les hommes, vassaux, sujets, villes, bourgs, villages, hameaux, forêts, rivières, et autres choses quelconques qui en dépendent, à Sa Majesté et à ses successeurs irrévocablement et à toujours ; avec les mêmes droits de souveraineté, propriété, patronage, gardienneté et juridiction, etc., et tous les autres droits qui ont ci-devant appartenu au Roi Catholique. »

M. de Vauban, l'un des plus habiles ingénieurs français, se chargea de fortifier la place et surtout la citadelle. Un grand nombre de maisons furent encore abattues, depuis la Porte-Neuve jusqu'à la Croix-à-Poterie, pour agrandir ce que l'on appelait alors la Place d'Armes (1), de telle sorte qu'un seul rang de la rue de la Porte-Neuve demeura debout.

Ces charges ainsi que la maltote que l'on avait élevée très haut, imposées par le gouvernement nouveau, furent supportées néanmoins avec assez de résignation, parce que les bourgeois se voyaient délivrés des pillages et des vols journa-

---

(1) Mémoires chronologiques.

liers des soldats espagnols. Ces malheureux que l'on laissait presque toujours sans solde, sans habits et sans pain, étaient forcés de se pourvoir par la fraude et pillaient partout où ils pouvaient. Les troupes françaises, au contraire, admirablement disciplinées, ne donnèrent lieu à aucune plainte. On ne tarda pas à fraterniser, et cette nouvelle réunion que la position naturelle du pays semblait indiquer de tout temps, fut consommée par la fusion des partis.

Chapitre XVIII.

Fête de St-Géry ; premiers chars de triomphe.
— Amé Bourdon ; le père Robert ; illustrations cambresiennes. — Fénélon. — Les Sœurs de la Charité. — Milice bourgeoise. — Derniers évènemens. — Résumé.

CAMBRAI devenue cité française, par le fait des armes, et peut-être de cœur comme de force, n'en conserva pas moins long-temps encore, ses mœurs, ses coutumes, ses croyances nationales. L'on sait par l'expérience journalière que s'il est facile de donner des lois à un peuple, il ne l'est pas de changer ses usages; d'effacer ses souvenirs. Aujourd'hui même, les mœurs flamandes et celles de la Bretagne diffèrent encore beaucoup des mœurs de la capitale. Et pourtant ces différences, ces nuances locales s'effacent un peu tous les jours.

Il n'est donc pas étonnant de retrouver Cambrai en 1694, célébrant une fête religieuse avec tout le faste superficiel d'une cérémonie profane. Le 11 du mois d'août 1694, anniversaire du trépas de St-Géry, on fit la procession qui avait lieu tous les cent ans en souvenir de ce saint. Les bourgeois ne négligèrent rien de ce qui pouvait la rendre *magnifique*, et c'est à cause des détails qui vont suivre que nous parlons ici de cette cérémonie, où parurent pour la première fois à Cambrai les chars de triomphe. On y voyait plusieurs de ces gigantesques voitures. L'une représentait le Mont des Bœufs, où St-Géry terrassa le paganisme; d'autres offraient diverses allégories à la gloire du même saint; puis un dernier char portait les reliques de ce patron de la ville, avec une foule d'enfans habillés en anges. Le cortège était formé par des hommes sauvages, des écoliers vêtus à la romaine, une troupe de sibylles et des compagnies bourgeoises à pied et à cheval, qui faisaient de nombreuses décharges de mousqueterie. Enfin, cette pieuse mascarade, après avoir parcouru la ville, alla se dissoudre dans la cour de l'archevêché ; et aux cris mille fois répétés de *Vive le Roi ! Vive l'Archevêque !* le peuple vida des tonnes de bierre que M. de Bryas y avait fait préparer.

C'est ainsi que se souvenant encore de leurs naïfs plaisirs, nos pères dans les jours de *liesse*, mêlaient de grossières farces de carnaval aux majestueuses solennités de la religion. On sait du reste que ces usages ne sont pas exclusivement particuliers à Cambrai ; personne n'ignore combien étaient populaires en France les anciennes fêtes des fous.

L'astre qui avait présidé à la naissance du petit-fils d'Henry IV, et qui éclairait la France pour y faire briller le siècle de Louis XIV, étendait sa salutaire influence sur de nombreuses contrées. Cambrai eut aussi ses parcelles de gloire.

Un médecin illustre y vivait à la fin du 17e siècle. Amé Bourdon (1), si connu par ses ouvra-

---

(1) Son nom s'est éteint il y a quelques années, dans la personne de M. Bourdon de Maugré, dernier descendant mâle de sa famille. M. Bourdon de Maugré était un ancien officier de cavalerie.

ges anatomiques, reculait les bornes de la science médicale.

Un capucin, le père Robert de Cambrai, illustrait son ordre par la publication d'un ouvrage de haute portée, intitulé : *Aurifodina universalis scientiarum omnium*. On voit que l'invention des encyclopédies n'est pas de fraîche date.

L'ouvrage du père Robert a été imprimé à Paris, en deux volumes in-folio, en 1680.

Des architectes, des sculpteurs habiles, élevaient l'élégante église des Jésuites (1), tandis que des artistes de talent préparaient de belles toiles pour en orner les autels (2).

Dans le clergé de savans théologiens, dans l'ordre militaire de grands hommes de guerre rendaient remarquable la nouvelle cité française. Vauban écrivait son nom sur nos formidables murailles ; les bonnes manières, l'urbanité, les formes sociales se développaient dans la bour-

---

(1) Aujourd'hui celle du grand Séminaire.
(2) Plusieurs de ces toiles sont maintenant dans l'église de St-Géry.

geoisie par le contact du peuple le plus civilisé, une transformation merveilleuse s'opérait, et comme pour mettre le sceau à cette époque extraordinaire, un des rayons les plus brillans du siècle géant tombait sur Cambrai; Fénélon apparut.

Nous ne dirons que quelques mots de l'auteur de Télémaque, ce livre célèbre, qui, par un triste mal-entendu, encourut le blâme de Louis XIV et les ovations de 93, double disgrâce que le pieux archevêque n'avait peut-être pas méritée. Chacun sait l'histoire d'un de ses autres ouvrages : *les Maximes des Saints* ; chacun sait avec quelle noble humilité il en fit justice; quelle preuve il donna de son repentir, et comment il voulut en perpétuer le souvenir.

François de la Mothe Salignac de Fénélon fut nommé par Louis XIV à l'archevêché de Cambrai en 1695, et sacré à Saint-Cyr, le 10 juillet de la même année. Il ne fit pas d'entrée solennelle dans notre cité, il vint sans faste et sans bruit le 14 d'août et logea chez M. de Montbron, gouverneur de la ville, qui demeurait à St-Aubert. Le lendemain, jour de l'Assomption, le chapitre le reçut avec le cérémonial usité.

Quoiqu'il en fût de son humilité, Fénélon apporta à Cambrai des manières de cour. « Le peuple, dit l'auteur des Mémoires chronologiques, ne pouvait aucunement s'accoutumer à ses manières. C'était l'usage de ce prélat d'interroger ou de faire interroger par les ecclésiastiques de sa suite, les enfans qu'on présentait pour être confirmés. Ces prêtres qui étaient tous français, au lieu de s'exprimer en termes du pays, faisaient leurs questions en français, ce à quoi les enfans ne pouvant répondre, les catéchistes s'échappaient quelquefois à les traiter d'ignorans. Ce procédé effaroucha fort le peuple qui, d'ailleurs, n'aimait pas trop les Français dans ce temps-là. On regrettait Monseigneur de Bryas qui était un seigneur du pays, populaire, accoutumé à notre façon de vivre. Celui-là au contraire tout poli, et plein d'estime pour la nation française, ne pensait trouver dans son diocèse que gens stupides et barbares. »

Fénélon fut bientôt désabusé, et dans les conférences qu'il eut avec plusieurs grands personnages, acquit la certitude que sous les formes simples et modestes de ces enfans de Cambrai, il y avait une véritable et solide science. M. de Franqueville surtout, doyen de la Métropole, devint le sujet de son admiration. Cet homme était prodigieusement savant, et avait une aptitude extraordinaire aux affaires de quelque nature quelles fussent.

Fénélon était très laborieux. Jamais ses domestiques ne le virent couché le matin, toujours ils le trouvaient livré à l'étude. Il rappela le séminaire de Beuvrage et le logea au refuge de St-André, où lui-même donnait de fréquentes conférences aux jeunes clercs.

Il était de grande taille, fort maigre, avait les yeux noirs et très perçans. Il parlait du nez, et ce défaut d'organe était cause qu'on avait peine à l'entendre (1).

De son temps furent introduites à Cambrai les

---

(1) Les détails curieux que nous venons de donner sur l'archevêque de Cambrai, sont empruntés aux Mémoires chronologiques, ouvrage contemporain de Fénélon, et dont nous ne pouvons suspecter en rien l'exactitude.

Sœurs de la Charité. Le magistrat de la ville appréciant les services que rendent à l'humanité ces anges en vêtemens de femmes, négocièrent et obtinrent leur établissement dans Cambrai.

Tout le monde sait que Fénélon, lors de son avènement à l'archevêché de Cambrai, était précepteur des ducs de Bourgogne, d'Anjou et de Berry. Cette charge le retenait à la cour, il ne vint résider à Cambrai qu'après sa disgrâce, c'est alors qu'envoyé dans son diocèse comme dans un exil, il se mit à y exercer exactement les fonctions de son ministère.

Des études, de nombreux travaux abrégèrent son existence, il mourut pauvre, *sans argent et sans dettes*, le 7 janvier 1715. Une chute légère hâta cet événement funeste, il avait alors 64 ans.

Pourquoi faut-il que notre histoire se termine par de tristes événemens? Ainsi tout marche vers un but commun : gloire, fortune, jeunesse des peuples et des rois, tout passe un jour ; tout se résume en un souvenir ; des ruines et des tombeaux, voilà les écueils contre lesquels vient se briser l'orgueil humain. Le plus grand des monarques de la plus grande des nations avait connu les revers. Vieux et humilié, Louis XIV perdait ses conquêtes, et tandis qu'en 1709 une affreuse famine exerçait ses ravages sur toute la France, la journée de Malplaquet jetait le deuil et la consternation dans le cœur du monarque et dans le pays. Nous ne donnerons point les tristes détails de ce funeste événement. Beaucoup de nos lecteurs ont vu les suites de la journée de Waterloo... Malplaquet, Waterloo! ces deux mots, nous l'avons dit ailleurs, sont écrits dans l'Histoire avec du sang français! Cambrai en a été arrosée, Cambrai a servi de cimetière à mille braves que n'avait point achevés le fer de l'ennemi. Pauvre France! sous sa couronne de gloire, que de douleurs! que de flots de sang!

Cette même année, après la prise de Tournay par les armées alliées, le parlement que le roi y avait érigé fut transféré dans notre Hôtel-de-Ville, où il continua à tenir ses séances jusqu'en 1713, époque où il fut fixé à Douai.

Enfin la victoire de Denain où Villars prit au nom de son pays une si brillante revanche, vint changer la fortune de la France ; et la paix signée le 11 avril 1713, devint le sujet de fêtes générales. Cambrai ne fut pas en reste de réjouissances ; et leurs manifestations prirent un caractère tout guerrier ; dans la ville pavoisée de drapeaux furent allumés des feux de joie, gardés les uns par la garnison de la ville, les autres par les compagnies bourgeoises. La première de ces compagnies appelée les *grenadiers de St-Félix*, avait alors une tenue des plus brillantes : elle était habillée de rouge, avec une veste en tissu d'or et d'argent. Nous avons eu occasion dans le cours de cette Histoire de parler de la compagnie des canonniers, nous n'en dirons rien pour ne pas nous répéter ; mais nous ajouterons à ces détails que la milice bourgeoise avait aussi une fort belle compagnie à cheval, laquelle était renommée pour sa valeur.

Ce fut à l'occasion des fêtes dont il vient d'être question, que les sermens de la ville prirent l'habit uniforme. Ils étaient alors tous habillés richement, et portaient le plumet blanc au chapeau.

Deux ans après, la France pleurait le plus

grand de ses rois. Louis XIV avait fait entendre à ses officiers ces mémorables paroles : *N'oubliez jamais, Messieurs, ce que vous devez à la Patrie; je m'envais, mais l'Etat reste; soyez-y fidèlement attaché.* Discours digne de Louis XIV mourant, et que ne répètent pas les rois que l'on fait aujourd'hui,

Louis XIV et Fénélon ne sont plus : nous avons touché deux des plus belles gloires de la monarchie et de l'épiscopat; ces grands noms se rattachent à l'Histoire de Cambrai : ils en sont pour ainsi dire la péripétie. Une fois conquise par Louis XIV, il n'y a plus de Cambrai, il ne reste qu'une ville française, aujourd'hui sous-préfecture du Nord, placée sur un des canaux absorbans de ce gouffre immense qu'on appelle la centralisation, abaissée sous le niveau d'une législation uniforme, disparue dans la fusion générale des villes d'un grand royaume, veuve de ses franchises, de ses immunités; ne conservant plus en dernière analyse que le triste privilège de payer des taxes et des impôts.

C'est donc ici que s'arrêteront nos annales :

le lecteur trouvera le reste dans l'Histoire de France. Et maintenant que nous avons parcouru une carrière de 14 siècles, que nous avons vu dans leurs détails les vicissitudes, les gloires et les revers de notre vieille cité; résumons, en quelques lignes, tout ce grand drame historique pour en saisir l'ensemble et en garder par suite quelque souvenir.

RÉSUMÉ.

Jetez un coup-d'œil dans la nuit des siècles, voyez... quelques lueurs percent les brouillards qui dorment sur les eaux vertes de l'Escaut, et de temps à autre sur un point de la rive apparaissent de pauvres huttes et de rares habitans. La dépouille des hôtes des forêts leur sert de manteau; l'oiseau sauvage devient leur nourriture, ils honorent leurs dieux par le sacrifice de leurs semblables. Ces hommes farouches saisissent la sagaie, errent tout le jour dans les bois, sur les bords du fleuve, et quand vient le soir, se replongent dans les entrailles de la terre, car peu d'entre eux habitent des huttes, les carrières leur offrent plus de sécurité.

Mais bientôt un général romain remarque cette sauvage bourgade, il en fait un lieu d'étape, une hôtellerie pour ses formidables bataillons qui sillonnent les gaules, et l'obscure village devient une forteresse importante. Un capitole, un amphithéâtre, des bains, des aquéducs en font une cité d'Italie. Alors subissant la loi des grandeurs, cette ville qu'on nomme Cambrai se voit en but aux dangers et aux vicissitudes. Des flots de barbares viennent battre ses murailles, prise et reprise par les grandes armées qui s'agitent sur le sol antique des Nerviens elle reçoit alternativement ses maîtres du Latium ou de la Scandinavie.

Enfin Clodion paraît, y entre en vainqueur, et las du séjour des camps, confie à ses murs la sûreté d'un trône royal.

Mais les murailles sont un faible abri pour les trônes ; Aëtius assiège Cambrai ; puis cette cité disparaît de nouveau dans les brouillards du temps.

Plus tard elle reparait avec Clovis qui y protège les prédications de St-Vaast. Les sacrifices humains cessent, le christianisme fait sentir sa salutaire influence, et quelque temps après, saint Géry élève un monastère à l'endroit même où le sang de l'homme honorait, dans de sacriléges cérémonies, les dieux enfans de l'erreur et du paganisme.

Alors se forme et se développe la grande famille cambresienne à laquelle Charlemagne, à son tour, vient donner une consécration solennelle, par l'octroi ou la confirmation de ses franchises et de ses immunités. Déjà des priviléges particuliers sont devenus le prix de la vaillance et de la fermeté des fils du Cambresis. Les siècles marchent, apportant avec eux les événemens et les destinées des nations. Ils amènent Charles-le-Chauve qui, pour assurer la défense de la Gaule-Belgique contre l'ennemi, crée ces comtes flamands dont plusieurs ont été fameux dans l'Histoire. Les comtes de Cambrai ceignent leur couronne, mais n'ont pas assez de puissance pour la défendre : en 881 les barbares, dans une irruption, tombent sur Cambrai qu'ils mettent deux fois à feu et à sang. Les ravages se réparent, notre ville prend vers la fin du neuvième siècle un développement considérable ; les droits de la bourgeoisie qui ne sont pas encore tout ce qu'ils seront plus tard, s'étendent néanmoins déjà jusque sur les affaires religieuses ; les bourgeois concourent avec le clergé et la noblesse à l'élection de leurs évêques, et plus tard ces évêques devenus en même temps comtes de Cambrai, n'en sont pas moins encore élus par le peuple tout entier. C'est ainsi que le peuple dans ces temps que l'on dira un jour d'esclavage et de monachisme, jouit à Cambrai de libertés, de droits et de privilèges très étendus. Il choisit ses chefs spirituels et temporels, il n'a de maîtres que ceux qu'il s'est donnés. Hélas ! il viendra un siècle de *liberté* où il n'aura plus qu'à les recevoir en s'inclinant, sans garder même la permission de s'en plaindre.

Cette fusion des qualités de prince et d'évêque, cette réunion sur la même tête de la couronne de comte et de la mitre épiscopale, semblerait singulière si l'on ne se rappelait les circonstances qui ont amené l'Empereur suzerain à introduire un changement d'institution. Les comtes et les évêques étaient souvent en guerre. C'était donner au pays de grandes garanties de repos que de confondre en un même homme ces deux hommes ennemis.

Quoiqu'il en fût des droits du peuple relatifs à l'élection, l'abus se glissait déjà dans l'exercice de ces droits. Delà de nouveaux troubles. Aussi voit-on souvent le Cambresien indocile se révolter contre son évêque ; le chasser même quelquefois de la ville, sauf à réparer ensuite par des humiliations ces velléités d'affranchissement. C'est alors que surgit la *commune* qui disparait bientôt pour revenir encore plusieurs fois. Le peuple de Cambrai est un peuple essentiellement libre, indépendant et susceptible à l'endroit de ses immunités. Il s'effarouche du moindre signe d'asservissement : des châteaux, des donjons s'élèvent dans le Cambresis, il s'en effraye et un jour il déclare la guerre à ces redoutables manoirs, et change en un monceau de décombres les tours et les murailles qui menaçaient sa liberté. L'évêque lui-même se montre quelquefois pris de vertiges guerriers qui l'entraînent par la campagne à la tête de ses terribles bourgeois. Mais il n'est pas toujours le plus fort, et les seigneurs châtelains le ramènent quelquefois de rude manière jusques aux portes de la ville.

Cependant le peuple ne perd pas ses traditions insurrectionnelles et écrit en 1313 la page la plus formidable de l'Histoire de ses révolutions : au son religieux de la cloche qui appelle les fidèles à la prière, il fait ses *vêpres cambresiennes.* Il pille, il massacre, il démolit; se gorge de vin, jette l'incendie jusque dans les campagnes, puis revient achever, dans le sommeil d'une sale ivresse, cette honteuse expédition dont il rougit quelque temps après.

Mais si Cambrai a ses orgies révolutionnaires, elle a aussi ses fêtes de haut lieu. Charles d'Allemagne y séjourne pendant quinze jours au mois de décembre 1377. Les enfans du duc de Bourgogne y épousent ceux du comte de Hainaut en 1385. Ces circonstances solennelles deviennent le sujet de réjouissances magnifiques.

Cambrai comme on le voit, est devenue une cité illustre. Aussi du fond de son noir château le farouche et politique Louis XI a jeté un regard d'envie sur ces vieux murs dont les échos ne répètent que des cris d'indépendance, dont les crénaux protégent des hommes libres; il rêve l'asservissement de cette cité dont les bourgeois ont traité plus d'une fois d'égal à égal avec les monarques ses prédécesseurs. Il rêve, et son rêve se réalise : inutile de dire que Louis XI a eu recours à la ruse ; la ruse c'est l'arme du fils de Charles VII. Il est dans Cambrai, en fait fortifier les châteaux, y met garnison en son nom et fait gratter partout l'aigle d'Autriche. Mais bientôt l'empereur autrichien arrive, Louis XI a peur, gratte à son tour ses armes pour restaurer celles d'Autriche, il remet la ville dans sa neutralité et part non sans trouver moyen d'extorquer aux Cambresiens une énorme somme d'argent.

Louis XI est mort, le Cambresis se repose des vicissitudes qu'il a subies, mais si les agitations étrangères sont calmées, des germes de discorde fermentent dans la ville. Le chapitre de Notre-Dame, corps puissant, riche de priviléges et de droits exclusifs, veut se montrer quelquefois supérieur aux évêques, quelquefois aux échevins de la cité. Il prétend s'exempter des impôts, il lance l'excommunication, joignant le scandale à la cupidité, et il ne faut rien moins que de puissantes interventions pour rétablir l'ordre ainsi troublé dans la cité tout entière.

Cependant l'évêque et comte de Cambrai va bientôt s'élever d'un degré dans la hiérarchie des dignités. En effet, le comté de Cambrai est érigé en duché, et Jacques de Croy ainsi que ses successeurs prennent à dater de 1510 le titre de ducs et comtes de Cambrai.

Tant d'honneurs en attirait d'autres: La paix des dames est conclue à Cambrai, François Ier le roi-chevalier, y visite Marguerite d'Autriche. Mais la guerre est déclarée de nouveau entre les monarques français et espagnol. Charles-Quint viole la neutralité de la ville et vient y construire une formidable citadelle, à l'endroit même où l'église de St-Géry élève vers le ciel sa tour élégante, où la voix des moines chante les louanges du Seigneur que plus d'une fois l'homme d'armes reniera du haut de sa tourelle.

Ainsi s'établit dans Cambrai la domination espagnole à laquelle viennent se joindre des fléaux de toutes espèces : la guerre, la peste, la famine; et comme si ce n'était pas assez de ces funestes calamités, les divisions religieuses ne tardent pas à s'éveiller dans le pays. L'hérésie luthérienne y fait des ravages. Cambrai néanmoins en souffre peu à cause de la domination de l'Espagne qui est catholique. C'est à cette époque que le siège épiscopal est érigé en archevêché.

Cependant le baron d'Inchy s'empare, au moyen d'une ruse, de la citadelle et de la ville qu'il ne tarde pas à livrer au duc d'Alençon. Celui-ci peu confiant dans la loyauté du baron qui avait, en lui livrant la ville, fait acte de fourberie, y établit le fameux Mont-Luc de Balagny, l'époux de Rénée d'Amboise, cette orgueilleuse duchesse qui aima mieux mourir que vivre déchue.

Tandis que la malheureuse cité tombe ainsi d'esclavage en esclavage sous la main d'hommes puissans qui se disent ses *protecteurs*, son véritable souverain, le duc de Cambrai, réfugié à Mons, exerce de loin une ombre de pouvoir ecclésiastique. Mais ces derniers lambeaux d'une puissance évanouie lui échappent sous le règne d'Henry IV à qui Balagny qui se voit chanceler sur son espèce de trône, fait hommage de la ville.

C'en est fait depuis long-temps de la domination espagnole, et pourtant les Cambresiens la regrettent, car Balagny est un infâme exacteur, ses soldats se comportent dans la ville comme en pays conquis. La haine contre Balagny s'accroît de jour en jour, chacun le réprouve dans son cœur et rappelle de ses vœux l'archevêque-duc avec les anciens priviléges bourgeois et les échevins populaires que l'on a remplacés par des hommes vendus au Français.

Telles sont les dispositions du peuple lorsque l'armée espagnole reparaît sous les murailles cambresiennes. Les bourgeois acceptent ce secours comme envoyé du ciel, une révolution s'opère dans la ville en même temps que le comte de Fuentes bat en brèche ses murailles. Balagny est renvoyé. Mais alors l'intrigue, les intérêts particuliers s'asseyent au conseil de la commune, et plutôt que de reprendre leurs anciennes institutions, les Cambresiens se font de nouveau Espagnols. Alors l'Espagne étend de plus en plus ses pouvoirs qui envahissent et absorbent les droits populaires. Elle arrive jusqu'à nommer les évêques et les échevins. De saints prélats justifient les espérances que l'on conçoit d'eux. Vanderburgh, l'immortel Vanderburgh vient répandre ses bienfaits sur la ville, et principalement dans le sein des pauvres. Après les bienfaits du prélat viennent les vengeances des monarques. Louis XIII veut reprendre Cambrai, le comte d'Harcourt braque es canons français contre nos murs rebelles. Turenne, huit ans après, comme le comte d'Harcourt, envoye aux Cambresiens les boulets du roi de France, mais comme le comte d'Harcourt il échoue devant nos murailles.

Enfin Louis XIV prend Cambrai, lui donne Fénélon pour archevêque, et en fait pour jamais une ville de France.

Tel est le résumé rapide de cette grande hisoire de quatorze siècles. Plus d'une fois en écrivant les annales de notre chère cité, notre cœur s'est gonflé de tristesse au souvenir de ses misères, notre orgueil filial s'est éveillé à la pensée du courage de nos pères. En somme, la gloire a égalé les malheurs, cette petite population fut un grand peuple; mais ce peuple a eu son tombeau.

Une consolation nous reste aujourd'hui : c'est que ce tombeau c'est la France.

CHAPITRE SUPPLÉMENTAIRE.

Monumens.

L'HISTOIRE des hommes terminée, il ne paraît pas superflu de jeter un coup d'œil sur les choses; coup d'œil d'ailleurs fort rapide dont le résultat sera l'indication plutôt que l'histoire des principaux édifices de la ville et du pays. L'objet de ce chapitre offre matière à un ouvrage spécial qui, ne se rattachant que subsidiairement à l'histoire du peuple, ne doit être traité ici que comme accessoire. Nous serons d'autant plus succinct que dans le cours des dix-huit chapitres qui précédent, nous avons eu occasion de parler d'un grand nombre de ces monumens.

Ainsi le lecteur se rappelle que nous lui avons montré la cité de Cambrai naissante, sous la forme d'une humble bourgade située sur une voie romaine, couronnée de bois épais, arrosée des eaux fécondes de l'Escaut. Plus tard d'autres chemins de grande communication y viennent aboutir, on cite encore aujourd'hui les *chaussées Brunehaut*. Des murailles ceignent la bourgade, un fort (le château de Selles, ainsi nommé du mot *Scaldis*, Escaut), s'élève pour la protéger ou la dominer.

Un capitole, des aquéducs, un amphithéâtre romain y attestent, au dire de Carpentier, la prédilection et la munificence de J. César.

Vers la fin du IXe siècle, l'évêque Dodilon agrandit considérablement la ville en reculant ses murailles du côté de l'Escaut. (Voir au premier volume, page 39).

Deux siècles après, Gérard II achève l'œuvre commencée par Dodilon. Par son ordre de larges et profonds fossés, de nombreuses tours fortifient la ville contre les agressions de l'ennemi. (Voir au 1er vol. p. 108).

Le *château* élève les murailles de son enceinte

sacrée autour de la **Métropole** et de l'abbaye St-Aubert.

Plusieurs fois dans la suite les fortifications de la ville furent encore augmentées. Des châteaux furent construits sur diverses portes; la citadelle, cette fille audacieuse de l'adroit Charles-Quint, avait remplacé sur le Mont des Bœufs le pieux monastère de St-Géry.

La ville de Cambrai a eu sept portes.

La plus ancienne est la porte de Selles, au milieu de laquelle sont situés des moulins qui appartenaient à l'évêché. D'autres moulins, mus par le vent, étaient construits sur divers points des bastions de la ville.

La porte de Cantimpré ainsi nommée à cause du monastère de Cantimpré dont elle était voisine, supportait un fort beau château bâti par le comte de Fuentes en 1595.

La porte de St-Sépulcre qui tire son nom de l'abbaye voisine, fut réparée par Robert Desprez, abbé de St-Sépulcre, en 1549.

La porte St-Georges, située près de l'église

dédiée à ce saint, offrait à la ville une issue très commode que la population cambresienne regrette tous les jours.

La porte Neuve, construite par Berlaymont, dont elle porta le nom pendant quelque temps, était voisine de la porte St-Georges. Elle existe encore quoique les ponts en soient brisés, et sert aujourd'hui de magasin militaire.

La porte St-Ladre, à peu près où est maintenant la porte de secours de la citadelle, communiquait avec le faubourg qui porte encore ce nom.

Enfin la porte du Male, aujourd'hui de Notre-Dame, tirait son nom du mot *malleus*, marteau, à cause des forgerons qui s'étaient établis en grand nombre dans ses alentours.

Il est à remarquer qu'autrefois les divers artisans, réunis en corps de métiers, se réunissaient aussi volontiers dans certains quartiers. Ainsi les rues des Ferroniers, des Liniers, des Bouchers, des Drapiers, des Feutriers, etc., étaient presqu'exclusivement habitées par des gens de chaque spécialité. Depuis lors le temps nouveau a, d'un coup de pied, éparpillé tout cela ; les confréries ont disparu et tous leurs élémens se sont mêlés dans le cahos.

La porte Robert n'a jamais été qu'une porte de secours.

Plusieurs ponts joignaient au sortir de la ville les rives de l'Escaut. Maintenant ces ponts ont disparu, enclavés qu'ils sont dans les quartiers bâtis qui forment les rues de la partie basse de la ville.

Carpentier parle de plusieurs beaux hôtels qui appartenaient, dans la cité, à de grands seigneurs du Cambresis. Le plus ancien aurait été celui d'Ellebaud-le-Rouge, transformé depuis en un collége des chanoines de Ste-Croix.

Les comtes de St-Pôl avaient un hôtel dans Cambrai, lequel fut vendu par Henry IV, à Robert de la Hamaide. Il a été plusieurs fois question de l'hôtel de St-Pôl dans cette histoire.

La maison de paix (l'hôtel-de-ville), avec son horloge, était en grande réputation.

Les grandes boucheries furent construites en

l'année 1353. Les petites qui étaient au faubourg de Cantimpré, furent transportées dans la ville au lieu où elles sont aujourd'hui, fermées et inutiles, en 1595.

Sur le bord du Flot de l'Cayère, était la *chaise* d'infâmie, espèce de colonne au haut de laquelle on exposait les criminels. (Voir 1er vol. p. 91, et 2e vol. p. 81).

Le lieu de *la justice*, pour le gibet, était hors la porte Notre-Dame, dans un endroit qui sert aujourd'hui de voirie. Des vieillards nous l'ont attesté. Il y avait encore un lieu de *justice* au haut du faubourg de St-Sépulcre, à l'embranchement des chemins de Paris et de Marcoing.

Et dominant tout cela, le beffroi populaire élevait par fois sa voix redoutable au-dessus des bruits de la place publique.

De nombreux châteaux-forts couvraient la surface du pays. La forteresse de la Malmaison, les châteaux de Thun-Lévêque, de Crèvecœur, d'Esnes et de Lesdain figuraient parmi les plus fortifiés.

Les églises principales étaient :

LA MÉTROPOLE, dont l'origine remontait au temps de Saint-Géry, et dont l'histoire pleine de vicissitudes a été consignée dans *les recherches* savantes de M. Leglay, ouvrage précieux que tous les Cambresiens connaissent.

L'EGLISE *de St-Géry* originairement construite sur le Mont-des-Bœufs et remplacée depuis par celle qui existait encore en 93 dans la rue qui porte son nom. (Voir au 2e vol. p. 37 et suivantes).

L'EGLISE *de Ste-Croix* existant déjà vers l'an 850.

L'EGLISE *de St-Aubert*, primitivement de *St-Pierre*, où l'on croit, dit Carpentier, que St-Vaast établit des chanoines dès l'an 530. Plusieurs fois le feu la consuma, elle fut toujours reconstruite plus belle ; c'était la chapelle d'une magnifique abbaye.

L'EGLISE *de St-Sépulcre*, originairement petite chapelle dans un cimetière, aujourd'hui la Métropole de l'un des plus grands diocèses de France. (Voir au 1er vol. p. 97).

L'Eglise *de St-Vaast*, l'une des plus anciennes du pays, laquelle, ayant été cédée aux chanoines de St-Géry, lors de l'érection de la citadelle, fut remplacée par un nouvel édifice élevé dans un quartier voisin qui porte encore le nom de St-Vaast.

L'Eglise *de St-Martin*, qui appartenait au commencement du 8e siècle à une abbaye de religieuses, et dont la tour, fameuse dans l'histoire cambresienne, est en possession depuis longtemps du titre redoutable de beffroi.

L'Eglise *de St-Georges* qui existait dès l'année 1070.

Celle *de St-Nicolas* qui existait du temps de l'évêque Liébert.

Celle *de la Magdelaine* bâtie également du temps de Liébert, rebâtie en 1414, puis finalement reconstruite vers la fin du dix-huitième siècle qui la vit tomber presqu'immédiatement sous la pioche des démolisseurs.

L'Eglise *de Ste-Elisabeth* érigée en paroisse en 1240.

Celle *de St-Eloi* bâtie en 1265 ou 1287.

L'EGLISE *de St-Gengulphe*, pour ainsi dire superposée à l'église Métropolitaine : elle était construite sous les combles de Notre-Dame.

L'EGLISE ou plutôt LA CHAPELLE *de St-Fiacre*, commencée en 1463.

Les abbayes de Cantimpré et de Prémy ; les couvens des Cordeliers, des Jésuites, des Capucins, des Carmes déchaussés, des Clairisses et autres ; l'établissement de Ste-Agnès, les Hospices de St-Julien, de St-Jean, des Pélerins de St-Jacques (rue des Rôtisseurs), l'Hôpital de St-Jacques-le-Majeur (Place-au-Bois), avaient tous leurs chapelles, dont quelques-unes étaient de fort élégans édifices.

L'hôtel-de-ville lui-même avait sa chapelle sous l'invocation de St-Sébastien.

Sur la place était la chapelette. (Voir au 1er vol. p. 206).

On comptait encore parmi les établissemens religieux :

L'*Hôpital des Maladeaux*, fondé pour les pauvres lépreux étrangers qui ne pouvaient être reçus dans l'*hospice de St-Lazare*. Cette maison était située hors de la porte St-Georges, et fut ruinée en 1545. L'*Hôpital des Pestiférés* fondé hors de la porte du Male. La *Maison des Orphelins*. La *Maison des Preud'hommes* ou pauvres impotens. La *Maison de Ste-Anne* pour les pauvres veuves. La *Maison des vieux Hommes*. Et grand nombre de petites chapelettes particulières, de croix, de calvaires élevés par la piété des fidèles.

Au dehors, les abbayes de Vaucelles, d'Honnecourt, du Mont-St-Martin, attestaient de gigantesques et magnifiques travaux, en même temps qu'elles répandaient le bien-être matériel et l'influence d'une douce morale sur les populations voisines. Une foule de villages étaient également dotés d'établissemens religieux plus ou moins importans qui venaient au secours du peuple dans les jours de misère. L'esprit philosophique a détruit tout cela, mais il ne l'a encore que très imparfaitement remplacé.

Long-temps les cimetières existèrent dans

l'enceinte même de la ville; c'était une pieuse et respectable coutume que celle qui plaçait dans les murs de la cité ces dépôts sacrés, ces restes vénérables de ceux qui ne sont plus. En foulant sous leurs pieds la poussière des morts, les hommes étaient pris d'un saint respect; ils priaient pour leurs parens, pour leurs amis, pour leurs frères; ces *âtres* religieux étaient de puissans *memento*, et la famille ancienne semblait exister encore parmi la nouvelle; elle était là comme un mentor mystérieux, rappelant des exemples de vertus, donnant des conseils de sagesse, rendant meilleures les générations subséquentes.

Comme le vieux peuple d'Israël, les anciens bourgeois ne quittaient donc pas les os de leurs pères; mais l'hygiène publique a réclamé contre de pareils usages, et pour la santé des vivans on a éloigné les morts.

Presque toutes les paroisses avaient leur cimetière; mais le plus remarquable, celui qui a conservé une plus longue renommée, fut celui de St-Fiacre. Un immense ossuaire, édifice fantastique élevé à la mort par vingt générations de fossoyeurs, existait encore à l'époque de la révolution. Les sages de ce temps-là y firent mettre le feu et en jetèrent les cendres au vent. Cela s'appelait *immoler le fanatisme au culte de la raison.*

Nous avons parlé en temps et lieux des écoles, du collége et des chefs-d'œuvre artistiques qui enrichissaient la ville ; nous n'avons pas eu à nous occuper de la bibliothèque communale. C'est une collection de fraîche date ; les richesses qu'elle renferme étaient autrefois la propriété de plusieurs savantes abbayes et d'un grand nombre de particuliers.

———

Ici finit notre Histoire de Cambrai ; puisse ce modeste monument élevé à la mémoire de nos pères, mériter à l'auteur la bienveillance de ses concitoyens. Certes, cet ouvrage aurait pu sortir d'une plume plus éloquente, émaner d'un chroniqueur plus savant: mais nous affirmons, et c'est là notre seule vanité, que nul ne l'eût écrit avec plus d'amour et plus de respect pour notre vieux et noble pays; que nul n'eût trouvé plus de bonheur à en offrir l'hommage aux Cambresiens d'aujourd'hui.

SUITE

de l'Histoire de Cambrai

et du Cambresis,

Par M. E. Bouly.

SUITE

DE L'HISTOIRE DE CAMBRAI

ET DU CAMBRESIS,

Par M. E. Bouly.

(P. 259 à 322.)

AVIS.

L'abondance des matières ne nous a point permis de consacrer beaucoup de pages à l'histoire de Cambrai. Une plus grande place lui sera réservée à l'avenir, et nous espérons en achever la publication dans les annuaires de 1842 et 1843.

SUITE DE

L'HISTOIRE DE CAMBRAI

ET DU CAMBRÉSIS,

Par M. E. Bouly.

(P. 323 à 418.)

Nota. — La fin sera donnée dans l'*Annuaire* de 1847.

FIN DE

L'HISTOIRE DE CAMBRAI
ET DU CAMBRESIS
Par M. Eug. BOULY.

(Pages 419 à 514).

www.ingramcontent.com/pod-product-compliance
Lightning Source LLC
Chambersburg PA
CBHW051123230426
43670CB00007B/659